FRONTEIRAS DA PARENTALIDADE E RECURSOS AUXILIARES

Blucher

FRONTEIRAS DA PARENTALIDADE E RECURSOS AUXILIARES

Pensando a clínica da primeira infância

volume 1

organizadora

Maria Cecília Pereira da Silva

Fronteiras da parentalidade e recursos auxiliares: pensando a clínica da primeira infância, volume 1

Publisher Edgard Blücher
Editor Eduardo Blücher
Coordenação editorial Jonatas Eliakim
Produção editorial Isabel Silva
Preparação de texto Amanda Maiara
Diagramação Negrito Produção Editorial
Revisão de texto MPMB
Capa Leandro Cunha
Imagem da capa iStockphoto

Blucher

Rua Pedroso Alvarenga, 1245, 4º andar
04531-934 – São Paulo – SP – Brasil
Tel.: 55 11 3078-5366
contato@blucher.com.br
www.blucher.com.br

Segundo o Novo Acordo Ortográfico, conforme 5. ed. do *Vocabulário Ortográfico da Língua Portuguesa*, Academia Brasileira de Letras, março de 2009.

Dados Internacionais de Catalogação na Publicação (CIP)
Angélica Ilacqua CRB-8/7057

Fronteiras da parentalidade e recursos auxiliares : pensando a clínica da primeira infância : volume 1 / organizado por Maria Cecília Pereira da Silva. – São Paulo : Blucher, 2022.
390 p.

Bibliografia
ISBN 978-65-5506-116-1 (impresso)
ISBN 978-65-5506-114-7 (eletrônico)

1. Psicanálise infantil. 2. Parentalidade. I. Silva, Maria Cecília Pereira da.

21-5029 CDD 150.195

Índicea para catálogo sistemático:
1. Psicanálise infantil

Dedicatória

Para Izelinda Garcia de Barros, mãe de muitas gerações.

Para Luiz Henrique, Luiz Felipe, Luiz Artur, Julia, Maria Luiza, Beatriz e Pedro, pais das futuras gerações.

Agradecimentos

Finalizar um livro de tamanha envergadura só é possível com a colaboração de muitas pessoas.

Expresso aqui minha gratidão:

A todos os autores que participam dos dois volumes.

A Mariângela Mendes de Almeida, pelo prefácio, e Débora Regina Unikowski pelo posfácio.

Às palavras incentivadoras de Izelinda Garcia de Barros, Isabel da Silva Kahn Marin, Silvia Zornig, Regina Aragão e Rosa Tosta, da capa.

A Marie-Christine Laznik pela troca enriquecedora de tantos anos e sua companhia também na composição deste livro.

Às tradutoras dos artigos da Régine Prat apresentados na jornada, Tania Mara Zalcberg e Beatriz da Mota Tupinambá, e a Carla Braz Metzner pela tradução do artigo de Victor Guerra.

A Luana Callia e Maximiliano Guerra por cederem os artigos dos queridos Magaly Miranda Marconato Callia e Victor Guerra.

Às revistas que cederam os direitos autorais para esta publicação: *Revista Brasileira de Psicanálise*, *Jornal de Psicanálise*, *Revista da Sociedade Psicanalítica de Porto Alegre (SPPA)* e *Psychê: Revista de Psicanálise.*

A toda equipe editorial da editora Blucher, em especial a Isabel Silva pela paciência e pelo cuidado primoroso nas inúmeras revisões necessárias.

A toda equipe da Clínica 0 a 3 da Sociedade Brasileira de Psicanálise de São Paulo (SBPSP) pela parceria de tantos anos, que torna essa troca ainda mais apaixonante.

E a todos que ficam nos bastidores, embora presentes no coração.

Maria Cecília Pereira da Silva

Prefácio

É com o imenso prazer de um esperado reencontro que recebemos a coletânea que agora nos chega, em momento mais do que oportuno!

Desde o evento presencial que deu origem a este livro, anos de pandemia e isolamento social se passaram, desconstruindo a lógica habitual do tempo, desafiando as fronteiras da parentalidade e seus recursos auxiliares.

Como início de conversa, era maio de 2019 e nosso grupo da Clínica 0 a 3 da Sociedade Brasileira de Psicanálise de São Paulo (SBPSP), coordenado por Maria Cecília Pereira da Silva com colegas praticantes nesse campo clínico, já vinha há meses se mobilizando para conceber o evento e receber a convidada Régine Prat, em torno da qual os capítulos deste livro também se organizam.

A jornada "Fronteiras da parentalidade e recursos auxiliares: pensando a clínica 0 a 3" aconteceu antes da pandemia de covid-19 e, além da obra e de várias produções generosamente compartilhadas pela convidada internacional, muitos dos trabalhos aqui apresentados nasceram ou "se formaram família" em torno de nossos eixos pensados para aquele momento de reflexão sobre essa clínica dos primórdios da vida.

Embalados por imagens que aludiam à continência côncava de um bebê em rede de linhas e composições de formas e cores, anunciamos naquele momento: "A delicadeza e a força da clínica pais-bebês se re-inventam frente a novas fronteiras e desafios propostos à parentalidade. Neste encontro, discutiremos a diversidade de recursos que se propõem a auxiliar nas funções parentais..."

Figura 1 – Stage landscape *(1922), Paul Klee.*

Pouco (ou muito!!!) sabíamos o que estava por vir nos anos subsequentes que nos encontramos agora... Mais do que nunca, nossas fronteiras foram esgarçadas e nossos recursos demandados à exaustão, nos limites entre potencialidades e vulnerabilidades, nas encruzilhadas entre risco e resiliência, entre o inédito e o impensável.

Nesse sentido, os artigos podem ser olhados como produções capturantes de um tempo em constituição que nos instrumentalizam para o agora que se seguiu e para um futuro intangível... recursos auxiliares com toda a força de seu primitivo de acesso. Tal como as forças da natureza e nossos instintos animais captam sensorialmente os prenúncios de eventos cataclísmicos em suas fases primitivas e organizações arcaicas, evoco aqui imagens e sons de revoadas de pássaros antes de furacões, estados de alerta e comunicações infrassensoriais em momentos sensíveis a disrupções em processo de constituição, debandada de manadas em migrações frente a significativas ou repentinas mudanças na estabilidade de um hábitat natural... Tamanha sensibilidade e reações de proteção nos fazem pensar em comunicações infrassensoriais pré-catástrofes naturais vivenciadas instintivamente por animais, em suas conexões com nossos funcionamentos psíquicos e defesas naturais, incluindo aqui nosso instinto gregário e vincular para refletir conjuntamente e dar sentido a nossas angústias e aflições. Reconhecemos aqui esse estado muito praticado espontaneamente e de maneira constitutiva no campo da clínica do infantil.

Revisitando os artigos e rememorando algumas de suas discussões, não consigo afastar a instigante visão retrospectiva, claro que também no psicanalítico "só depois" de alguns elementos que passaram a, mais do que nunca, ou mais do que sempre, merecer nossa atenção: a cena clínica em trânsito, no tempo da transgeracionalidade; a transferência em trânsito, passando pelo corpo (também pelo nosso), pelo bebê e não só pelo psiquismo e representação dos pais; o *setting* ampliado, pela tela, pelo virtual, pelo tecnológico, recursos auxiliares e, mais do que isso, recursos que encarnaram o psicanalítico, não só veículos de condução, mas a re-emergência do toque como fio condutor dos afetos primeiros, reacendendo vivas polêmicas, a integração dos pais no tratamento das crianças, a reiteração dos vínculos, novas roupas para as técnicas interpretativas, os trânsitos no espaço, a ênfase no enquadre interno; a parentalização desafiada pela intensa convivência (oportunidade para desenvolver a continência lúdica ou se perder em multi-tarefas?), a relevância das intervenções psicanalíticas, o aumento crescente de demanda para nosso olhar e intervenção nos inícios da vida, nos vínculos e nos impasses da subjetivação, a abrangência do que nos ensina a clínica com bebês e seus pais para a atenção psicanalítica ao infantil em todos nós.

Convoco o leitor a visitar estes preciosos capítulos com visão binocular, em vários vértices, integrações e envolvimentos possíveis... Neste momento atual, quem sabe possamos falar até em visão trans-ocular? Podemos imaginar esse conjunto como um apanhado do estado da arte de anos de prática e aprofundamento conceitual no campo da clínica pais-bebês. Cada artigo condensa em si o sumo de uma experiência a ser comunicada, ancorada em referências integrando o clássico ao contemporâneo psicanalítico revisitado pela desafiadora modalidade pais-bebês em questão: o transgeracional transferido no aqui e agora da cena clínica ou observacional, aberto ao olhar em campo de pesquisa ou à intervenção ao mesmo tempo delicada e incisiva, tônica e vitalizante.

A maioria dos artigos se beneficia da modalidade de comunicação sintetizada e direta de uma apresentação oral para imediata discussão temática e retém esse frescor disponível ao leitor. Outros se aprofundam e permitem ao leitor um mergulho em referenciais básicos ou na detalhada microscopia da clínica da parentalidade e do fazer clínico conjunto com o bebê, a criança pequena, os pais, cuidadores, família estendida, entorno institucional e parcerias em coterapia.

São muitas as ofertas temáticas ao leitor, que transitará também pelos capítulos como em um evento presencial, encontrando conhecidos e novos pensadores, revistando presenças marcantes que deixaram contribuições importantes para a clínica com bebês, entre várias salas de convite ao pensar e ao intercâmbio de experiências: da observação à intervenção; da psicossomática flor da pele aos desafios propostos por estados sindrômicos no bebê; dos indicadores de risco ao trabalho clínico com os estados autísticos; da contemporaneidade tecnológica às suas incidências na construção da parentalidade; dos instrumentos nascentes a partir da consulta terapêutica à clínica transcultural; dos buracos negros, beleléus, barreiras e terras queimadas em traumatismos aos resgates pelos sonhos acompanhados; das reflexões acerca da ferramenta interpretativa em suas modalidades características da clínica de bebês aos aportes à psicanálise também de adolescentes, adultos e estados arcaicos, incorporando o diálogo das emoções encarnadas no corpo em campo transferencial; da nutrição simbólica compartilhada com o bebê e com a família aos alimentos oferecidos para a formação profissional de aprendizes clínicos psicanalíticos em trabalho conjunto.

Recomendo o passeio pelos textos que, acredito, apresentam de maneira viva todos os atributos que, como nos aponta Bernard Golse, caracterizam a clínica com bebês, sendo essa descritiva, interativa, contratransferencial, historicizante, transdisciplinar e transcultural. Golse, de maneira implicada, acrescenta à essa clínica mais uma palavra atualmente muito em voga: é contagiante! E como nestes tempos precisamos de bons contágios!

Gosto também de pensá-la como a clínica da delicadeza, porque mesmo a aproximação de aspectos dolorosos, violentos, sofridos, se faz com tempo e espaço, detalhes, nuances, vínculos e muito trabalho.

Percebemos prazerosamente esse contágio e essa dedicação, em nossas relações humanas, nos grupos de trabalho e nos projetos relacionados à essa área, como os grupos, encontros e parcerias que viabilizaram essa obra. Não à toa, grande parte dos artigos aqui apresentados foram não só escritos, mas realizados em duplas, grupos ou com retaguarda de uma estrutura institucional comunitária para a sua realização, que em sua base também são focados em relações vinculares.

Contagiante e delicado, sim, é esse campo das relações iniciais, porque atravessa a vida, que sempre se reinicia, seja ela como for, e nos atravessa a todos nesse viver e sonhar cotidiano, nos reenlaçando aqui, autores e leitores, nesse pensar e fazer psicanálise. Bom passeio!

Mariângela Mendes de Almeida

Conteúdo

Introdução

Maria Cecília Pereira da Silva

> *"Na barriga da mãe, não se tece apenas um corpo. Fabrica-se uma alma."*
>
> Mia Couto

Este livro foi escrito com o objetivo de compartilhar novos conhecimentos ligados ao nascimento dos bebês e de seus pais, a partir de vários trabalhos sobre a clínica da primeira infância e da parentalidade de autores brasileiros e estrangeiros. Régine Prat e Victor Guerra contribuem com trabalhos enriquecedores. A ideia da obra nasceu na Clínica 0 a 3[1] do Centro de Atendimento Psicanalítico da Sociedade Brasileira de Psicanálise de São Paulo (SBPSP), um

---

1 Participam da Clínica 0 a 3: Alessandra Gordon, Ana Balkanyi Hoffman, Beatriz Tupinambá, Celina Sforza, Cristiane Folino, Diva Aparecida Cilurzo Neto, Eliane Saslavsky Muszkat, Elsa Vera Kunze Post Susemihl, Fatima Maria Vieira Batistelli, Gabriela Zemel, Luciana Stoiani, Maria Cecília Pereira da Silva, Maria Cristina B. Boarati, Maria do Carmo M. Davids do Amaral, Maria Helena A. Hessel Pipponzi, Maria José Mazzonetto, Maria Lúcia Gomes de Amorim, Mariângela Mendes de Almeida, Miriane de Toledo Heinrich, Olivia

grupo que se reúne desde 2005 e tem se dedicado a pensar a clínica e a teoria da intervenção psicanalítica na primeira infância.

Antes mesmo que a pandemia chegasse, já nos preocupávamos com os recursos auxiliares às funções parentais - às vezes úteis, outras vezes excessivos - utilizados pelos pais e/ou cuidadores, nos nossos tempos. Uma jornada foi organizada para tratar desse tema em 2018. Régine Prat, nossa convidada, inaugurou as atividades com a conferência Fronteiras da Parentalidade e Recursos Auxiliares: Pensando a Clínica 0 a 3, que inicia o primeiro volume.

São trabalhos atemporais e também úteis para refletir sobre a parentalidade nesses tempos conturbados de covid-19, em que buscamos despertar o olhar para as necessidades dos bebês e para as relações iniciais com seus cuidadores.

Pensar a parentalidade e os recursos auxiliares em suas diversas dimensões nos leva a refletir sobre os vários aspectos da construção da parentalidade. Nós sabemos que a parentalidade não é dada. Não nascemos pais ou mães, tornamo-nos pais... O bebê "faz" seus pais, assim como os pais fazem o bebê existir. O bebê é um parceiro ativo na construção da parentalidade.

A parentalidade é um complexo processo psicológico implicado nos vínculos que têm por base a afiliação. Situa-se no encontro entre o psíquico e o social e envolve, portanto, preparação e aprendizagem. A criança, em seu desenvolvimento, constrói e parentaliza seus pais, demandando-lhes uma constante autorredefinição no tempo e na relação com o mundo e com os outros. Em função disso, os leitores são convidados a refletir sobre importantes questões que dizem respeito ao processo da parentalidade e às possíveis

---

Arno Caminoto, Monica Povedano, Patricia Elena Bertini Scomparin Rossetti, Raquel Andreucci Pereira Gomes, Maria Tereza Pinheiro Castelo, Wadad A. Hamad Leoncio.

intervenções terapêuticas, visando fortalecer o desenvolvimento das funções parentais e do bebê.

A construção da parentalidade se dá por meio das relações dos pais com seu filho, implicando níveis conscientes e inconscientes do funcionamento mental, que vão muito além do que costumamos denominar de função dos pais. Para além da procriação e da função biológica, a *parentalidade* é produto do parentesco biológico e do processo de tornar-se pai e mãe. É uma reflexão sobre a descendência que implica em um complexo processo psíquico-simbólico que articula diferentes perspectivas teóricas num contexto psicossocial. O conceito de *parentalidade*, portanto, contém a ideia da função parental e de parentesco, bem como a história da origem do bebê e das gerações que precedem ao seu nascimento (Solis-Ponton, 2004). Esse conceito oferece uma compreensão para as novas configurações familiares, com as famílias homoparentais, as famílias reconstituídas, as famílias monoparentais e os novos processos de reprodução.

O trabalho com pais e seus filhos pequenos difunde-se pelo mundo com nomes diversos: consulta terapêutica, intervenção precoce, intervenção a tempo ou oportuna, consulta educativa para pais ou, como optamos, intervenção nas relações iniciais pais-bebês. Mesmo com abordagens teóricas diferentes, todos os modelos psicanalíticos de intervenção se mostram eficazes e demonstram uma preocupação com que a criança ocupe um lugar de sujeito na família.

A intervenção nas relações iniciais, oriunda do modelo de consulta terapêutica de Winnicott (1971/1984) e de Lebovici (1986), se propõe a: ajudar os pais a olhar através dos olhos da criança; a compreender as ansiedades, as necessidades, os comportamentos e as comunicações das crianças; discutir a "moda de se medicar" para aliviar sintomas (a posição depressiva é fundamental para o desenvolvimento emocional); desenvolver a capacidade de mentalização (Fonagy et al., 2002); contribuir para que os pais discriminem os incômodos das crianças de transtornos ou desordens emocionais (muitas vezes as dificuldades da criança no desenvolvimento são vistas como doença). E, ainda, desenvolver a função materna e paterna e recuperar o infantil no adulto; discriminar os problemas dos pais que são projetados sobre as crianças; auxiliar os pais a lidar com situações de ansiedade impensável e encorajar a confiança em suas capacidades, buscando redes de sentido (Silva, 2002; Mendes de Almeida, Silva & Marconato, 2004; Silva, 2012; Silva & Mendes de Almeida, 2019).

Na Clínica 0 a 3, que recebe pais e seus bebês com queixas de transtornos indicativos de dificuldades no vínculo, distúrbios do sono, alimentação/amamentação, extrema agitação ou irritabilidade, atraso na fala ou dificuldade no relacionamento social, procuramos: favorecer a disponibilidade emocional da mãe para o cuidado do bebê e a identificação de suas necessidades físicas e emocionais; apontar as competências da mãe, legitimando a função materna ou oferecendo suporte diante dos conflitos com a figura materna; assinalar o espaço de cada um na dupla mãe-bebê especialmente quando a figura do pai for ausente; e contribuir para a subjetivação da mãe, indicando as mínimas competências no cuidado com o bebê (Silva, 2014).

Além disso, busca contribuir para a subjetivação do bebê, possibilitando que os pais identifiquem e atendam os diferentes significados das demandas físicas e emocionais do bebê; sinalizar aspectos inconscientes e duplas mensagens obstaculizantes do exercício da função parental e do desenvolvimento do bebê; desenvolver a função paterna para embalar a dupla mãe-bebê para a mãe maternar (pai e avós); e oferecer um modelo de atendimento pais-bebê ou terapia individual para a mãe, quando necessário (Silva, 2014).

Dentre os desafios dessa clínica está o abdicar de qualquer julgamento moral e ser capaz de compreender a parentalidade dentro do universo cultural, social e emocional dos pais, reconhecendo suas potencialidades e buscando um sentido para os percalços cotidianos da relação pais-crianças.

Buscamos com nossas intervenções contribuir para que os pais sejam capazes de: gerar amor *versus* incitar o ódio; promover a esperança *versus* semear desespero; conter a dor depressiva *versus* emanar ansiedade persecutória; e promover o pensar *versus* criar confusão (Meltzer & Harris, 1986/1990).

Nosso papel, portanto, é o de co-criar, co-construir e, juntos, poder trocar e confrontar nossas percepções com a dos pais e filhos para possibilitar modificações. Transformar as competências do bebê em performances (Lebovici, 1986, 1991, 1993) Não se trata de dizer como ser ou como é preciso fazer, mas de permitir que as capacidades dos pais surjam e que nós as sustentemos (Moro, 2005).

O leitor vai encontrar trabalhos instigantes sobre os recursos implicados no exercício da parentalidade nos tempos atuais, divididos em dois volumes abarcando várias fronteiras presentes nesse tema. A Parte I do primeiro volume, *Fronteiras da parentalidade e recursos auxiliares: pensando a clínica 0 a 3*, contém diversos capítulos que ilustram os recursos dessa clínica do *infans*, relatando detalhadamente a experiência clínica e a intervenção diante de sintomas dos bebês.

A seguir, na Parte II, estão os *Recursos interpretativos, teoria e técnica psicanalítica da Clínica 0 a 3*, em que são descritos instrumentos para incrementar as intervenções na clínica 0 a 3, uma clínica recheada de ações interpretativas, com várias situações clínicas.

Prosseguimos para o volume 2, com a Parte III, discutindo os *Recursos constitutivos do olhar psicanalítico: observando o psiquismo primitivo*, em que a clínica das emoções se apresenta com os estados arcaicos de mente, destacando a importância da observação de bebês segundo o método de Esther Bick e as contribuições do olhar psicanalítico dentro da observação de bebês.

Na Parte IV, os *Recursos psicanalíticos diante de indicadores precocíssimos de risco* chamam a atenção do leitor para a importância da detecção de riscos de autismo precoces e suas intervenções. Em *Recursos tecnológicos: andaimes construtivos ou substitutos imediatos dos cuidados parentais?*, Parte V, essa questão tão contemporânea da presença das mídias e dos aparatos tecnológicos, que auxiliam nos cuidados com o bebê, e também presentes nos contextos familiares e infantis, é discutida para ampliar nossas reflexões em favor de promover a intersubjetividade e a prevenção de encapsulamentos psíquicos. Com os *Recursos terapêuticos de uma clínica interdisciplinar*, Parte VI, procura-se mostrar como essa clínica da primeira infância conta com um trabalho em rede com profissionais de outras áreas e é, portanto, uma clínica interdisciplinar.

E por último, na Parte VII, *Recursos presentes na clínica transcultural*, ilustra-se a construção da parentalidade com uma família boliviana, contando com os comentários de Régine Prat sobre essa intervenção. Apresenta como a clínica transcultural contribui para o exercício da parentalidade no exílio, onde os elementos culturais se misturam e se imbricam com os elementos individuais e familiares de maneira profunda e precoce (Moro, 1998, 2005, 2015). Especialmente durante a gravidez, por seu caráter iniciático, os elementos míticos, culturais e fantasmáticos vêm à tona e reavivam representações por vezes adormecidas ou aparentemente superadas diante das mil e uma maneiras de acolher o bebê, apresentar-lhe o mundo e subjetivá-lo.

A partir de todos os capítulos o leitor descobrirá que, além de ser terapêutica, a clínica da parentalidade é fundamentalmente uma clínica preventiva que permite que desencontros iniciais não se cristalizem em sintomas que demandem cuidados secundários e interfiram no desenvolvimento emocional do bebê e nos sentimentos de confiança dos pais, tão necessários para o exercício da função parental.

Para concluir gostaria de assinalar que livros e orientações não faltam às famílias que nos procuram, mas muitas vezes carecem de uma base de sustentação emocional para que possam ser seguidas ou para que possam ser consideradas como significativas ou adaptáveis para cada momento da relação pais-bebês (Silva & Mendes de Almeida, 2009). A escuta dos aspectos emocionais e relacionais, cerne de nossa formação psicanalítica, nos convida a ir além da orientação e dos aspectos funcionais para captar o que está nas entrelinhas das queixas apresentadas pelos pais, reconhecendo as necessidades e demandas emocionais dos bebês e desfazendo os fantasmas presentes na relação (Fraiberg, 1975).

Assim, este livro, se constitui em um instrumento para a formação de todo profissional que trabalha com pais e crianças pequenas. Ao longo dos dois volumes o leitor encontrará diversos recursos e perspectivas para avançar nesse campo complexo que envolve a parentalidade, prevenindo a cristalização do sofrimento infantil. É também um convite para pensar na ligação social, na dimensão intersubjetiva e intrapsíquica para a construção de uma clínica da parentalidade como um lugar facilitador para o desenvolvimento das crianças que se tornarão adultos do século XXI.

Como uma grande barriga, parafraseando Mia Couto, esperamos que, com este livro, o leitor possa tecer uma trama consistente para uma clínica da primeira infância que gere uma verdadeira fábrica de almas!!!

Referências

Couto, M. (2015). *Mulheres de Cinza*. São Paulo: Companhia das Letras.

Fonagy, P., Gergely, G., Jurist, E., & Target, M. (2002). *Affect regulation, mentalization, and the development of the self*. New York: Other Press.

Fraiberg, S. (1975). Ghost in the nursey. *J. Amer. Acad. Child Psychiat.*, *14*, 387-421.

Lebovici, S. (1986). À propos des consultations thérapeutiques. *Journal Psychanalyse de l' Enfant*, *3*, 135-152.

Lebovici, S. (1991). Des psychanalystes pratiquent des psychothérapies bébés-parents. *Rev. Franç. Psychanal.*, *56*, 733-857.

Lebovici, S. (1993). On intergenerational transmission: From filiation to affiliation. *Infant Mental Health Journal*, *14*(4), 260-272.

Meltzer, D., & Harris, M. (1990). *Familia y Comunidad: Modelo Harris-Meltzer*. Buenos Aires: Spatia Editorial. (Publicado originalmente em 1986)

Mendes de Almeida, M., Silva, M. C. P., & Marconato, M. M. (2004). Redes de sentido: evidência viva na intervenção precoce com pais e crianças. *Revista Brasileira de Psicanálise*, *38*(3), 637-648.

Moro, M. R. (1995). Le fundaments théoriques de l'ethnopsyquiatrie parents-enfant. In *Parents en Exil* (pp. 47-94). Paris: PUF.

Moro, M. R. (1998). *Psycotherapies transculturelle des enfants et des adolescentes*. Paris: Dunod.

Moro, M. R. (2005). Os ingredientes da parentalidade. *Revista Latinoamericana de Psicopatologia Fundamental*, *8*(2), 258-273.

Moro, M. R. (2015). Psicoterapia transcultural da migração. *Psicologia USP*, *26*(2), 186-192.

Silva, M. C. P. (2002). Um self sem berço. Relato de uma intervenção precoce na relação pais-bebê. *Revista Brasileira de Psicanálise*, *36*(3), 541-565.

Silva, M. C. P. (2012). Embalando o sono do bebê: contendo as transferências das relações iniciais pais-bebê. *Alter: Revista de Estudos Psicanalíticos*, *30*(2), 83-95.

Silva, M. C. P. (2014). *A construção da parentalidade em mães adolescentes: um modelo de intervenção e prevenção*. São Paulo: Escuta.

Silva, M. C. P., & Mendes de Almeida, M. (2009). *Embalando o choro de pais e bebês: A demanda por uma escuta em rede:* Texto apresentado na jornada: O bebê hoje: rede parental e profissional. São Paulo: SBPSP.

Silva, M. C. P., & Mendes de Almeida, M. (orgs.). (2019). *Infância, vínculos e diversidade profissional: Espaços para interlocução*. São Paulo: Blucher.

Solis-Ponton, L. (dir.) (2004). *Ser pai, ser mãe: parentalidade: um desafio para o terceiro milênio. Uma homenagem internacional a Serge Lebovici* (M. C. P. da Silva, ver. técnica da tradução). São Paulo: Casa do Psicólogo.

Winnicott, D. W. (1984). *Consultas terapêuticas em psiquiatria infantil*. Rio de Janeiro: Imago. (Publicado originalmente em 1971)

Parte I

Fronteiras da parentalidade e recursos auxiliares: pensando a clínica 0 a 3

1. Fronteiras da parentalidade e recursos auxiliares: pensando a clínica de 0 a 3 anos

Régine Prat

Tradução: Tania Mara Zalcberg

Foi Thérèse Benedek quem introduziu o termo *parenthood* [parentalidade] pela primeira vez, em 1959, considerando que se trata de uma nova fase de desenvolvimento. Proporei uma reflexão acerca das condições desse ingresso na parentalidade, baseando minhas observações na crise psíquica aguda que marca o início desse processo.

Primeiro, considerarei os aspectos de crise pessoal intrínsecos à situação de parentalidade e, num segundo momento, proponho uma ampliação, levando em conta as mudanças sociais do nosso "Mundo em Mudança" [Changing World],[1] que colocaram em crise as afiliações familiares e ideológicas tradicionais.

1 *Changing World* foi o título do Congresso da IPA, Boston, em 2015.

O paradoxo da loucura normal

A abordagem da parentalidade enfrenta contradições, evidências enganosas e reconciliação de opostos. Conhecemos bem o paradoxo do confronto de normal e patológico; assim, alertamos as futuras mães, no que diz respeito à maternidade, que elas ficarão deprimidas após o nascimento, e que isso será normal!

Winnicott descreve como uma doença normal que permite à mãe adaptar-se às necessidades iniciais do bebê com delicadeza e sensibilidade (Winnicott, 1956/2000, pp. 399-405). Mas não é uma figura de linguagem, pois ele descreve uma situação clínica ao explicar que "trata-se de um estado psiquiátrico muito específico da mãe".

Explicitarei essa questão de modo sucinto com a ajuda de dois exemplos:

- Se eu examinar de modo atento meu interlocutor, interrogando-me a respeito do que ele quer de mim e interpretar qualquer comportamento como sinal a mim dirigido, com certeza pensarei que isso não é normal. Um psiquiatra tentará avaliar a preservação da ligação com a realidade, para avaliar se se trata de delírio persecutório ou estado crônico de sensibilidade paranoica. Mas, se eu for uma jovem mãe que, quando o bebê chora ou se contorce desse jeito, me pergunto se isso significa frio ou fome, se o meu leite é responsável pela dor de barriga dele e escrutino as mínimas expressões do seu rosto para interpretá-las, muito ao contrário, pensaremos que é normal: é o trabalho psíquico de mãe que está aprendendo a conhecer seu bebê.
- Igualmente, se eu começar a querer esterilizar as maçanetas das portas, a avaliar o ambiente em termos de

contaminação, em termos antigos falaríamos de "loucura da dona de casa", ou, em mais atuais, de neurose fóbica. Ao passo que os extremos cuidados de saúde das jovens mães e a higiene do ambiente obviamente são considerados normais e encorajados.

Os exemplos são inúmeros se examinarmos a partir desse ponto de vista os detalhes da vida das jovens mães. O "normal" da parentalidade jovem é, portanto, "anormal" em qualquer outra relação e essa percepção de um si mesmo desconhecido se defronta com uma vivência de estranheza.

A partir desse ponto de vista, podemos revisitar diferentes etapas do trajeto da jovem mãe.

A experiência do parto

O parto torna necessário enfrentar uma experiência eminentemente traumática de perda dos próprios limites: trata-se de expulsar uma parte de si que, ao mesmo tempo, é outro, um estranho que tomou posse do interior e do qual é preciso se livrar sob ameaça de morte. Quaisquer que sejam as condições reais de nascimento, o parto é sempre extremamente violento. Mesmo sem dor e sendo normal, do ponto de vista físico é violento e brutal, assemelhando-se à uma amputação, sem qualquer equivalente na história somática "normal" de uma pessoa.

Caso se tente pensar em metapsicologia psicanalítica do parto, pode dizer-se que, em minha opinião, os dois estágios do parto (trabalho e expulsão, diferenciados com clareza pelos obstetras), referem-se a dois níveis de funcionamento psíquico: o tempo do trabalho coloca o trabalho do corpo, possivelmente a dor, em ligação essencial com os níveis neuróticos da organização psíquica;

o tempo de expulsão refere-se aos níveis psicóticos da personalidade, em que é vital e urgente, sob ameaça de morte, expulsar, arrancar uma parte de si mesmo.

A experiência do parto nos defronta com o paradoxo em que vida e morte reverberam

Se pudermos ter acesso às representações associadas às primeiras percepções do bebê, o que é bastante raro, pois estão sujeitas à repressão maciça, na sua maioria serão representações "loucas" que refletem esse paradoxo, nos confins de vivos e não vivos, do humano e do animal. Alguns exemplos do meu trabalho de consultoria com jovens mães são bastante impressionantes: boneca esbranquiçada e desarticulada, bebê com cabeça de abóbora, bebê-berinjela, bebê gato ensanguentado, bezerro natimorto e outras visões assustadoras de um mundo de pesadelo em que monstros poderiam sair do caldeirão da bruxa em que se fazem bebês. Se pudermos ter acesso aos pais, nesse tipo específico de entrevista, teremos o mesmo tipo de imagens chocantes.

Os temas de ficção científica, tipo *Alien*, que descrevem muito de perto essa experiência psíquica e os cenários delirantes construídos a respeito dessa experiência delirante são três vezes mais frequentes na população de puérperas recentes do que na população em geral, com o nome de "psicoses puerperais". São a ilustração dessa loucura "normal" que a experiência psíquica de gestação e parto pode fazer oscilar na "verdadeira" loucura.

É importante ressaltar que, diante de contornos vagos e perturbadores e do risco de oscilar em um mundo estranho, tudo o que desempenhar um papel de ancoragem na realidade desempenhará um papel de salvaguarda, de proteção contra a loucura.

É especialmente interessante notar o impacto das condições externas ou fatores que predispõem à depressão pós-parto:[2] falta de formação profissional, parada definitiva do trabalho antes do nascimento, licença maternidade muito curta, separação mãe-bebê logo após o nascimento, baixo nível socioeconômico (um terço das mães são de baixa renda), ausência de apoio familiar, relações conflituosas com o parceiro, ausência de figuras substitutivas para cuidar do bebê, mudança recente. Esses fatores reconstituem diferentes versões da falta de base e da falta de um círculo de pessoas, portanto, nesse período, a solidão é nociva e patogênica.

A gravidez representa uma mudança corporal extremamente rápida, sem equivalente na história biológica normal de qualquer pessoa. Os chamados pais "de primeira viagem" que participam muito de perto dessa experiência física, portanto, ficam menos protegidos e seu mundo interno fica igualmente abalado.

No plano psíquico, é o confronto com o "incrível, mas verdadeiro" mantido dentro de si desde os anos da infância, quando toda criança se pergunta como são feitos os bebês e elabora o que os psicanalistas denominam "teorias sexuais infantis".

Em todas as constelações familiares, a chegada de um novo bebê perturba toda a cadeia geracional. Desse modo, se considerarmos um sonho muito comum entre primíparas, o da morte da sua própria mãe, não se trata da clássica realização de desejo, mas de sinal de um trabalho de elaboração, a tradução em linguagem onírica de pensamentos que dizem respeito a essa nova situação psíquica, que bem expressa seu significado: a jovem, até então filha de sua mãe, por sua vez, se tornará mãe e "tomará" o lugar

2 Estima-se entre 10% e 30% as taxas de estados depressivos específicos pós-parto (apenas 3% de estados depressivos são reconhecidos como tal e, portanto, tratados). As manifestações depressivas mais leves dizem respeito a quase 70% das mães recentes (Jones & Lopez, 2013).

dela e, assim, de maneira fantasmática, assumirá esse lugar de mãe. A linguagem onírica inscreve com muita precisão, na concretude de suas imagens, esse simbolismo de morte. Portanto, interpretar como desejo de morte é nocivo.

O pai se preocupa da mesma maneira e, também, se defronta com suas antigas teorias sexuais infantis. Para ele, igualmente, a cadeia geracional se reposiciona, ele se torna pai no lugar do seu pai.

Conhecemos bem essas ideias, mas me parece útil lembrar que, no momento do nascimento, existem todas as condições de uma impressionante crise de identidade dos jovens pais que, como pais, têm a idade do seu bebê.

O trauma do nascimento para os pais

Nesse contexto de grande fragilidade emocional é que se dará o encontro com o bebê e se localizará o que denomino trauma do nascimento para os pais (Prat, 1996).

Em minha opinião, o ponto central desse trauma é o fato de se defrontar com a dependência absoluta do bebê. À dependência física, evidente, acrescenta-se a dependência psíquica total, à qual apenas a experiência da parentalidade confronta: o bebê depende da mãe e, por extensão, do cuidador,[3] para construir seu psiquismo, para se tornar uma pessoa. Essa descoberta da dependência absoluta e total para a sobrevivência do bebê diante do cuidado de seus pais é brutal e sem preparo, não há gradação, aprendizado ou evolução. Do ponto de vista psíquico, o bebê construirá o que sua

---

3 Por conveniência, reservarei o termo "mãe" no restante da apresentação. O sentido é de "cuidador", e transferível para qualquer pessoa capaz de executar essa função próxima em relação às necessidades do bebê: a mãe, o pai, um genitor adotivo, um substituto materno profissional.

mãe é, e o que ela é se manifestará por meio do que ela faz com ele e por ele. O senso de responsabilidade da jovem mãe é justificadamente esmagador.[4]

A parentalidade recente constitui uma experiência traumática que ultrapassa as capacidades de a psique enfrentá-la e necessita de uma reorganização fundamental de todo o funcionamento psíquico (e, além disso, deve ser feita com rapidez para responder às necessidades do bebê).

Distúrbios do pós-parto e trauma

O que denomino "trauma do nascimento para os pais", a descoberta da dependência total do bebê, constitui o ponto comum subjacente a todos os distúrbios pós-parto. Desde o *baby blues*[5] comum até a psicose puerperal, passando pela depressão pós-natal grave, trata-se da manifestação dessa identidade que se fragmenta e das tentativas de sobreviver a ela, criando sistemas defensivos que, por sua vez, serão incapacitantes. Tudo isso reflete a reviravolta e a impossibilidade ou a dificuldade de a psique se reorganizar para enfrentar os novos aspectos da realidade, a própria definição do trauma.[6]

---

4 Foi com essa perspectiva que, ao escrever meu livro, dei o título: "Responsável, não culpado", julgado, no contexto histórico da era politicamente incorreta e transformado em: "Mãe-bebê: duo ou duelo?", Prat (2008).

5 Melancolia ou tristeza puerperal [N. T.].

6 O trauma definido por Laplanche e Pontalis (1981/2007) é um "evento da vida do sujeito definido pela sua intensidade, a incapacidade de o sujeito responder adequadamente a ele, o transtorno e efeitos patogênicos duradouros que causa na organização psíquica. Caracteriza-se pela afluência excessiva de excitações em relação à tolerância e capacidade de o sujeito dominar e elaborar essas excitações do ponto de vista psíquico" (tradução livre).

É possível considerar as reações da mãe, após o nascimento do bebê, como tradução de um transtorno em sua organização psíquica. A transformação será uma verdadeira mutação psicológica, ligada ao salto para o desconhecido que representa a chegada de um bebê. Mas, no salto para o desconhecido, mobilizaremos também todas as defesas disponíveis: pensamento mágico, uso de regras, rigidez, salvaguardas, estruturas pré-pensamento em função das defesas e não das necessidades internas.

Explicito que estou falando do nascimento chamado "normal", isto é, a termo e sem problemas. Não seria difícil acrescentar o peso suplementar do que significa um nascimento patológico, prematuro, por exemplo, ou de uma criança com deficiência.

Os aspectos novos, externos, portanto, podem ser objeto de diferentes formas de transformação ou de negação a fim de preservar a sobrevivência da construção interna do psiquismo.

Formas clínicas das patologias do pós-parto e crise de identidade

Pode-se examinar as diversas formas clínicas das patologias do pós-parto de forma pertinente a partir de alguns pontos de vista:

- Em formas clínicas extremas, as psicoses puerperais podem chegar até à construção de um delírio que apaga o bebê e a nova realidade que deve incluí-lo. O bebê se transforma em um assado que deve ser colocado no forno, uma cobra que é preciso matar, uma parte anatômica de si que deve ser colocada de volta para dentro.
- Nas formas psicopáticas, o vínculo com a realidade se mantém, mas todas as formas de rejeição ativa do bebê,

dos maus tratos ao abandono, manifestarão a incapacidade de a mãe conceber o bebê como um ser que necessita de cuidados. O bebê se torna então suporte das projeções da mãe, numa reversão da relação de dependência, com função de negação, em que o bebê se torna poderoso e perseguidor.

- Nas situações menos patológicas, consideradas normais, os sentimentos de responsabilidade, transbordamento, incapacidade de estar à altura da tarefa, de enclausuramento e solidão, com diversos níveis que podem variar da preocupação ao pânico, são uma constante nos termos abordados por jovens mães. São expressão das reações ao impacto diante da dependência.

Ao recebermos jovens pais, estamos tratando pessoas que passam por uma grande crise de identidade e acabaram de passar por uma reviravolta de violência extrema. "Não me reconheço" é uma expressão que ouvimos inúmeras vezes das jovens mães. Trata-se de algo que se deve tomar em seu sentido literal de perda de identidade. O pai, também envolto na mesma crise de identidade, tem muita dificuldade de desempenhar o papel de apoio e de sustentação para a mãe. Um jovem pai presta testemunho dessa violência ao descrever as mudanças trazidas à sua vida, e à vida do casal, com o nascimento do seu primeiro bebê, esperado e desejado: "é como trombar na estrada com um carro na contramão e a toda velocidade". Levar em consideração esse aspecto traumático, ao recebermos jovens pais, leva-nos a avaliar que essa é uma crise psíquica importante. A clínica do nascimento da família, assim concebida, assemelha-se a uma clínica pós-traumática.

Consequências da abordagem pós-traumática da parentalidade

Contraindicação da interpretação do desejo inconsciente

Primeiro, é necessário reconhecer e nomear o trauma, para pessoas que acabaram de sofrer um acidente de carro não perguntamos se gostavam de carrinhos de trombada quando pequenos ou se brincavam de acidentes com os irmãos mais novos, ou se tiveram ciúmes quando a irmã mais velha recebeu sua carta de habilitação etc. Primeiro, pedimos para as pessoas contarem como aconteceu o acidente, para onde iam, qual era seu objetivo e o que perderam no acidente. Fazemos a mesma coisa com pais recentes. Temos interesse na história do casal, no projeto do bebê, em seus desejos e na impressão que têm a respeito do que perderam nesse "acidente" tanto juntos quanto separados, porque, com muita frequência, eles não sofrem pela perda das mesmas coisas. Ao fazer esse trabalho, será possível distinguir o que mudou para sempre e o que se pode reencontrar ao organizar a vida de forma concreta.

Isso presume não se buscar o ódio inconsciente que, nessas condições, seria nocivo,[7] como a interpretação do desejo inconsciente subjacente aos sonhos de morte dos pais durante a gravidez. Também é útil o clínico lembrar-se que, seja qual for a patologia da família ou da pessoa, será preciso considerar a sobrecarga que significa o trauma do nascimento para o genitor e que, nesse período,

7 Diferente do trabalho analítico individual, o trabalho em terapia conjunta visa restabelecer as condições suficientes da função materna para que o bebê encontre um ambiente que não impeça seu desenvolvimento. Há um verdadeiro conflito de interesses e a urgência do *timing* do desenvolvimento que não se pode ignorar.

a patologia é a norma, mesmo nas formas mais patológicas, pois subjacente a um enorme delírio se esconde um enorme terror.

A observação conjunta pode mostrar simultaneamente o terror da dependência bem como a independência e as capacidades do bebê. Centrar-se na dependência e no terror que ela desperta: o trabalho de identificar e qualificar passa a ser central na clínica pós-parto. Ajudar os pais a identificar, nomear e descrever o terror da dependência traz alívio imediato e ajuda a sair da confusão da dissociação: reconhecer o terror leva ao mesmo tempo ao reconhecimento do sistema defensivo em ação que, a partir disso, perde sua força.

Em sua grande dependência, desde o início, há coisas que o bebê pode fazer sozinho, numa escolha autônoma em que ele é ator/autor: abrir os olhos, fechá-los, direcionar o olhar, chupar sua língua, adormecer, interessar-se pelos movimentos das suas mãos etc. Devemos ajudar os pais a observá-las, o que supõe que nós próprios possamos observá-las e dar-lhes a devida importância.

O exemplo dos transtornos obsessivo-compulsivos é muito esclarecedor. A descoberta brutal da inter-relação da dependência do bebê e da responsabilidade parental se abre ao terror do poder sobre a vida que contém ao mesmo tempo um poder de morte (e outro paradoxo é que ao se dar a vida com o nascimento, ao mesmo tempo se presenteie com a morte).

O transtorno obsessivo-compulsivo traduz o choque dessa descoberta, muito mais do que uma agressividade inconsciente em relação ao bebê (que, repito, seria contraindicado e nocivo interpretar). Os casos de transtorno obsessivo-compulsivo que tratei resolveram-se rapidamente com o trabalho a respeito do terror e do sentimento de responsabilidade exacerbado pela percepção da extrema dependência, tendo como condição a associação, junto com a mãe, da observação das capacidades do bebê. Assim que pudermos mostrar aos pais que tudo isso que eles tomam como incompetência ou agressividade inconsciente, na realidade, é prova de um amor deformado pela angústia de "fazer mal", transformada em angústia de "causar mal", a confiança em si mesmos é restituída. Acompanhá-los na descoberta das capacidades do bebê ao mesmo tempo os ajuda a confiar nele. A observação conjunta torna-se ferramenta fundamental e motor terapêutico essencial para efetuar essa elaboração do trauma e, assim, abrir uma nova fase de desenvolvimento da personalidade.

Precisamos aprender a impedir os pais de agirem e, igualmente, com frequência, impedi-los de falar para se concentrarem na observação do seu bebê durante a consulta[8] (o que com frequência vai ao encontro do que aprendemos a fazer em nossa formação).

No espaço da sala de consulta, nos apoiamos na observação das manifestações espontâneas do bebê, em particular sobre as possibilidades de ação autônoma, e as mostramos aos pais, ajudando-os a desenvolver suas próprias capacidades de observação.

Tornar-se pai ou mãe, portanto, supõe a capacidade de fazer ao mesmo tempo:

- uma coisa: perceber e aceitar a dependência, o que se dá no sentido de *holding*, de "sustentação".
- e seu oposto: perceber e encorajar a independência, o que se dá no sentido de "deixar ir".[9]

8 Baseio-me na experiência valiosa e essencial, a meu ver, da formação segundo o método Esther Bick (1964/2002) de observação de bebês em sua família, em que aprendemos a observar os acontecimentos sem interferir e sem lhes atribuir um sentido preconcebido ao mostrar uma presença emocional muito real.

9 No que diz respeito mais especificamente à necessidade de o bebê nesse eixo de segurar/deixar ir, ver Prat (2014).

Novamente, trata-se de outro paradoxo que os pais inúmeras vezes não conseguem resolver sozinhos. É um problema de "limites" que se romperam e que é necessário reconstruir de maneira que sejam mais adaptados a um psiquismo parental que agora inclua o bebê.

Precariedade psíquica e construção de limites

O termo "precariedade" geralmente associado à situação econômica, com frequência usado como sinônimo de pobreza, refere-se, na verdade, ao sentido psíquico e relacional. Na realidade, precário deriva do latim *precare*, que significa orar, pedir. Em situação de precariedade, o sujeito está ligado a outro a quem ele pede e de quem depende.

A noção de precariedade associa, assim, uma fragilidade do mundo interno à dependência do mundo externo, possibilitando descrever a situação do bebê em relação aos pais. À medida que ele se desenvolve, precisará passar da dependência primária e vital para uma independência em que terá incorporado em si as bases da sua segurança e da sua força. Isso supõe que ele possa introjetar aspectos de função de continência dos pais. Esse processo de introjeção dependerá em grande parte das qualidades e características da experiência vivida.

O impacto das mudanças sociais nas famílias

Confrontados com o desaparecimento dos quadros de referência em relação ao modo de se fazer as coisas, que serviam de apoio para as jovens mães na crise de parentalidade, e que vai lado a lado com a distância real ou psíquica em relação ao apoio das gerações anteriores e dos saberes antigos, os jovens pais encontram-se sozinhos para inventar seus modelos (pode-se dizer que o Google substituiu os apoios geracionais).

Se tomarmos o exemplo da amamentação: ao cuidarem da vida do bebê com a ideia preconcebida de que ele precisava mamar a cada quatro horas, as mães tinham um preceito possivelmente falso, mas que servia de guia nas dificuldades encontradas, por isso, se o bebê chorar, será necessário procurar outra solução que não seja alimento.

Mães que amamentam "sob demanda" precisarão substituir o preceito por algo "feito sob medida", muito mais exato, mas isso supõe que tenham capacidade de observar o bebê e de se perguntar o que ele precisa "sem rede" de proteção preconcebida, apenas a partir de suas observações e de suas conclusões. Desse modo, poderão amamentar demais, provocando cólicas e vômitos, de forma quase mecânica. O recém-nascido manifesta qualquer desconforto por meio do choro e tenta se consolar sugando no vazio, o que com facilidade pode levar a mãe a pensar que ele ainda tem fome, quando, na realidade, ele está de estômago cheio.

Igualmente, a necessidade de tranquilizar e de dar continência ao bebê pegando-o no colo pode se tornar resposta imediata para todas as situações, assim como a necessidade de "animar" ou de "estimular" o bebê por um genitor que produz diversões ou soluções. Nesse caso, evita-se a percepção de que o bebê é uma entidade definida e capaz de agir por si para encontrar suas próprias soluções. Ou seja, a percepção de um bebê como ser total, com seus próprios limites, sua própria vontade, suas próprias capacidades de satisfazer suas necessidades e de encontrar soluções para as dificuldades ou problemas que encontra. Nas creches, o afluxo de bebês impossíveis de acalmar fora do colo leva as educadoras a requintes de engenhosidade para poder carregar vários bebês ao mesmo tempo.

Quero chamar a atenção para as condições em que nossos bebês nascem (não desenvolverei esse ponto, pois me distanciaria muito do tema). As próprias condições de partos programados, medicalizados, volta rápida para casa, são violências precoces, violência aos ritmos iniciais, com consequências identificáveis que impedem a constituição de vínculos de apego que, por sua vez, terão consequências em diferentes formas de violência. O obstáculo na constituição dos vínculos de apego é um maltrato original que conduz à repetição da violência sob diferentes formas

Quanto mais medicalizados forem o parto e o nascimento, mais se obstruirá o movimento de confiança da mãe em suas próprias capacidades, o que evidentemente terá consequências sobre o tipo de ambiente que ela criará para seu bebê. Essas mães recorrerão com mais frequência a consultas especializadas, assim como recorrerão muito mais ao pronto-socorro (o resultado só será compreensível se pensarmos nas consequências sob o vértice da perda de confiança).

Os partos com excesso obrigatório de medicalização, isto é, as cesarianas,[10] continuam aumentando nos países industrializados. Na França, uma em cada cinco mulheres dá à luz por cesariana (40% nas maternidades de 16e, em Paris). No Brasil, segundo dados da Agência Nacional de Saúde Suplementar (ANS, 2016), nos hospitais particulares chegam a 80%.

Em todos os países industrializados, a taxa de cesarianas sob demanda está em constante aumento (31% das mulheres ginecologistas-obstetras responderam uma pesquisa afirmando que

10 Todas as referências acerca de cesarianas foram tiradas de Odent (2005).

escolheriam uma cesariana programada para o nascimento dos seus bebês).

Consequências significativas incluem a diminuição da taxa de amamentação e sua duração, o que pode ser tomado como indicador de obstáculo ao processo de apego.

Desde o início, o problema dos pais é problema de limites. O obstáculo na constituição de referências sólidas devido ao impacto do contexto societário global se acrescenta ao desaparecimento dos limites entre normalidade e patologia.

A tarefa dos pais seria simples "se fosse apenas" seguir o bebê, ajudá-lo a reencontrar os modos de organização que ele experimentou *in-utero* e fornecer-lhe condições para continuar seu desenvolvimento sem impedimentos. Mas, como os pais não encontram nas relações o apoio que lhes permita restabelecer sua força interior, ou seja, sua confiança em si, minada pela crise de identidade ligada à experiência de parentalidade, uma solução, muito encorajada pela época, pode ser delegar a objetos uma parte da função de "sustentação" que os pais acreditam não serem capazes de realizar. Principalmente se esses objetos forem das melhores linhagens, tiverem as melhores procedências e selos de garantia, dados por especialistas, isso apenas fará o pai ou a mãe sentir em si próprio a falta desses selos e linhagens no que diz respeito à sua competência. O objeto prestará serviço, mas na situação de precariedade psíquica esse serviço sairá muito caro, desde a renúncia à confiança em suas capacidades e ao desenvolvimento delas por meio da experiência.

Dois problemas que surgem claramente nas terapias pais-bebê são de *holding* e de estimulação. Se tomarmos como indicador do mal-estar dos jovens pais a quantidade de objetos comercializados para *holding* e estimulação, podemos dizer que o mal-estar dos jovens pais é gigantesco, e não apenas dos que vêm à consulta.

Brinquedos que se movimentam, campainhas, brinquedos musicais e sonoros de todos os tipos, e muitos outros, estão lá à espera nos quartos de criança. O medo de deixar o bebê cair e se afogar no banho, universal entre pais jovens, será evitado com um colchão especial, assento especial para o banho, para descanso, para as refeições, para o deslocamento. Os objetos oferecem, assim, uma solução duplamente perversa e um duplo impedimento ao funcionamento psíquico do bebê e de seus pais.

Para os pais, isso evita ou impede que aumente sua força interna, e sua experiência. Para o bebê, produz uma experiência desviante, distorcida, que o impede de ter uma representação justa do mundo em que vive e de suas leis, bem como de suas próprias capacidades de agir no mundo.

Objetos que sustentam: bebê-conforto

Um bebê bem acomodado no colo da mãe, ao deixar cair o objeto que manipula passando de uma mão para a outra, se debruçará para seguir a direção da queda e sua mãe acompanhará o movimento. Isso permitirá que o bebê pegue o objeto sozinho ou que veja sua mãe realizar essa ação. Ele será ativo e, mesmo bem pequeno, ator/autor dos seus movimentos, podendo experimentar e representar para si as consequências. Igualmente, deitado de costas em um colchão duro (muito pequeno, está ativo nas costas, mas passivo na barriga), ao soltar o objeto que manipula, colocará em ação suas habilidades motoras para tentar recuperá-lo, assim, pode aprender com a sua experiência e depois modificar seus parâmetros.

Se observarmos a mesma cena, agora com nosso bebê em seu bebê-conforto, passando o brinquedo de uma mão para a outra, ao deixá-lo cair para o lado, o bebê não terá qualquer possibilidade de seguir sua trajetória com os olhos, menos ainda de recuperá-lo.

O intuito de supostamente proporcionar um *holding* adequado e reconfortante ao bebê acaba restringindo pura e simplesmente sua percepção e motricidade no espaço. Em consequência, isso impede sua capacidade de ter uma representação do mundo e de si próprio em sua relação com o mundo.

Um sinal característico desse impedimento para o desenvolvimento é um bebê muito passivo, com pouca mobilidade, que procura em sua barriga o objeto que deixou cair ao lado. Precisei me defrontar com essa situação inúmeras vezes em minhas consultas antes de poder relacioná-la com o fato de que esses bebês não conseguem seguir com seu olhar o movimento dos objetos que escaparam à sua visão. E, não obstante, esses objetos são recuperados e repostos miraculosamente em sua barriga por pais excessivamente atentos, temerosos de não estarem fazendo o melhor por seus bebês, e prontos a delegar sua capacidade de *holding* a coisas, por medo de falhar.

Hubert é um exemplo extremo: seus pais são especialmente ansiosos, cada um por motivos relativos à sua história pessoal, e Hubert chegou aos 15 meses de idade incapaz de dormir fora do seu bebê-conforto. Podemos compreender que isso ocorreu em um período de grande fragilidade familiar que levou a intensos sentimentos de desvalorização pessoal de ambos os pais. Mas o que está sendo dificultada é praticamente a totalidade de suas capacidades de atividade autônoma diante do terror dos pais que o menino se machuque, o que denotaria sua incapacidade de protegê-lo.

O uso de um andador, algo rotulado como seguro, permite que ele caminhe sozinho, aprendendo a confiar na capacidade de usar esse objeto mais do que em suas próprias pernas. Além disso, a experiência oferecida não lhe permite apreender o espaço em função de seu próprio corpo. O medo do bebê poderia ser: "Se o meu andador quebrar, não terei mais pernas".

O objeto tornou-se uma prótese, uma ferramenta da precariedade psíquica. A coisa em si é frágil, suscetível de ser danificada, quebrada, perdida. Como no romance de Perec (1965), isso inevitavelmente tende ao aumento e ao acúmulo infindável, já que as coisas devem ser intercambiáveis e precisam ser substituídas.

Objetos que estimulam: chocalhos, celulares, o efeito televisão

A mãe de Sandra não aguenta mais, está exausta devido aos cuidados contínuos que seu bebê exige há alguns meses. Não sabe o que fazer para estimulá-la, transforma-se em constante produtora de shows, mas se esgota, não encontra nada para fazer ou dizer. Tudo se tornou tão pesado que ela só quer ir para a cama assim que Sandra dorme, quer colocá-la na creche e voltar ao trabalho, mil vezes menos cansativo que o trabalho de mãe.

Estimular e sustentar se combinam, e a mãe, de quem tudo depende, já não se sente à altura da tarefa: tem dores nas costas, cãibras nos braços, não consegue sair sozinha, nem cumprir sozinha tarefas que antes faziam sua alegria (vestir e alimentar Sandra).

O cenário ficará muito mais claro se compreendermos que ela se esgota na produção de mais e mais espetáculos interessantes para Sandra, com a ideia de que Sandra não consegue produzi-los sozinha. A descoberta de que Sandra também pode ser ativa por si mesma e se interessar por sua própria atividade, mais do que com o desempenho do objeto, lhe permitirá ver a força de seu bebê. Ela poderá confiar mais nela e, ao mesmo tempo, recuperar a confiança em si.

A estimulação é um valor seguro para o futuro dos bebês na difícil "luta pela vida", preocupação onipresente dos pais. Devemos fazer o bebê ficar ativo e autônomo, capaz de lidar com a vida. Os pais preocupados de não serem suficientes para estimular o bebê, delegam essa função a uma infinidade de objetos cada vez mais numerosos e sofisticados.

Mas esses objetos destinados a "tornar o bebê ativo e autônomo" (o que em si é uma formulação paradoxal) têm o efeito perverso rigorosamente inverso. Assim, o bebê se habitua aos espetáculos que com certeza despertam seu interesse, mas que ele olha de forma passiva, sem ser ator ou com o impedimento da real possibilidade de ser ator/autor. O objeto cobiçado é evasivo. É o caso dos brinquedos que se movimentam, celulares, objetos de funcionamento mecânico ou, ainda, computadores, tudo isso não leva à ação que o bebê poderia realizar sozinho.

Achei bem interessante associá-los à televisão, por exemplo, comentando "Oh! Vejo que você gosta muito de televisão"! Isso provoca nos pais a conscientização brusca da prioridade de não levar em consideração o objeto em si, mas seu impacto no bebê. A coisa destinada a tornar o bebê ativo coloca-o em posição de passividade, o bebê é espectador e não ator/autor do mundo.

Nossa responsabilidade ética como profissionais

Quando, na segunda consulta, os pais me perguntaram o que poderiam dar a um bebê de 9 meses, achei que fosse um presente e comecei a fazer perguntas sobre a criança em questão. Para meu espanto, era para a filha deles, para o Natal que se aproximava. Depois, convidei-os a observar seu bebê para compreender o que seria interessante para ele naquele momento. A descoberta de que seria uma oportunidade de bater objetos e produzir sons os levou a ter um novo olhar para colheres de madeira, garrafas de plástico com macarrão ou lentilhas dentro, tigelas de aço inoxidável que proponho como material de brinquedo.

Devemos nos interrogar a respeito da mensagem que enviamos quando nossos locais de recepção ou de trabalho se assemelham a uma loja de brinquedos. Dizemos, sem palavras, que em nossa ideia a respeito de sermos bons pais, os objetos são indispensáveis. Então, modifiquei todo o material de consulta e troquei os brinquedos por objetos do cotidiano: plástico bolha, lenços para os bebês, tampas, caixas, tigelas, objetos de cozinha etc. Associar as capacidades do seu bebê às angústias que levam os pais a dificultar o desenvolvimento dessas mesmas capacidades constitui parte essencial da minha ação terapêutica.

Cartografia para tratar a confusão

Esclarecer a confusão entre frustração/dor, estresse/dor, incidente/acidente

O bebê que se esforça para recuperar a bola, jogada longe demais, sofre? Ou pode ficar orgulhoso com o resultado do seu esforço? O que está envolvido é a apropriação subjetiva da sua própria motricidade, seu próprio corpo, não apenas a bola.

Podemos assim esclarecer a confusão entre o que é incidente e o que é acidente, algo que deverá passar por um trabalho acerca das representações dos pais. Por exemplo, é a mesma coisa cair da janela e cair ao se levantar apoiado numa cadeira? Num caso é um acidente, no outro é um incidente de percurso indispensável para a experiência e, portanto, para a aprendizagem. Que experiência pessoal os pais têm ao esquiarem ou ao andarem de bicicleta?

Assim, quando o bebê se levantar segurando-se em uma cadeira (cadeira de criança pequena e estável), segurar a cadeira impedirá que ele descubra seu centro de gravidade e o do objeto para então poder encontrar seu equilíbrio. Realmente, existe risco de ele cair, cair sobre as fraldas, se estiver segurando muito no alto do encosto, mas terá condições de perceber diversos parâmetros.[11] Isso permitirá diferenciar incidentes de acidentes e convidará os pais a associar acerca do sentido da sua confusão.

As mamães aterrorizadas e ansiosas pensarão que o bebê nada pode realizar sem elas e tenderão a confundir qualquer dificuldade ou frustração do bebê com manifestação de sofrimento. A observação em conjunto com os pais e os comentários de apoio aos esforços do bebê feitos pelo terapeuta, bem como a satisfação do bebê ao obter sozinho um resultado para a sua ação, ajudarão os pais a sair dessa confusão.

Classificar os fatos de maneira adequada permite que a criança reconheça sua experiência. Se o bebê cair ao tentar se apoiar na cadeira, dizer-lhe: "Não foi nada, não doeu" é inadequado. A criança precisa ter a descrição do que acontece: "Você caiu, não funcionou como você queria, você precisou segurar muito alto, você pode tentar de outro jeito" etc.

Enunciar os pontos de diferença e formular os limites territoriais, limites pessoais e de intimidade poderá levar as evidências a todos os protagonistas. Constituímos uma verdadeira cartografia do que se pode partilhar na família com uns e outros, o que guardamos para nós e o que é terreno comum. A imagem de um trabalho de mapeamento permite visualizar os contornos de cada um, pensar os limites e também visualizar os movimentos psíquicos ou físicos de uns para os outros.

---

11 Refiro-me à contribuição revolucionária de Emmi Pikler (1979), pediatra húngara, fundadora de uma creche conhecida como Loczy, em que ela defende a necessidade de "andar livremente desde o início".

Patrick tem 5 meses e problemas significativos de sono. A melhora foi espetacular a partir do momento em que pudemos ligar o que ocorre aqui, no tapete, em que Patrick desenvolve seu campo próprio de atividade e o que acontece com o sono. É possível que não pareça útil e até mesmo pareça nocivo fazer Patrick "adormecer", já que ele precisa conseguir voltar a dormir sozinho, ao acordar durante a noite, para se apropriar da experiência de "cair no sono".

Adormecer faz parte da sua área de autonomia, do seu território pessoal. O papai chamou essas descobertas de "mimar muito o bebê", mas afinal acabou descobrindo uma grande ajuda no trabalho comigo, pois estava muito reticente em relação a pessoas cuja profissão é "intrometer-se nos assuntos dos outros". Mas quando papai me contou que desistiu de comprar a casa dos seus sonhos, em um vinhedo, devido aos riscos dos pesticidas, ele concluiu: "Você vai pensar que estamos mimando demais!".

Poderemos levar em consideração a confusão e a tentação hegemônica: se pudermos deixar o bebê fazer o que diz respeito à sua experiência, que experiência ou conhecimento ele poderá ter de produtos químicos utilizados na agricultura, perigos invisíveis que nem nós mesmos vemos? É uma posição simétrica, igual à do início, no tempo em que o bebê necessitava da intervenção constante e não conseguia fazer nada sozinho, seria de se esperar que agora ele soubesse tudo de tudo.

Nas terapias pais-bebê, e no trabalho com os pais das crianças que atendemos em terapia, não trataremos a personalidade nem provavelmente a patologia individual dos pais, mas a parentalidade, de modo a permitir separar o espaço autônomo da criança das projeções e angústias de seus pais.

Conclusão

Trarei apenas uma pequena observação acerca do extraordinário campo de experiência que o exercício da motricidade livre representa para o bebê, com o qual espero se possa ver claramente que por meio da experiência do corpo e do movimento, do pensamento em movimento, é que se faz a construção do seu próprio campo e a definição dos próprios limites.

Eis a sequência da observação de um bebê de 9 meses e meio, apropriando-se do espaço: apaixonado por algum tempo por explorações em pé (e recusando-se a ser trocado deitado), apoia-se na mesa da sala que ele tenta contornar andando de lado. Um sofá de canto rodeia os dois lados da mesa, a meio metro de distância. A mãe está sentada de um dos lados e eu do outro. Ela conversa comigo e não parece ter percebido a atividade do bebê, à qual estou atenta, com visão periférica, enquanto continuo conversando com ela.

Ao fazer esse trajeto, ele se depara com um dos lados do sofá (em que estou sentada), ele solta a mão direita de apoio, se vira e, num movimento rápido, se joga em direção ao sofá. Não cai, mas se recupera de modo um pouco perigoso, pela força dos braços. Volta engatinhando ao seu ponto de partida e fica na beirada da mesa. Começa, então, uma espécie de ginástica fascinante, que observo junto com a mãe.

Como um bailarino fazendo exercícios na barra, segurando-se na beirada da mesa, levanta a perna direita estendida em paralelo à mesa e faz flexões com a perna esquerda. Repete esse movimento inúmeras vezes e depois faz o movimento simétrico, levanta a perna esquerda e faz flexões com a perna direita. Procede de modo aparentemente sistemático, como se estivesse treinando e realizando um programa esportivo em que ele é seu próprio técnico.

Pega, então, uma pequena garrafa de plástico que segura com as duas mãos, uma em cada extremidade, e se vira, pressionando as costas na mesa; faz movimentos pendulares de apoiar/soltar as costas. A garrafa não parece adequar-se ao que ele quer fazer. Vira-se para a mesa e pega uma pequena bandeja, com largura aproximada do seu peito, que segura do mesmo modo que a garrafa, com as duas mãos, uma em cada extremidade. Vira-se novamente, apoiando as costas na mesa e recomeça os movimentos de equilíbrio, em balanço, apoiando/soltando as costas. Imobiliza-se, encontrando aparentemente uma posição de equilíbrio sem apoio.

A seguir, avança em frente, segurando a bandeja e, de costas para a mãe, dá os primeiros passos, caminhando sozinho uma distância de pouco mais de um metro.

Referências

Agência Nacional de Saúde Suplementar (2016). *Estímulo ao parto normal*. Recuperado em 8 de abril de 2021, de https://www.ans.gov.br/images/stories/noticias/Parto_Adequado_final.pdf

Benedek, T. (1959). Parenthood as a Developmental Phase: A contribution to the libido theory. *Journal of the American Psychoanalytic Association*, *7*(3), 389-417.

Bick, E. (2002). Notes on infant observation in psycho-analytic training. In A. Briggs & D. Meltzer (eds.), *Surviving space: papers on infant observation*. London: Karnac Books. (Trabalho original publicado em 1964)

Jones, R. E. & Lopez, K. H. (2013). *Human reproductive biology*. San Diego: Academic Impress Inc.

Laplanche, J. & Pontalis, J.-B. (2007). *Vocabulaire de la psychanalyse*. (Coleção Dictionnaires Quadrige, p. 499). Paris: Press Unia versitaires France. (Trabalho original publicado em 1981)

Odent, M. (2005). *Césariennes: questions, effets, enjeux*. (Coleção Champ d'idée). France: Le souffle d'or.

Perec, G. (1965). *Les Choses*. Paris: Éditions Julliard.

Pikler, E. (1979). *Se mouvoir en liberté dès le premier âge*. Paris: Presses Universitaires France.

Prat, R. (1996). Le miroir de la dépendance ou le traumatisme de la naissance vu du coté des parents. *Devenir*, *9*(4), 7-21.

Prat, R. (2008). *Maman-bébé: duo ou duel?* (Coleção Champ d'idée). Toulouse: Érès.

Prat, R. (2014). Aux origines du narcisissisme: le corps et l'autre. Nature des expériences relationelles et corporelles précoces. Le rythme et le territorie. *Journal de la psychanalyse de l'enfant*, 4.

Winnicott, D. W. (2000). A preocupação materna primária. In D. W. Winnicott, *Da pediatria à psicanálise* (pp. 399-405). Rio de Janeiro: Imago. (Trabalho original publicado em 1956)

2. Dando as mãos, atravessando barreiras

Luciana Stoiani

Miriane de Toledo Heinrich

Na clínica de 0 a 3 anos, fazemos um trabalho de intervenção nas relações iniciais dos pais com seus bebês e/ou crianças pequenas (de 0 a 3 anos de idade). Esses atendimentos ocorrem a partir de algum sintoma específico, manifesto pela criança ou pelo bebê, que de alguma forma está interferindo em seu desenvolvimento emocional e/ou na dinâmica de interação do bebê com seus pais.

Nosso trabalho tem como um de seus focos principais favorecer a construção da parentalidade. É um fato que não nascemos pais, mas nos tornamos. E essa transição nunca é simples ou fácil. A parentalidade se constitui a partir de diferentes aspectos e, enquanto psicanalistas, nos interessam os aspectos íntimos, privados, conscientes e, principalmente, os inconscientes.

Durante os atendimentos, estamos atentas a possíveis entraves que podem obstruir o acesso dos pais a seus recursos internos e assim dificultar o desempenho de suas funções parentais. Na medida em que existe uma inter-relação entre pais e bebê, os percalços na construção da parentalidade frequentemente dificultam o desenvolvimento emocional do bebê. Ao mesmo tempo, os entraves do desenvolvimento do bebê podem alimentar as dificuldades já enfrentadas pelos pais.

Nesta modalidade de atendimento, nosso *setting* segue os moldes de consultas terapêuticas propostos inicialmente por Winnicott (1984) e utilizados posteriormente por Lebovici (1987) e outros autores. Nessa modalidade de atendimento, atendemos em duplas, em coterapia, e filmamos as sessões com o consentimento dos pais.

Na *IV Jornada da clínica 0 a 3: Intervenção nas relações pais-bebê – Fronteiras da Parentalidade e Recursos Auxiliares: pensando a clínica 0-3*, ocorrida em 2019, apresentamos o relato clínico de um trabalho de intervenção nas relações iniciais de uma bebê e sua mãe, atendidas por nós em nossa Clínica do Centro de Atendimento Psicanalítico da Sociedade Brasileira de Psicanálise de São Paulo (SBPSP). Nesta jornada, tivemos a honra de receber nossa colega Régine Prat, que nos brindou com preciosos comentários. Oferecemos aqui o texto do trabalho que apresentamos na ocasião e, em seguida, a transcrição dos comentários feitos por Régine na ocasião.

Caso Isabela

O atendimento desta dupla teve início quando a bebê estava com 7 meses e 1 semana de idade e contou com 6 sessões ao longo de 3 meses. O sintoma que trouxe mãe-bebê até o consultório era relativo ao sono. De acordo com a mãe, a bebê não dormia. Elas vieram encaminhadas pelo pediatra, que percebeu a dificuldade da mãe em se apropriar de sua função materna e suspeitou que fatores emocionais pudessem estar no cerne do sofrimento vivenciado pela dupla mãe-bebê.

No decorrer destas 6 sessões, a evolução mais marcante que observamos foi a transformação na interação da dupla mãe-bebê. Elas chegaram como se estivessem de costas uma para outra, desencontradas, cada uma mergulhada nas próprias dificuldades. Ao longo do trabalho observamos que se voltaram de frente uma para a outra, passaram a se olhar com mais frequência, foram, gradualmente, se aproximando, o que resultou em um visível aumento de sintonia e em uma comunicação mais fluída entre elas.

1ª Sessão

No primeiro encontro vieram a mãe e a bebê, Isabela, e logo nos chamou atenção o contraste entre a vitalidade e saúde da bebê e o semblante desvitalizado e triste da mãe.

A mãe, sentada no sofá com a bebê em seu colo, inicia a sessão nos contando por que tinham vindo. Relatou um puerpério muito difícil, muito diferente do que ela esperava viver, dificuldades com a bebê (na amamentação, com relação ao sono, na introdução alimentar) e sentimentos dolorosos e assustadores: "Eu sentia que não gostava dela"; "Eu não estava feliz e ainda não estou".

Suas dificuldades começaram desde a concepção de Isabela. Foi uma gestação não planejada, fruto de um breve relacionamento com um homem com o qual não manteve contato. Segundo a mãe, o pai da bebê "não quis saber dela (bebê) nem na gravidez e nem depois que ela nasceu". Mãe e bebê moram com os avós maternos e irmã materna (tia do bebê), mas, segundo a mãe, foi muito difícil a aceitação da sua gravidez em seu núcleo familiar. Ela nos disse: "Já é difícil ser mãe, ainda mãe sozinha, é mais difícil ainda. Tudo sou eu! Então fica bem pesado".

Vinheta 1: Subjetivando e incluindo a bebê

Enquanto a mãe fala com a bebê em seu colo, Isabela projeta seu corpo para a frente, nos dando indícios de estar muito curiosa e interessada nos brinquedos que estão dispostos no chão da sala. A bebê olha vivamente ao redor: para a mãe, para os brinquedos e também para nós, analistas.

Tendo em mente tudo o que a mãe nos contou e com a intenção de incluir Isabela em nossa conversa, nos dirigimos à bebê, dizendo: "Isabela, mamãe está contando sobre quando você nasceu, do papai da Isabela, de como foi quando a mamãe ficou grávida..." Observamos que Isabela nos olha atentamente enquanto lhe dirigimos a palavra e, então, compartilhamos com a mãe essa observação: "Isabela olha bastante para gente, né? Ela é bem ligada!". A mãe, então, interrompe sua narrativa, olha para a bebê e sorri.

Isabela estava nitidamente animada. Agitava seu corpo, balançava ainda mais suas pernas, olhando para os brinquedos. A mãe seguia mantendo a bebê entre suas pernas, parecendo alheia às comunicações da filha. Dando voz à expressão corporal da bebê, comentamos: "Ela está olhando os brinquedos! Você quer brincar, Isabela?". Nesse momento, a mãe coloca a filha sentada no chão e senta-se ao lado dela, ambas com as costas para o sofá. Nesta nova configuração, uma de nós se levanta, pega a almofada de encosto do sofá e a coloca atrás das costas da dupla mãe-bebê. No momento da sessão, a ideia associada a este gesto foi oferecer apoio e proteção concretos para a bebê. Mas, em reflexão posterior, consideramos que poderíamos entender este gesto como uma forma de resposta (não verbal) às necessidades psíquicas da dupla mãe-bebê captadas por nós.

Durante a sessão, percebemos como o semblante da mãe expressava a gravidade de seu estado emocional e a depressão que vinha enfrentando. Notamos que os únicos momentos em que a mãe sorria eram aqueles nos quais interagíamos diretamente com a bebê. O nosso olhar e interesse pela bebê parecia despertar também o interesse da mãe por ela. Será que poderíamos também pensar que, por nosso apreço pela bebê, a mãe sentia-se valorizada e reconhecida como detentora de capacidade criativa? Sentia-se, desta forma, capaz de criar esta bebê tão interessante?

Em todo o restante do tempo, seu rosto estava desolado e o conteúdo de sua fala expressava sua solidão e tristeza. Ela nos dizia: "Idealizei sempre: vou casar, ter filho, amamentar. Mas tudo foi saindo do planejamento. Eu achei que seria só felicidade; hoje eu sei que é bem difícil ser mãe. Eu me sinto mal de me sentir triste. É injusto eu estar triste sendo que ela está bem, com saúde, feliz, mas é incontrolável! Sei que tá tudo errado. Ainda não encontrei o jeito certo... ainda não me encontrei na maternidade. Estou muito desgastada".

Vinheta 2: O encontro das mãos: um diálogo silencioso

Enquanto uma de nós seguia sustentando a conversa com a mãe sobre a sobrecarga que sentia por se ver como a única responsável pela filha, a outra, espontaneamente, dirigiu sua atenção aos resmungos e aos movimentos da bebê. Isabela corresponde ao olhar da analista e surge, então, uma brincadeira: a analista caminha com os dedos pelo chão até alcançar as pernas da bebê, subindo pelo seu corpo e alcançando sua mão. A bebê, interessada, acompanha com os olhos os movimentos da mão da analista. A analista recolhe o braço e aguarda. A bebê permanece com o braço esticado, a mão aberta, olhando para a mão da analista. Compreendendo o gesto da bebê como um convite à continuidade, a analista repete seu movimento e caminha novamente com os dedos até a bebê, passando pelo seu corpo e chegando ao centro de sua mão. A analista recolhe sua mão e a bebê volta-se para o outro lado, recolhendo a mão também, mas logo em seguida vira seu corpo novamente em direção à analista, estica o braço e abre a mão, parecendo esperar por aquele contato mais uma vez. A analista corresponde a esse gesto da bebê repetindo a brincadeira. Consideramos importante destacar o trabalho em parceria da dupla de analistas, enquanto uma de nós estende sua mão à bebê, estabelecendo um diálogo silencioso, a outra estende suas palavras à mãe, fazendo par com esta.

Sobre a movimentação da bebê nesta primeira sessão, observamos que ela ficou a maior parte do tempo sentada no chão interagindo com os brinquedos. Inicialmente ela estava ao lado da mãe, onde ela havia sido colocada, mas aos poucos foi indo para frente em direção ao centro da sala. Nos chamou a atenção o fato de Isabela passar boa parte do tempo na frente da mãe, de costas para ela, sem buscá-la com o corpo ou o olhar.

No final da sessão, a mãe nos pergunta: "Tudo o que eu senti durante a gravidez e depois do parto pode influenciar na vida dela?". Ela parecia expressar com essa pergunta seu receio e sentimento de culpa pelos danos que poderia estar causando à bebê. Diante desta pergunta, compartilhamos com a mãe o que tínhamos observado durante nosso encontro. Víamos diante de nós uma bebê interessada, curiosa, capaz de interagir e se comunicar. Ressaltamos, assim, sinais de saúde da bebê e afirmamos que para uma bebê estar assim, saudável, certamente tinha sido atendida em muitas de suas necessidades pela sua mãe. O próprio fato dela ter trazido sua filha até nós e de nos fazer esta pergunta revelava uma mãe atenciosa e preocupada em oferecer o melhor para sua filha. Desta forma, procuramos reassegurar a mãe suas qualidades e capacidade em oferecer cuidados essenciais à sua filha. Procurávamos, assim, fortalecer a mãe em sua função materna. Ela chegou até nós soterrada por críticas e inseguranças, totalmente desacreditada da sua capacidade de maternar sua filha. Até aquele momento, ela parecia ainda não ter encontrado alguém que a ajudasse a ter confiança no seu jeito de ser mãe.

2ª Sessão

A segunda sessão, naturalmente, trouxe novos elementos e já começou bem diferente. A bebê estava com 7 meses e 3 semanas de idade. A mãe entra e senta-se com a bebê no colo, olha para ela buscando seus olhos, sua postura é de atenção e devoção, enquanto a bebê está olhando para frente, possivelmente para uma de nós, aparentemente alheia à sua mãe. Sem encontrar correspondência neste olhar, a mãe decide prontamente colocar a bebê no chão e ela reclama, chora um pouco, volta seu corpo para trás em direção à mãe, mas logo para, acalma-se sozinha, olha para os brinquedos e começa a tocá-los. A mãe está mais sorridente e logo diz que está melhor, que "deu um alívio". Diz que as coisas seguem iguais, mas que ela está melhor. De fato, ela tem outro semblante e mostra-se com um humor mais leve.

Observamos, nesta sessão, a mãe e a bebê se procurarem mais com os olhares, mas notamos também que esses olhares nem sempre se cruzavam.

Vinheta 3: Tem uma bebê, mas também tem a mamãe

Enquanto a mãe nos conta sobre seus planos para retomar o trabalho, a bebê se desloca sentada, passeando pelo centro da sala, até se posicionar como se estivesse conversando com nós três. Éramos, então, nós quatro sentadas no chão, em círculo.

Por conta do que ouvíamos da mãe, uma de nós olha para a bebê e diz: "A mamãe está contando que ela tem coisas para fazer na vida dela, tem a profissão, tem o trabalho dela, né, Isabela? E que quando a mamãe vai trabalhar, a Isabela precisa ficar com alguém, em casa, com a titia ou com a vovó. A mamãe também está precisando retomar as coisas dela, hum?".

Neste momento, Isabela lança uma boneca bebê para a frente, que vai em direção a uma de nós. Prontamente, a analista segura a boneca e diz: "Tem uma bebê, mas também tem a mamãe!".

A bebe sorri olhando para a analista que conversa com ela e a mãe abre um largo sorriso enquanto olha para a bebê, ouvindo a conversa. A bebê volta-se, sorrindo, em direção à mãe e estica o braço alcançando sua perna.

A conversa segue mais um pouco e, então, uma de nós diz: "Eu acho que este assunto que a gente está conversando, de ficar longe, ficar perto, se ela aguenta ficar longe, se ela aguenta ficar perto, esse assunto está presente na questão que você está trazendo da noite, que ela fica acordando o tempo todo. Eu penso que ela está comunicando aí que tem alguma coisa que não está muito bem".

Logo em seguida, a outra analista complementa: "Talvez ela sinta sua ambiguidade, o seu desejo de ficar perto e também o desejo de ficar longe, de você poder se afastar dela. Isabela é capaz de entender que você gostaria que ela dormisse pra você poder sair do quarto, pra você poder fazer suas coisas".

A mãe, com feição séria, olha para a bebê que está no chão na sua frente e que, neste momento, agarra-se à sua calça. A mãe começa a dizer algo, mas é interrompida pela bebê que senta, puxa a barra da sua calça novamente e dá gritinhos. Mais uma vez, dando voz à bebê, falamos: "Eu quero ficar perto da mamãe. Que história é essa, mamãe, que você quer a sua vida?". O clima emocional fica alegre neste momento. A bebê está com semblante iluminado e a mãe dá um grande sorriso enquanto nos ouve, olhando apenas para sua bebê, sem dirigir o olhar às analistas. É como se a mãe ouvisse nossas falas saindo da boca da bebê, podendo compreendê-la um pouco melhor.

3ª Sessão

Na terceira sessão, apesar do clima emocional que indicava um certo apaziguamento, a mãe nos conta que as dificuldades à noite persistem. A bebê segue acordando muito, a cada 45 minutos, e só volta a dormir depois de mamar no peito. Diz que se sente exaurida pela exigência do contato corporal concreto que sua filha lhe faz durante a noite. Ambas compartilham o mesmo quarto e, para que a mãe possa descansar um pouco mais, acabam dormindo na mesma cama.

Vinheta 4: Você tem medo de perder a mamãe?

Procurando atribuir um sentido a este comportamento da bebê que a mãe acabava de descrever, a analista se dirige à Isabela e diz: "Você tem medo de perder a mamãe? Você tem medo dela desistir e ir embora? Dela ficar tão cansada e ir embora? Você tem medo? Ela não vai embora. Ela só fica cansada. Depois ela volta. Ela se afasta um pouquinho e depois ela volta. Pode ficar tranquila, ela volta. Ela ama você". Isabela fica olhando e vai, aos poucos, aproximando-se da analista que está falando com ela como se quisesse tocá-la.

Comentamos com a mãe que, conforme a bebê for desenvolvendo confiança de que a mãe está lá para ela, a bebê tende a ficar mais tranquila. A mãe responde a esse comentário dizendo que quando a bebê acorda, ela só para de chorar se ela, a mãe, for atendê-la; que nem adianta pedir para ninguém ajudar. Ela diz: "Eu queria que ela se acostumasse com outras pessoas pra eu conseguir fazer outras coisas. Tem vezes que eu sento pra comer e ela acorda".

Vinheta 5: Estou crescendo, me espera

Enquanto ouvimos a mãe, uma de nós pega um brinquedo que é um cone do qual é possível fazer entrar e sair um palhacinho. Olhando para a bebê e fazendo o palhacinho aparecer e desaparecer dentro do cone, a analista diz: "Mamãe, eu sei que você está cansada, mas olha só, quando eu nasci eu precisava de você pra tudo. Veja, estou crescendo, eu sentei, eu comecei a comer, eu estou quase engatinhando. Daqui a pouco, mamãe, eu posso dormir com o vovô, eu posso dormir com a vovó, daqui a pouco você pode passear. Eu sei que é difícil! Só mais um pouquinho... me espera, me espera um pouquinho. Fala pra mamãe: eu só preciso ter bastante de você nesse momento da minha vida". Enquanto essas palavras são ditas, a bebê observa atentamente o palhacinho que entra e sai do cone nas mãos da analista, e a mãe olha sorrindo para a bebê.

Embora a analista estivesse falando voltada para a bebê, a fala estava intencionalmente direcionada à bebê e à mãe ao mesmo tempo. A intenção era trazer para a mãe uma perspectiva de tempo, uma vez que ela se percebia soterrada por uma experiência emocional que parecia não ter fim, que era vivenciada de forma insuportável e interminável ao mesmo tempo. Estávamos oferecendo palavras à dupla com o intuito de tornar a experiência pensável, sonhável – e transformável.

4ª sessão

Esta sessão aconteceu depois das férias e Isabela estava agora com 8 meses e 3 semanas de idade.

A mãe chegou colocando a bebê diretamente no chão, entre suas pernas, enquanto sentava-se no sofá. Observamos que a mãe está mais colorida, é a primeira vez que não está vestida apenas com preto, branco e cinza. Enquanto conversa conosco, faz carinho nos cabelos da bebê que está com as mãos em suas pernas, olhando os brinquedos, mas ainda sem tocá-los. Oferecemos um bonequinho de pano (um bebê) que Isabela prontamente aceita, pega e coloca na boca.

Durante esta sessão, observamos alguns momentos em que a mãe interrompe a brincadeira da bebê. Num deles, a bebê está há alguns minutos com um boneco nas mãos, chupando seus cabelos. A mãe retira este boneco das mãos da bebê, coloca-o no chão, pega outra boneca e a oferece à bebê, que prontamente aceita e a coloca na boca. A mãe sorri para a bebê ao perceber que ela aceitou a boneca oferecida por ela. Em outro momento, enquanto a mãe nos pergunta se já nos contou que a bebê está com mania de ficar beliscando e mordendo, Isabela vira seu corpo em direção à mochila que está no chão ao lado da mãe e, com suas mãos, segura uma das alças. A mãe estica o braço e afasta a mochila dela. A bebê alcança a mochila novamente. A analista, percebendo essa movimentação, comenta: "Ela gosta dessa mochila da mamãe, né?". A mãe sorri e concorda enquanto observa a bebê mexendo nas alças da mochila. Chama a nossa atenção essa dinâmica entre as duas e nos perguntamos o que levaria a mãe a interferir no gesto espontâneo da bebê.

Vinheta 6: O urro do leão

Após ouvir longo relato da mãe sobre algumas dificuldades que ela vem enfrentando, comentamos sobre a falta de apoio que a mãe sente na sua maternidade. Ela sente que ninguém a ajuda e quando ela pede algo, nunca acontece como ela gostaria.

Neste momento, a bebê que está sentada no chão de frente para ela, demonstra incômodo, resmungando e erguendo os braços na direção da mãe, como quem pede colo. A mãe inclina-se para a frente olhando para sua filha e a bebê, por sua vez, alcança e pega um leãozinho que está próximo dela. A mãe lhe entrega a chupeta e Isabela, imediatamente, demonstra sua contrariedade arremessando no chão o leãozinho que acabou de pegar. Percebendo o movimento e a comunicação da bebê, a analista diz: "O quê? Ficou brava?". A analista pega o leão e movimentando-o começa a rugir: "AAAAAAARRRRR". Isabela, olhando para o leão, inclina o corpo em sua direção. A analista segue sua interação com a bebê e continua a falar: "A mamãe também fica brava com a vovó. AAAARRRRR. E a vovó também fica brava com a mamãe. AAAARRRRR. E você também fica brava? Tem hora que todo mundo fica bravo em casa?".

Isabela se lança para frente, deita-se de bruços, pega o leão da mão da analista e o coloca na boca.

Nestes trechos nos parece notável a falta de fluidez na comunicação entre mãe e bebê, tanto nas ações que a mãe interrompe como na impossibilidade de corresponder ao pedido de colo da filha. Aproveitamos esta situação para fazer comentários sobre o que nos parece relativo ao circuito de frustração e raiva entre as mães e filhas desta família.

5ª sessão

Nesta sessão a bebê estava com 9 meses completos de idade e era nítido que tanto a bebê quanto a mãe estavam diante de expansões. Podíamos ver isto na ampliação de contato e interação entre as duas. Elas entreolhavam-se mais, a mãe recebia e também oferecia brinquedos para a filha, respondia verbalmente às "lalações" que

Isabela fazia, falava pelo bebê. Interações que quase não víamos nas sessões anteriores.

A mãe compartilha conosco, aliviada, que está se dando conta que o tempo passa e que as coisas mudam. Comentamos com a mãe como o desenvolvimento da bebê lhe dava um retorno positivo e favorecia seu sentimento de estar desempenhado satisfatoriamente sua função materna.

Vinheta 7: A gente perde, mas também ganha!

A mãe compartilha conosco uma situação que foi para ela um marco. Ela nos conta que, certo dia, combinou de sair à noite com amigos e deixou sua filha com seus pais. Para sua própria surpresa, ao chegar no evento sentiu-se muito mal, sentiu que aquilo não era mais pra ela e voltou para casa, chorando.

Ela nos diz: "Eu estava muito querendo voltar à minha vida de antes, de alguma forma. O que me deu um choque de realidade foi este dia… não sei o que aconteceu. Agora não sinto mais vontade de sair, comecei a pensar mais nas coisas que quero fazer pra ela, passear com ela… Não vejo mais graça nestas outras coisas. Me sinto deslocada desta vida de antes. Meus assuntos agora são de maternidade mesmo, me sinto melhor com outras mães; quem não é mãe não entende".

Comentamos: "Algo está mudando dentro de você. Você está conseguindo aceitar uma perda que teve e também conseguindo usufruir mais dos ganhos, de estar com ela, cuidar dela. Você parece estar curtindo mais este momento".

A mãe diz: "Exatamente. Ela (a bebê) está numa fase… quer dizer, não sei se é a fase, se é tudo junto, se sou eu, mas ela está numa fase muito gostosa, fazendo várias coisas novas".

Seguimos: "Por essa palavra 'gostosa' que você fala dá para perceber que você tem tido mais prazer na sua experiência, que você tem podido usufruir mais. Afinal, não são só perdas; a gente perde, mas também ganha com a chegada de um filho!".

Enquanto isso, Isabela movia-se amplamente pela sala, interessando-se por novos espaços e manipulava diferentes brinquedos. Engatinhava, ficava em pé, brincava na frente do espelho, balbuciava.

Enquanto a mãe fala das mudanças que percebia em si, a bebê aproxima-se de nós. Utilizando um brinquedo, uma de nós inicia com a bebê um jogo de dar e receber. Depois de algumas idas e vindas entre analista e bebê, Isabela inclui sua mãe na brincadeira, olha para a mãe e estica seu braço oferecendo o brinquedo para ela. A mãe, que estava atentamente olhando para ela, prontamente pega o brinquedo e diz: "Obrigada, filha!".

Vamos observando uma maior interação e maior contato emocional entre as duas.

6ª sessão

Esta é a nossa última sessão. A bebê está com quase 10 meses de idade.

Enquanto a bebê pega uma bola e brinca com os brinquedos, a mãe conta que começou a ver escolinha e até inscreveu a bebê em uma, pois quer que a bebê já esteja adaptada na escola quando algum trabalho surgir. Ela e a bebê precisam estar preparadas.

Vinheta 8: Agora eu existo!

Na sequência, comenta, com satisfação, que a bebê passou a dormir a noite toda. Ela diz: "Não sei o que mudou. Ela dormiu e eu fiquei muito feliz! Nossa, eu senti que, sabe, 'Oi, mundo! Agora eu existo'. Posso fazer qualquer coisa, me programar".

A mãe estava descobrindo novas competências da bebê. Ao ouvi-la chorar à noite, consegue esperar para ver se a bebê volta a dormir. Ela nos conta que percebeu que a sua interferência acordava a bebê. Passou a dormir em outro quarto e nas primeiras noites teve medo da bebê chorar e ela não escutar. Nos indagávamos sobre quais seriam os sentimentos que durante todo este tempo pressionavam a mãe a ficar grudada em sua bebê, sem conseguir se aproximar nem se afastar dela.

Nesta sessão, a mãe fala em diversos momentos sobre o medo de perder seus pais, o medo de não conseguir se sustentar sozinha e de não conseguir sustentar a bebê. Em suas associações, brotavam referências a sentimento de culpa, solidão e medo de ficar só. Enquanto essa conversa acontecia, a bebê se posiciona de frente para a mãe, levantando-se e sentando-se. Ela fica em pé e tira o apoio das mãos, exercitando sua capacidade de se equilibrar sobre as próprias pernas. A mãe conversa com a gente, enquanto seu corpo naturalmente interage também com a bebê. Em alguns momentos, a mãe oferece suas mãos como apoio para Isabela. Tudo é bem suave e harmônico no encontro físico entre elas. Dizemos a ela: "Assim como você imaginava a Isabela a mesma bebê no futuro, você se imagina igual você é hoje, do mesmo jeito, nas mesmas condições no futuro. Talvez você esteja falando sobre o tanto que você se sente sozinha e fica se imaginando no futuro sempre sozinha, sempre tendo que dar conta de tudo sozinha. Não sabemos se você vai estar sozinha ou que outras coisas vão acontecer na sua vida".

Isabela se senta e olha para a analista que está falando. A mãe diz: "Isso é". A analista pega o cone com o palhacinho e começa a fazê-lo aparecer e sumir enquanto a bebê pega um paninho e oferece para nós, que correspondemos a este gesto pegando o paninho. A mãe continua a conversa: "É assim que eu me imagino mesmo". Seguimos, dizendo: "É significativo isso: o fato de você se imaginar sempre sozinha. Quer dizer, por que é que você tem que ser tão independente sempre?". A mãe nos responde: "E ao mesmo tempo eu me sinto super dependente". Trata-se de um *insight* da mãe.

E assim encerrou-se este atendimento. Isabela passou a dormir sozinha, a noite toda. Uma vez que o sintoma da bebê relativo ao transtorno de sono tinha desaparecido, a mãe decidiu seguir dali em diante sozinha. Considerando tudo o que vivenciamos juntas, entendemos que ela se beneficiaria caso iniciasse uma análise pessoal.

Como dissemos no início, pudemos acompanhar uma gradual aproximação entre mãe e filha. Elas passaram a se olhar e se ouvir mais, desenvolvendo a confiança no vínculo.

Acreditamos que a possibilidade, ao longo dos nossos encontros, da mãe encontrar uma escuta disponível, atenta e não julgadora, teve um efeito restaurador em sua função materna. Diante do impacto destas experiências tão transformadoras que são a gestação e o tornar-se mãe, a mãe chegou até nós soterrada por vivências e sentimentos que não podia digerir sozinha. Nós, analistas, oferecemos um espaço protegido no qual a mãe pôde compartilhar suas experiências traumáticas e dolorosas. Ao ser ouvida, compreendida e aceita, ela recebe uma sustentação emocional que possibilita a ela recompor sua identidade e descobrir sua maneira de ser mãe. Desta forma, a bebê é imediatamente afetada pela maior disponibilidade de sua mãe. Na medida em que a mãe se torna mais livre para exercer sua função materna, a bebê experimenta uma mãe mais presente e concomitantemente a confiança no vínculo aumenta. Estando mais sustentada em termos afetivos, a bebê passa a prescindir da presença concreta ininterrupta da mãe. A qualidade do encontro entre elas propicia para ambas as condições melhores para atravessarem as separações.

Comentários de Régine Prat[1]

Este é um trabalho que me parece extraordinário, uma incrível demonstração daquilo que eu tentei comunicar na reunião que tivemos ontem sobre a profunda transformação de identidade pela qual passa uma mulher a partir do nascimento de seu bebê. É muito interessante também para nós psicanalistas clínicos ver que o sintoma, o problema de dormir, que é o motivo que traz essa dupla mãe-bebê para o atendimento, é pouca coisa, é a parte aparente do *iceberg* e que, por trás disso, há toda a destruição da identidade desta mãe. A meu ver, ela se refere a isso quando diz: "Eu havia idealizado tanto esta experiência". Temos que dar muita atenção a isso, pois faz parte da experiência de ser transformada em uma mãe. Mais ou menos o que acontece com os pais, mas com estes é algo menos corporal, pelo menos neste momento inicial.

Parece-me que esta idealização é uma experiência inevitável. Nas teorias psicanalíticas, tem-se pensado muito sobre a diferença entre o bebê idealizado e o bebê real. O bebê da realidade é uma confrontação com todos os demais bebês que foram perdidos. E eu não falo dos bebês mortos (de fato); refiro-me aos bebês que sempre existem na mente de toda mulher, por exemplo, os bebês

1 Importante esclarecer que haverá momentos, nos comentários de Régine, nos quais ela irá se referir a cenas de vídeo ou fotos das situações do atendimento que foram mostradas durante a apresentação na jornada.

que ela imaginou com seu primeiro namorado, o bebê que foi seu irmão quando era ainda uma menina, o bebê que imaginou quando brincava com suas bonecas. Todos esses foram seus primeiros bebês. E o bebê que nasce não é o mesmo, claro. E isto é, certamente, uma desilusão.

Parece-me que há um mal-entendido fundamental entre pais e bebês, os dois estão frente a uma desilusão. A mãe (do caso apresentado) fala da sua desilusão. Ela diz algo sobre sentir-se injustiçada, punida. De quê? No momento ainda não sabemos. Mas a situação que está vivendo lhe parece injusta, para ela a vida não tem que ser assim, não é algo normal. Muitas vezes ouvimos histórias sobre o tornar-se mãe, mas estas histórias tomam, frequentemente, uma forma um tanto idealizada, a realidade é diferente. O momento do nascimento para o bebê também é uma desilusão porque, no nascimento, ele necessita reencontrar o que conhecia antes de seu nascimento, o que teve durante os nove meses de sua vida pré-natal. A vida pré-natal é uma vida real, uma vida psíquica também. Neste processo da gestação tudo está próximo, tudo o que se necessita é dado pela mãe. Com o nascimento isto falta, tudo está mais longe, tão longe... como é possível (para o bebê) reencontrar aquilo que perdeu?

Com a depressão materna, que aparece de forma intensa neste caso apresentado, tudo fica ainda mais distante para esta bebê. Tudo era satisfeito antes, durante a gestação, e agora não é mais. Portanto, essa bebê também está desiludida, decepcionada. Deste modo, podemos dizer que a experiência do nascimento foi uma decepção para as duas, para a mãe e para a bebê também. Que história elas vão criar agora? Aqui nós vemos muito bem a ajuda deste círculo que se faz com as analistas e com a mãe que, pouco a pouco, passa a pertencer a este círculo no qual todas estão interessadas em saber o que se passa com a bebê. Esta é a maior mudança: que para esta mãe, a bebê deixe de ser a bebê da desilusão e passe a ser uma bebê como um novo objeto. Desta forma, a bebê passa a ser interessante. Podemos ver isto quando a mãe conta que quando foi dançar de noite, nada lhe interessou e ela então começou a chorar. Esta bebê passa a ser interessante para ela e esta é uma experiência nova para esta mãe. Ela está expressando o que creio ter mencionado ontem quando descrevi o processo de parentalidade como uma nova fase de desenvolvimento pessoal, uma nova fase do desenvolvimento psíquico. Do meu ponto de vista, nós vemos muito bem isto acontecendo com esta mãe.

Há tantas coisas que não sei qual fio tomar. Eu vou dizer algo sobre tocar a mão do bebê. Na França, eu sempre toquei a mão dos meus pacientes e eu também toco a mão dos bebês. Isso não é muito comum e surpreende a todos, inclusive o bebê. Penso que quando você toca a mão do bebê, de certa forma está comunicando: "Eu toquei a mão de sua mãe para lhe desejar bom dia e boas-vindas e eu posso também tocar sua mão para lhe dar as boas-vindas". E assim criamos uma situação em que o bebê e a mãe são ambos considerados como pessoas, pessoas iguais, pessoas que, do mesmo modo, necessitam de nossa atenção – precisam da nossa atenção para que elas mesmas sejam capazes de prestar atenção aos seus próprios desenvolvimentos e movimentos.

Nas últimas sessões deste atendimento vimos acontecer algo neste sentido: a bebê se coloca em frente a um espelho, como se estivesse dizendo: "Eu estou aqui, como eu sou interessante para mim mesmo; quando me olho no espelho eu vejo que sou capaz de fazer tudo isso, eu posso me mover, eu posso falar diante do espelho e ver essas coisas acontecerem"; essa é uma descoberta de sua própria identidade. E a mãe também está criando sua própria identidade e, por isso, elas podem separar-se, porque não é mais necessário nem para uma nem para outra constituir uma identidade confusa e mesclada. Torna-se possível construir suas identidades com seus próprios limites, podem dormir cada uma em sua cama, podem dormir em quartos separados. Vemos muito bem aqui a criação das identidades de ambas e, a partir deste momento, a comunicação torna-se mais possível entre as duas. A partir do momento que um está existindo com seus próprios limites, é possível comunicar-se com o outro sem perder-se no outro.

Teve um momento que me pareceu muito interessante quando a bebê se interessa pela bolsa de sua mãe, fato que ocorreu logo em seguida de uma passagem em que a mãe muda o objeto que estava com a bebê. Isso é algo que quero acentuar porque é algo que vemos acontecer muito comumente. Quando isso acontece podemos pensar que é uma maneira de dizer [ao bebê]: "O objeto que você pegou não é o bom; o bom é aquele que eu vou lhe dar, eu tenho coisas que são boas para você e você não sabe o que é bom para você". Observamos estes fatos muito frequentemente fora da clínica, em situações cotidianas. Exceto, claro, quando o bebê pega algo perigoso para ele, aí não se discute que lhe seja dado outra coisa, mas muitas vezes não se trata disso, muitas vezes é uma forma de dizer: "Eu sei mais que você sobre o que é interessante para você". A partir desta ideia, é compreensível por que a bebê passa a se interessar pelo que há dentro da bolsa de sua mãe, porque ela entende que ali está o que é interessante para ela.

Por isso me parece que devemos estar muito atentos sobre o que o bebê está fazendo a si próprio e por si só. Esta substituição de um objeto por outro se vê muito claramente quando o bebê chupa seu dedo e sua mãe não o quer. Quando o bebê é pequeno, é muito fácil interromper isso e dar-lhe outra coisa. Vejo isso como uma traição. Mais que uma traição, é uma espécie de perversão muito profunda que comunica ao bebê que o que ele está fazendo a ele mesmo é um erro, não é bom. Seria como dizer: "Você não pode ter confiança em si mesmo, você pode confiar apenas no que eu vou fazer a você ou no que o mundo lhe der, você tem que se colocar numa posição de passividade e somente absorver o que lhe será dado". E isto é uma contradição fundamental, pois, é claro, há muitas e muitas coisas que o bebê não pode fazer por si próprio, ele é muito dependente e isto é a experiência materna, que ela tem que dar tudo ao bebê que não é capaz de se cuidar sozinho. Se não há ninguém para cuidar do bebê, ele vai morrer e isso é muito claro. Porém, ao mesmo tempo, e eu insisto nisso, desde o nascimento há coisas que o bebê é capaz de fazer para si próprio, e com isso ele vai construir a confiança em si mesmo e, concomitantemente, sua confiança no mundo, pois o mundo é repleto de coisas de seu interesse e sobre as quais o bebê tem que decidir o que lhe agrada mais, e temos então que sustentar isso.

O que se passa neste momento, do nascimento e da relação com o bebê, será exatamente o mesmo com os adolescentes. Podemos traçar uma simetria entre o bebê completamente dependente e que não sustenta sua possibilidade de autonomia e o adolescente que não pode fazer nada sozinho.

Eu vivo numa pequena cidade ao sul de Paris e meu consultório é longe da estação de metrô. A primeira coisa que pergunto para os pais de adolescentes (eu recebo os pais antes de receber os adolescentes) é como eles virão para as consultas, e eles respondem que são eles que levarão seus filhos. Quando pergunto o porquê, eles respondem: "É porque sempre o levamos". Há uma expressão na França: "pais taxistas". Eles argumentam que é muito mais seguro, e eu concordo, claro que é muito mais seguro, porque assim sempre sabem onde seus filhos estão. Os levam aos seus amigos e quando os telefonam, a qualquer hora, mesmo às 2h da madrugada, sabem que estão no mesmo lugar. Isso é um impedimento da autonomia e um ataque à confiança que se pode ter em si mesmo, em suas próprias capacidades e no mundo.

Eu sei que o mundo é muito perigoso e isto é muito difícil para os pais, mas o perigo máximo, me parece, é ser dependente e delegar a confiança aos objetos. Vivemos todos em um mundo de objetos, em um mundo de tecnologias, e sempre temos tecnologia, computadores, telefones, e somos todos dependentes dessas coisas. Por isso, será cada vez mais difícil para nós, profissionais, atentarmo-nos a isto, porque o risco é que também não possamos ver – porque nós também somos dependentes. Com os telefones, estamos sempre em contato e, então, os adolescentes não podem ter a experiência de mentir, que é uma experiência fundamental.

O que ocorre quando um menino começa a mentir? Ele está construindo a ideia de que ninguém pode ver o que se passa em sua mente. Ele pode dizer: "Eu não comi os doces", e se ele se organiza bem, não irão ver que na verdade ele os comeu. Essa é uma experiência de autonomia e de construção da identidade. Eu não estou falando da mentira patológica. Mas a mentira patológica ocorre, por um lado, quando não foi suficientemente instalado que "eu tenho minha autonomia de pensamento e ninguém pode saber o que se passa em minha cabeça", ou seja, que eu sou responsável por aquilo que vou compartilhar, do que vou dizer pra vocês aqui e agora.

Tudo isto se passa nesta construção primeira da identidade, nesta modificação do psiquismo e na criação pelo bebê de seu próprio psiquismo, de sua própria identidade e de sua comunicação com a sua mãe. E o que podemos fazer como psicanalistas? Podemos oferecer um ambiente que seja favorável a experimentar diferentes situações relacionais, as quais não são somente aquelas com os protagonistas humanos (os terapeutas e as mães), mas são também as relações com os objetos. Parece-me uma ferramenta importante considerar tudo o que se passa como um cenário com pessoas: há uma pessoa-bola, há uma pessoa-leãozinho, há uma pessoa-palhacinho etc. E o que vai acontecer entre elas? Neste cenário tudo isto está contido. Parece-me que este olhar pode nos servir para todos os momentos das sessões.

Há uma outra coisa, eu não estou segura de que essa mãe necessita de uma análise. Vou falar como uma psicanalista ao contrário. Temos uma tendência a considerar tudo como patologia e que todos necessitam de um tratamento. O que é necessário é ter a capacidade de viver sua própria vida. Para nós que somos psicanalistas, a psicanálise foi uma experiência que nos ajudou a viver nossas vidas, mas existem outras soluções, esta não é a única. Nestes tratamentos, às vezes, percebemos diversas patologias nas mães. Mas o que vemos neste caso é a "patologia normal" do nascimento de uma mãe, e é isto que vamos tratar e curar. Esse é o nosso objetivo. Nesta experiência que nos foi relatada, parece-me que foi isto o que aconteceu, esta mãe nasceu como mãe, numa experiência de "parto compartilhado". Fazemos o parto de um parto. Somos como parteiras psíquicas. Isso é um verdadeiro nascimento. Esta mãe, quem sabe, há de encontrar suas próprias soluções para sua vida.

Mediadora: Antes de passar a palavra a vocês [plateia e apresentadoras] eu gostaria que Régine falasse um pouco sobre a questão da metapsicologia da intervenção precoce e das ações interpretativas. Neste trabalho, demos muito destaque às intervenções das analistas, seja o movimento da mãozinha [brincadeira entre a analista e a bebê], sejam as conversas que foram feitas entre as analistas e a bebê. Acho que há algo importante para nós pensarmos sobre o porquê este trabalho é tão eficaz; uma história tão difícil desta mãe e em seis sessões elas, mãe e bebê, se encontraram, olharam uma para outra.

Régine Prat: Pessoalmente, passei a ser terapeuta de bebês a partir da minha experiência de analista e psicóloga de crianças que estavam muito mal, psicóticas gravíssimas, e autistas; também a partir do trabalho em psiquiatria com adultos em situações muito difíceis. Foi por isso que me interessei pelos bebês e por trabalhar com eles. Junto ao interesse pela patologia, me perguntei: como se começa a ficar tão doente? Mas para além disso, no trabalho com bebês descobrimos coisas que são muito úteis à prática psicanalítica – e eu incluo o que tem sido útil na minha prática bastante clássica como psicanalista com paciente adulto, três vezes por semana no divã. Por quê? Porque nossos instrumentos clássicos de análise são a interpretação e as palavras que, supostamente, servem para eliminar a repressão e liberar o conteúdo psíquico. Estou falando de uma forma que se poderia chamar de "psicanálise de botequim", mas, ainda que simplificado, parece-me bastante verdadeiro. Se começamos a trabalhar com bebês a partir destes pressupostos clássicos, não será possível.

Vocês devem conhecer a Françoise Dolto (1992), que foi uma grande psicanalista na França, de origem lacaniana, muito criativa e muito interessante, que construiu a popularização da psicanálise para crianças por meio de um programa de rádio que foi muito famoso. Quando ela estava com bebês, apenas falava, dizia palavras, estava numa clássica utilização dos métodos psicanalíticos; isto me parece uma bobagem, não pode funcionar. Funcionou com ela. Por quê? Porque, mesmo sem saber, ela utilizava outros métodos. Eu a conheci e sei que ela tinha uma presença, uma qualidade de presença e de olhar, e seu modo de falar era muito pessoal e, a meu ver, era o que funcionava e não o que ela dizia. Por sua parte, Françoise Dolto (2008) nos ensinou que na terapia para bebês não podemos considerar que os atos são atuações. Se temos somente esta ideia não podemos trabalhar. Com nossos pacientes clássicos espera-se que eles não atuem, caso contrário será um *acting out*; e nós, como analistas, espera-se que não atuemos, pois neste caso estaríamos fazendo um *acting in*, uma atuação de contratransferência. Se considerarmos a terapia para bebê apenas assim, é impossível [trabalhar]. Devemos considerar todos os atos que faz uma mãe com seu bebê e, claro, conosco também, e utilizaremos isso para nos comunicarmos com os bebês e as mães.

Foi mencionado o que dizia Lebovici (1987) sobre a empatia metaforizante. Ele trabalhou muito com a teoria que vocês conhecem de *enactment* [encenação]. Mas antes dele falar sobre *enactment,* eu gostava muito dos termos que Lebovici (1987) utilizava; ele dizia que trabalhamos com – e isso é uma armadilha para a tradução – *c'est faisons*: o que está fazendo no momento. Ele falava que o que se passa no consultório com os bebês é o *c'est faisons* – o que está fazendo no momento. E depois transformou em uma teoria de *enactment.* Entretanto, para mim, pelo menos em francês, é muito mais significativa esta expressão: *c'est faisons.* É muito ilustrativo. Por isso temos uma situação quase experimental de formação de nossa técnica com adultos que nos é ensinada aqui na clínica pais-bebês, pois vamos dar atenção a todos os atos do bebê. Somos terapeutas, há a mãe, há o bebê e muitas pessoas mais que são simbolizadas por todos os objetos. E quando um bebê joga um objeto, podemos entender como uma pessoa que se foi, uma pessoa que foi jogada para trás. Podemos comentar: "Ai, ai, ai, pobrezinho! Pobre bola! O que aconteceu com ela?"; ou então "Ué! Se escondeu? Se escondeu embaixo da cadeira? O que vai acontecer agora?".

Da mesma forma que em nossa técnica psicanalítica devemos falar o suficiente e não demais, isso vale para nossos atos, eles devem ser suficientes e não demasiados. Por isso, eu comentei na reunião que tivemos ontem que, quando a analista coloca a almofada atrás das pacientes, ela quer dizer com seus atos: "Temos cuidado em todos os detalhes do ambiente para que ele seja confortável" e isso é muito importante. Porém, temos também que ser atentos e não agir demasiadamente. Por exemplo, o jogo com o leãozinho é um jogo que remete a toda a raiva e, no entanto, não estou bem segura de que esta bebê sabe que um leãozinho age assim e me parece que pode ser um objeto um tanto enigmático para ela e num nível muito simbolizado. Ela está muito interessada nesta brincadeira e isso se vê imediatamente. Seguramente ela entende muito bem o que se passa, porém me parece um pouco demasiado [o jogo da analista], poderia ser um pouco menos e considerar que este objeto que foi jogado pela bebê pode ser utilizado sem tanta atuação por parte das analistas.

Precisamos ter muita confiança nas pequenas coisas que fazemos. Estou dizendo que devemos prestar atenção a todos os pequenos detalhes do comportamento, daquilo que se passa com o bebê, a direção de seus olhares, pois a direção dos olhares nos indica sua intenção. Quando o bebê olha ao redor e então muda seu olhar, temos que perceber que algo aconteceu que o impediu de seguir a sua própria intenção. Podemos prestar atenção nisso, particularmente, quando acontece uma mudança de objetos e, então, podemos dizer: "Você não pode seguir sua própria direção". Se por um lado, nós temos que aprender a prestar muita atenção em todos estes pequenos detalhes, por outro, o bebê não precisa aprender isso, ele já sabe. Ele é um especialista em tradução de todos os movimentos corporais. É um especialista na tradução de todas as expressões de sua mãe e na tradução de todas as direções de seus olhares. Devemos, portanto, ter confiança em nossa capacidade de observar e prestar atenção a todos os pequenos detalhes, e, assim, poderemos atuar minimamente, não é necessário fazer muito. Podemos fazer coisas assim [indicação de gesto natural e simples] e basta, pois o bebê saberá [o que se quer expressar] e será um ato não invasivo, não intrusivo, respeitoso e veremos a situação se desenvolver nesta direção. Isso que podemos aprender com os bebês me parece muito interessante e muito importante para ter como instrumento em nosso trabalho com os adultos.

Neste sentido é que me parece um erro considerar que a formação em Observação de Bebês, segundo Esther Bick (1964/2002), que vocês conhecem muito bem, seria somente uma formação para os analistas que vão trabalhar com crianças ou com bebês. Este método de observação foi criado por Bick para analistas de crianças na Tavistock em 1948. Um parêntesis: ela criou este método a partir de uma questão de Bowlby (1984, 1990a), que era diretor da Tavistock na época. Esta foi uma época extraordinária de criação de todos os conceitos e instrumentos que usamos hoje em dia. Ele estava muito interessado em observação etológica e trabalhava junto com etólogos que faziam experiências com macacos. Esses etólogos fizeram experiências com macacos e compartilhavam com Bowlby (1990b) o interesse pela questão de como se inicia a relação mãe-bebê. Se vocês já viram um vídeo sobre o bebê-macaco que é separado de sua mãe, vocês perceberam o desastre; podemos ver o desenvolvimento de um autismo experimental, isso é muito claro. Ao mesmo tempo, Spitz (1991) descrevia o hospitalismo, uma enfermidade gravíssima que resulta da situação de carência afetiva em hospitais infantis e nos orfanatos.

Não podemos fazer experiências de separações de mães e bebês. Entretanto, na vida – que podemos considerar como normal – há muitos momentos de separação. Na Inglaterra, após a Guerra, todos os bebês e crianças de Londres foram, coletivamente, enviados para fora da cidade por motivos de saúde, e foram estabelecidos em famílias estranhas, porém as suas saúdes físicas não acompanharam suas saúdes psíquicas; isso foi muito estudado. Por isso, quando trabalhamos sobre a questão da influência da separação entre bebês e mãe imediatamente após o parto, não iremos construir experiências cruéis! Porém, existem locais onde os bebês são separados imediatamente de suas mães e usamos esses dados e os comparamos com os dados de mães e bebês de outros hospitais nos quais mães e bebês ficam juntos.

Neste contexto, no qual a observação era objeto de interesse científico, tudo o que Esther Bick (2002) naturalmente pensou foi em criar um método de observação etológica, ou seja, observar um bebê em sua família normal, para ajudar os terapeutas infantis que, nesta época, não tinham formação específica. Ela dizia que aprender a ver é algo que será útil para toda sua vida, não somente como analista; pois se não aprendemos a ver, só vamos pensar com teorias, que são apenas clichês. Isso acontece se não podemos partir daquilo que observamos. E ver não é algo natural e sim algo que se ensina e se aprende.

Todos tivemos a experiência de perder as chaves do carro. Começamos a procurar em todos os lugares da casa, mas na verdade não se busca em todos os lugares, buscamos somente nos lugares onde supomos que as chaves possam estar. Na geladeira, por exemplo, não haveria chance nenhuma de as achar. Esther Bick (2002) nos ensina isso – não especificamente, mas é uma consequência.

Uma vez eu estava procurando minhas chaves num estojo – onde normalmente as deixo, depois em outro e assim por diante, depois voltei a cada um dez vezes: "Não é possível! Não é possível!". Não é necessário correr quando perdemos algo, é necessário sentar, é necessário fechar os olhos e se lembrar o que se passou com essas chaves, qual foi a última vez que as utilizamos: "Ah, sim! Foi no meu carro!". A memória é corporal e luta sempre com nossa mente. Pois, sim, eu estava na garagem, peguei as chaves e, supostamente, as coloquei na bolsa, mas não; deveria ter colocado na bolsa, mas na realidade, o que eu fiz? Peguei-as na minha mão... ah, sim! As coisas na sacola que eu comprei, o pão, o morango... E assim eu saí e fechei a porta do carro com os pés e entrei em casa, abrindo a porta... Ah sim, claro, o refrigerador! Minhas chaves estavam junto com os morangos no refrigerador!

Isto é a luta entre o que verdadeiramente fazemos, o que atuamos com nosso corpo, e o que pensamos, um confronto muito violento. Precisamos observar o que descrevi. Observar o que se passa com o bebê e com sua família, e também o que se passa conosco, em nossos sentidos neste momento, o que, como, analistas vamos chamar de contratransferência. Depois se utilizou isto para a formação de psicanalistas na Sociedade de Psicanálise e me parece muito útil para nossa prática de analista. Todos nós estamos contando a mesma história com as palavras e a linguagem do corpo. Podem ser histórias que se dissociam, e se com nossos pacientes trabalharmos somente com o vocabulário, a história escrita, a mente, deixamos de lado o essencial daquilo que não foi integrado à história desta pessoa. Por isto, temos que aprender este vocabulário [corporal], aprender para vê-lo exatamente como fazemos nas situações clínicas. Aprender a observar para podermos entender, aprender a usar todo o vocabulário que compreende o vocabulário corporal, verbal e musical; e utilizar em nossas interpretações com atos.

Mediadora: Eu gostaria que você falasse sobre como esse tipo de intervenção se posiciona entre a representação-coisa e a representação-simbólica.

Régine Prat: Quando dizemos algo, ao mesmo tempo que pensamos, o dizemos também com o corpo – o que eu dizia sobre Françoise Dolto (1992) é muito claro para mim, que a conheci. Temos que utilizar este vocabulário, porém temos que o associar às palavras, sempre associamos nossos atos a palavras. Com os bebês, é muito claro, vamos utilizar as palavras que as mães utilizam, que são muito musicais: "Ai, ai, ai! O que aconteceu?!". São palavras ou é uma música? Está entre os dois. Por meio destes modos de interpretação, eu utilizo frequentemente pequenos verbetes com pouco significado, por exemplo, as onomatopeias, que são um vocabulário excepcional porque se ligam diretamente ao corpo. São expressões intermediárias. Se pudéssemos teorizar, diríamos que são intermediárias entre a representação de palavras e a representação de coisas. Quando dizemos "*boom*" quando algo cai, em todas as línguas será, mais ou menos, algo com o mesmo sentido, porque é o ruído que a coisa faz ao cair. Isso é muito interessante em técnica com crianças, pois, dizendo coisas assim, estamos diretamente na ação, não nos situamos fora, com uma interpretação distante, em terceira pessoa - que é um modo muito comum de teorização na França. Para fazer uma interpretação em terceira pessoa, o paciente tem que ter concebido o terceiro, e para isso tem que ter noção do segundo e do primeiro, isto é, de si mesmo. Por isso, com todos os nossos pacientes, com todas as patologias dos estados limites - com os quais trabalho muito - o terceiro é o perseguidor, pois esse é, nestes estados, o único modo de integrar isto.

Se fazemos comentários com onomatopeias, esses comentários estarão imediatamente dentro e não será intrusivo. Isso é muito interessante porque também podemos fazer gradações. Se digo "*boom*", não é a mesma coisa de dizer "ai", pois aqui há um pouco de sentido, significa algo que dói. Se digo "*sniff, sniff*", é o mesmo que dizer "estou triste". Temos uma riqueza incrível e temos que utilizá-la. Nós não necessitamos, para nossa identidade de psicanalista, ter uma forma que nos dê a aparência de psicanalista. E isso não é uma piada.

Tenho uma paciente muito depressiva, achava que não podia fazer nada para ajudá-la. Essa paciente era também uma colega psicanalista, que já havia passado por dois terapeutas e agora estava na terceira. No começo de nosso trabalho, havia algo muito surpreendente: quando ia me cumprimentar na sala de espera, ela se posicionava no meio da sala de espera e me estendia a mão muito esticada enquanto eu ainda estava longe dela. Eu pensava: o que é isso? Para mim, isto representava sua impossibilidade de estar sozinha na presença do outro. Todas as perguntas – que não são boas nesta situação –, a faziam pensar em teorias psicanalíticas. Quando ela me falava de seus pacientes, se colocava numa posição que parecia uma caricatura de psicanalista. Qual responsabilidade temos com nossa formação quando oferecemos imagens assim que são imagens de algo falso e sem contato? Faz alguns anos que trabalho com essa pessoa e temos confrontado o centro de desesperança nela e em mim, e decidimos continuar o tratamento. Agora, notei que quando me cumprimenta é algo normal, a uma distância normal, e quando ela me fala de seus pacientes é também algo normal, é uma pessoa encarnada que fala de uma pessoa com a qual ela se relaciona.

Referências

Bick, E. (2002). Notes on infant observation in psycho-analytic training. In A. Briggs & D. Meltzer (eds.), *Surviving space: Papers on infant observation*. London: Karnac Books. (Publicado originalmente em 1964)

Bowlby, J. (1984). *Apego e perda, 2 – separação: angústia e raiva* (Vol. 2). São Paulo: Martins Fontes.

Bowlby, J. (1990a). *Apego e perda, 1: Apego* (2 ed., Vol. 1). (Trad. Alvaro Cabral). São Paulo: Martins Fontes.

Bowlby, J. (1990b). *Formação e rompimento dos laços afetivos* (Trad. Alvaro Cabral). São Paulo: Martins Fontes.

Dolto, F. (1992). *A imagem inconsciente do corpo*. São Paulo: Perspectiva.

Dolto, F. (2008). *Quando os filhos precisam dos pais: respostas a consultas de pais com dificuldades na educação dos filhos* (Trad. Claudia Berliner & Márcia Valéria Martinez de Aguiar). São Paulo: WMF Martins Fontes.

Lebovici, S. (1987). *O bebê, a mãe e o psicanalista*. Porto Alegre: Artes Médicas.

Spitz, R. A. (1991). *O primeiro ano de vida: Um estudo psicanalítico do desenvolvimento normal e anômalo das relações objetais*. São Paulo: Martins Fontes.

Winnicott, D. W. (1993). A preocupação materna primária. In D. W. Winnicott, *Da pediatria à psicanálise*. Rio de Janeiro: Francisco Alves. (Publicado originalmente em 1956)

Winnicott, D. W. (1984). *Consultas Terapêuticas em Psiquiatria Infantil*. Rio de Janeiro: Imago.

3. Um homem que queria ser pai… Uma mulher que queria ser mãe… Construção da parentalidade: a árdua tarefa de um menininho de 2 anos e 2 meses de idade

Beatriz da Motta Pacheco Tupinambá

Maria José Dell'Acqua Mazzonetto

Nós não nascemos pais, mas nos tornamos pais. Essa é uma construção que leva em conta aspectos coletivos, sistêmicos e intrapsíquicos. Se antes tentávamos fazer como nossos pais fizeram conosco, da mesma forma que em gerações anteriores, isso não se aplica ao mundo atual. Há que se construir a nossa própria maneira de sermos mãe e pai daquele filho. Dúvidas estão sempre presentes. Sentimo-nos sozinhos frente às mudanças que estamos vivendo. Pai e mãe, cada qual, tem seu projeto pessoal e profissional. Mesmo assim, as mães ainda são as que mais se ocupam dos cuidados diários com os bebês, e, portanto, passam mais tempo com eles. Entretanto, temos observado que os pais têm estado cada vez mais presentes nos cuidados com seu bebê.

Sabemos que o primeiro ano de vida do bebê é muito importante, pois é nele que vai se desenvolvendo sua segurança, sua personalidade, sua maneira de ser no mundo. Os bebês precisam de ajuda em momentos de vulnerabilidade, e seus pais também precisam ser ajudados. Tendo isso em vista, faz-se necessário que detectemos suas necessidades e seus problemas e que não os deixemos sozinhos com as questões que os afligem.

Vamos apresentar a seguir o trabalho realizado com Felipe, um garotinho de 2 anos e 2 meses de idade.

Queixa

A mãe procurou atendimento na clínica de 0 a 3 anos de idade da Sociedade Brasileira de Psicanálise de São Paulo (SBPSP), muito assustada após ser mordida pelo filho de dois anos e dois meses de idade, fato nunca ocorrido. Foi marcado um horário para a família. No dia do atendimento compareceram mãe e filho. O pai recusou-se a comparecer e participar do trabalho por acreditar que a criança não precisava de atendimento psicológico.

Histórico

Mãe e pai estavam na faixa dos 35 anos de idade. Ela havia saído de um casamento insatisfatório. Sua irmã havia tido uma bebê. Ela a ajudou nos primeiros cuidados e ficou deslumbrada com a experiência e resolveu que ser mãe era tudo o que queria.

Conheceu o pai de Felipe num engarrafamento de trânsito na marginal. Encantaram-se mutuamente, trocaram telefone e começaram a namorar. Descobriram o desejo de serem pais juntos. O pai não queria ter filho com uma menininha irresponsável para ter que cuidar de duas crianças. Queria, sim, com uma mulher responsável, séria e que trabalhasse. Ou seja, parece que houve uma escolha mútua.

Após seis meses de relacionamento ela engravidou e então decidiram morar juntos.

Durante a gravidez, o pai ficou confuso e não compartilhava dos cuidados com a gestação. Após o nascimento de Felipe, ele ficou mais ausente ainda e a mãe, incomodada com essa ausência, passou a vasculhar computador e celular do companheiro descobrindo troca de mensagens amorosas com outras mulheres, o que a magoou muito.

Pensamos que o casal funcionou bem até o nascimento do filho, momento em que ele provavelmente se sentiu "traído" e excluído da relação. Neste momento em que a esposa se ocupa da criança, ele passa a procurar outras mulheres.

Segundo a mãe, as dificuldades do casal decorrem de modelos de família muito diferentes. Ela vem de uma família bastante religiosa, preconceituosa, organizada e afetiva, mas com pouca intimidade entre eles. Ele, por sua vez, não experimentou convivência afetiva entre pais e filhos. O nível cultural de ambos é bastante diferente. Enquanto ela se aprimora com cursos e títulos, a escola do marido é a vida.

Apesar das sucessivas traições, de ser avesso a compromissos e não respeitar a mulher, ela diz que ele é um homem bom e correto. "Não é desonesto e não é um mau pai. Gosta muito do filho, e manifesta esse sentimento ao procurar estar com ele sempre que possível".

De início, a mãe teve muita dificuldade para amamentar o filho, mas depois, com orientação da equipe da maternidade, ela passou a amamentá-lo com tranquilidade até os 6 meses. Essa dificuldade, segundo ela concluiu, aconteceu porque ela achava que sabia fazer tudo sozinha, recusando-se a fazer qualquer curso preparatório oferecido a gestantes.

O desmame foi tranquilo e Felipe se alimenta bastante bem desde que foi iniciada a introdução de alimentos sólidos.

Felipe tem muita vivacidade para se comunicar, mas ainda não articula bem as palavras, sendo necessária a tradução feita pela mãe que entende tudo o que o filho quer expressar.

Os dois chegaram para o primeiro encontro com certo atraso. Felipe ficou um pouco desconfiado e demorou para entrar na sala, ficando na porta agarrado com a mãe. Aos poucos, com muita tranquilidade, a mãe foi mostrando os brinquedos para o filho, mostrando-se acolhedora e compreensiva, aceitando o tempo dele. Observamos que essa é uma conduta muito presente da mãe em relação ao filho.

À medida que Felipe vai ficando mais à vontade conosco, começa a falar e a nos incluir nas brincadeiras.

A mãe nos conta que seu marido não tem uma família estruturada como ela tem. Ele vem de uma família do Nordeste, com muitos filhos, e foi dado para a madrinha, que nem era parente, logo que nasceu. Com 4 anos de idade, foi devolvido para a mãe. Aos 14 anos de idade, veio para São Paulo morar com a avó, para ver se ela o "endireitava". A avó dizia que ele não seria nada na vida. Fugiu da casa da avó, foi morar em um cortiço e trabalhava muito. Trabalhou em feiras livres por muitos anos. Foi conhecendo o mercado alimentício, qualidade dos produtos. Quando deixou o emprego com feirantes, montou sua própria banca. A princípio, vendia temperos em feiras livres e aos poucos foi acrescentando outras iguarias. Como conhecia os fornecedores por ter trabalhado muitos anos com outros feirantes, foi ficando conhecido e obtendo crédito. Apesar de ter sido um menino rebelde com a família, no trabalho era muito sério e determinado. Economizava tudo que ganhava até que deu um passo maior. Comprou um ponto em um mercado e abriu sua própria banca. Era esforçado e se fez sozinho na vida. Por isso ela o admirava. Neste dia, depois de revisitar a história do marido e considerar toda sua trajetória de vida, bem como seus esforços, ela comenta que passa a olhá-lo com outros olhos. Hoje, o pai é dono de duas bancas em mercados de São Paulo.

Estaria ela resgatando sua admiração por esse homem?

Conta que o marido é apaixonado pelo filho e isso tem se intensificado agora que ele está maior. Possivelmente porque agora interage mais com o filho, brinca, conta histórias.

Indagamos se fazem programas em família. Atividades conjuntas podem fortificar vínculos, já que ele é tão apaixonado pelo filho. Geralmente a mãe faz programas de criança com Felipe ou vai visitar familiares nos finais de semana, já que o marido trabalha nesses dias. Ela nos diz que ele não se interessa, entretanto não nos fica claro se é falta de interesse ou se é algo que nem sabem como organizar. Esta relação de família nos parece algo a ser construído. Algo que a mãe parece querer e que o pai desconhece em sua experiência de vida. A mãe, por sua vez, uma executiva bastante competente, mas habituada à sua independência, organiza, decide seus programas com Felipe e parece que nem se esforça para incluir o marido. São duas pessoas independentes, cada qual com seu trabalho e seus compromissos. Cuidados com a criança, compras de roupas, atividades infantis até então são funções maternas.

Felipe apresenta destreza manual bastante desenvolvida para sua idade. Não fala bem, mas se expressa muito bem. É bastante desinibido para conversar conosco, ainda que a mãe tenha que traduzir sua fala para nós. Solicita as analistas e as inclui nas brincadeiras de bola, oferece comidinha, cafezinho que prepara e demonstra muita satisfação ao fazê-lo.

Logo de início, ele brinca com um carrinho em que se encaixam pinos. Ele tira os pinos do carrinho e nos mostra dentro dos buracos. Pareceu que estava nos mostrando que havia buracos dentro dele a serem preenchidos. A mãe também tem uma forma muito lúdica de lhe mostrar as coisas e de se dirigir a ele. Sugere que são muito unidos.

Em todas as sessões tem um animal muito bravo: o leão que avança rugindo muito alto, outra vez é o jacaré que morde. A analista lhe diz que o leão deve estar muito bravo, que mostra que pode atacar alguém. Estaria com fome ou muito bravo? "Muito bravo", diz ele.

Traz de casa para a sessão o "papai sem cabeça" (uma colher sem a concha cujo cabo é o corpo de uma pessoa). Outras vezes, o papai é um boneco ou um potinho, ou até simula uma conversa com o pai ao celular, ou seja, ele sempre dá um jeito de trazê-lo.

Existe um comportamento que ocorre e passa a se repetir em todas as sessões da mesma forma: ele entrega o bebê e a mamadeira a uma das analistas (sempre a mesma) para que esta o alimente. Atribui a ela os cuidados com o bebê, e sempre fica próximo dela neste momento.

Estaria ele mostrando a forma como quer ser cuidado? Seria a expressão de uma falta?

A mãe nos relata que o filho sofre muito quando presencia as brigas dos pais e pega cada um dos pais pelo pescoço e os aproxima do próprio corpinho. Isso nos sugere que talvez ele tente mantê-los juntos e com ele. Se essa hipótese for válida, trata-se de uma tarefa bastante grande para este menininho.

Os animais bravos que surgem em todas as sessões talvez possam representar momentos em que ele fica aterrorizado e acaba dando o "basta!", seja nas brigas do casal, seja na tarefa de aproximá-los.

Ao longo dos atendimentos, observamos que Felipe está cada vez mais desenvolto, independente, esperto, falante, interativo, respeita os limites colocados pela mãe. Pensamos que, apesar das dificuldades, existe muito olhar amoroso destes pais para este filho. São pais presentes, cada qual à sua maneira, apesar das dificuldades do casal.

A braveza dos animais também se apresenta em momentos em que a mãe está falando do próprio trabalho, por exemplo, o jacaré que morde. A braveza dos animais talvez seja uma forma de expressão do que ele sente quando a mãe retoma o trabalho, deixando-o.

A mãe tem uma preocupação permanente de se aprimorar profissionalmente para garantir a própria independência financeira.

Convidamos o pai a participar de pelo menos um encontro para acompanhar o trabalho que estamos fazendo com a esposa e o filho. Ele nos responde gentil e prontamente ao telefonema, mas coloca categoricamente que esse trabalho é de interesse único e exclusivamente da esposa. Apesar de contrário ao encontro, foi educado deixando entrever que o filho é muito especial para ele. Conta também que lhe agradaria mais que o filho tivesse mais contato com a natureza, brincasse com terra, comesse terra. Para ele, morder é uma reação normal para uma criança.

A mãe nos solicita uma sessão só para ela, sem a criança, pois quer tratar de questões próprias. Ao chegar, nos diz: "Não sei se a relação que estamos vivendo faz mais bem ou mais mal ao nosso filho. A separação seria melhor ou não para Felipe?". Ela conta que se sente perdida, pois percebe que o filho absorve tudo o que acontece em casa. Fica tentando apaziguar a situação quando os pais brigam: "Páia, papai!"; "Páia, mamãe!". Ordena a eles que um beije o outro: "Besa, papai!"; "Besa, mamãe!".

Disse que se não tomar conhecimento do que ele faz com mulheres fora, tudo fica bem, mas que não está aguentando. Sente-se muito humilhada. Já tentou falar com o marido o quanto ele a magoa, a humilha, mas parece que ele tem dificuldades para entender sentimentos. Ressaltamos que se, por um lado, ele não considera os sentimentos dela, por outro lado, não fala em separação.

Ela nos diz que tem consciência de que está precisando de ajuda. Quer indicação para análise pessoal, pois acredita que só isso pode ajudá-la. Diz que quer continuar o atendimento de família conosco, mas tem plena percepção de que precisa de uma ajuda pessoal.

No final do ano, após um ano e meio da procura inicial, a mãe nos conta que pela primeira vez fez uma ceia de Natal em casa e convidou um primo do marido. Essa reunião o deixou muito feliz, de tal forma que resolveram comemorar também o *Réveillon* em família. Os três, pai, mãe e filho, estão participando de comemorações familiares que os uniu nas atividades de lazer. Felipe está muito contente e nos conta tudo muito empolgado.

Estaria ele, agora, começando a ser liberado da árdua tarefa de unir seus pais?

Assim, começa a se inaugurar uma convivência de família em moldes nunca vividos por eles.

Apesar da mãe querer uma família, parece que ela própria não tinha ideia de como se constrói essa relação. Saía aos finais de semana, ela e o filho, e iam para a casa de seus irmãos e amigos no interior deixando o marido levar vida de solteiro.

Durante nosso trabalho esporádico, fomos nos dando conta da falta de um modelo de família, e questionamos o que ela fazia para conseguir o que esperava. Até então, ter um filho havia sido um projeto individual de cada um, seja do pai, seja da mãe.

Assim, notamos que a mãe foi se beneficiando destes encontros e fazendo pequenas aproximações do modelo buscado.

Mantivemos as portas abertas para esses encontros ocasionais quando ela nos procura. Reparamos que ela aproveita muito desses encontros e tem feito muitos rearranjos na dinâmica da família.

Ela comenta: "Confesso que algumas vezes saí daqui com raiva, mas repensando, acho que este trabalho mudou muitas coisas em mim e em minha família. Estou dando um tempo na minha análise, mas acho que aqui aconteceram muitas mudanças. Estou muito satisfeita e grata com tudo que tem acontecido. Acho que a maior mudança aconteceu em mim".

Todo esse trabalho gerou uma considerável modificação nas atitudes do pai (ainda que não presente às sessões), melhorando a vida familiar e tendo repercussões no comportamento de Felipe. Suas manifestações de angústia, medo, demonstradas em episódios de masturbação excessiva, de agressividade anteriormente narradas, diminuíram sensivelmente. Atualmente, tem roído unhas e puxado pelinhas dos lábios, o que consideramos expressões de tensões emocionais.

Seria isso resultado da aproximação da volta às aulas e consequentemente prenunciando separação da mãe?

Notamos ainda que o trabalho da mãe era uma fonte de tensão para o filho, devido a sua longa ausência do lar e de disputa entre o casal. Ela relata que quando estava trabalhando não se sentia tão dependente do marido, o que era importante para ela. Mas agora tem percebido que podem ser parceiros e se complementarem. No episódio mais recente de perda do emprego, ela percebeu que conta com o apoio dele de várias formas, mudando, assim, a atitude com ele. Passa a pensar em oferecer sua experiência profissional para realizar alguns trabalhos para o marido, mas não acredita que ele possa aceitar, pois isso poderia ser sentido como tentativa de controle da vida dele. Cuida da casa, do filho, contribuindo com satisfação para o bem-estar da família e revela o desejo de ter mais um filho.

Já que está desempregada e desempenhando apenas a função de mãe, teria tempo para cuidar de um bebê, apesar do medo que isso lhe provoca de ficar dependente do marido, ficar em "desvantagem em relação a ele". Diz que o marido tem medo de ter outro filho por receio das despesas, mas ela tem certeza de que ele se apaixonaria.

Esta intervenção, ao que parece, tem ajudado no trabalho de construção de uma família de fato, para o que parecia inicialmente um projeto individual de um homem ser pai e de uma mulher ser mãe.

Liberando Felipe para ser simplesmente criança

Segundo Winnicott (2000), antes da integração da personalidade, já existe a agressividade. No início da vida, a atividade muscular do bebê, como mover pernas e braços, chutar, é uma agressividade quase sinônimo de atividade, trata-se de uma função parcial. À medida que o desenvolvimento progride, estas funções parciais vão se agregando, transformando-se em agressividade. São processos que estão presentes em um momento e não em outros, conforme a situação vivida. O comportamento intencional agressivo surge como uma resposta saudável a ameaças, em que se conclui que a fonte da agressividade manifesta é o impulso instintivo.

Comentários de Victor Guerra

Este atendimento foi discutido com Victor Guerra, e a seguir apresentamos um pouco do que ficou dessa profícua conversa.

Agressividade é a possibilidade de colocar em palavras as emoções. A agressividade funciona como "embaixadora do mundo interno". Geralmente apresentamos o mundo com palavras, contamos histórias.

A criança tem duas gestações: uma gestação biológica, no corpo da mãe, e uma gestação subjetiva, ou seja, os pais continuam gestando o filho pensando juntos. Pensando sobre e com o filho.

Esta criança vive uma situação de divórcio parental. Faz algumas atividades com o pai, faz algumas atividades com a mãe. Não existe uma situação dos três juntos.

Não existe um pai que conta para a mãe o que ele e o filho fizeram juntos, assim como não existe uma mãe que conta para o pai o que ela e o filho fizeram juntos. Esse contar implica a presença da mãe na cabeça do pai e do pai na cabeça da mãe. Contar para o pai o que fizeram ele e a mãe, contar para a mãe do que ele e o pai brincaram, qual história o pai contou é uma forma de ter um fio condutor – continuidade simbólica entre os três, do falarem juntos, do prazer da relação com o filho.

Esta criança não vive uma experiência de pais que falam dela, trocam ideias sobre ela, de casal que olha o filho juntos.

Não existe a linguagem, a palavra é o que liga e talvez isso possa explicar o porquê da fala da criança estar atrasada, apesar de ter um desenvolvimento bastante bom para sua idade.

Será que o mamar que se repete em várias sessões equivale a "estou carente"? Carente de palavras, carente de compreensão, reclama atenção para ela. Tem uma parte dele que não foi suficientemente alimentada.

A criança traz sempre o pai nas sessões, mas não entende porque ele não vem. O pai, por sua vez, faz como o avestruz: coloca a cabeça no buraco e o que ele não vê não existe. Existe uma ligação forte de Felipe com o pai e isso precisa ser valorizado. O pai dá coisas importantes para o filho, como força para exploração e expansão para o crescimento; a mãe alimenta, dá o mais primitivo na escala do desenvolvimento. Esse é um trabalho conjunto. Esta criança não pode ser o projeto narcísico de cada pai.

Consulta com os pais, separadamente da criança, pode ser importante, pois tem assuntos que a criança não precisa saber. Essas consultas são importantes para que pai/mãe tenham condições simbólicas de contar para a criança o que se passa.

Existe violência do casal, violência física quando de suas brigas e violência silenciosa quando ninguém fala o que acontece e assim ataca o aparelho pensante da criança.

Foi necessário que Felipe mordesse a mãe, como uma forma de comunicação corporal de algo ainda não passível de ser elaborado em palavras, pela sua tenra idade, para que a mãe tomasse uma decisão pertinente de protegê-lo de agressões, junto com a desistência do trabalho de longa jornada como forma de dar-lhe segurança.

Referências

Guerra, V. (2015). *Fronteiras da parentalidade e recursos auxiliares: Pensando a clínica 0-3 anos* (IV Jornada da Clínica 0-3 anos – intervenção nas relações pais-bebê – SBPSP). São Paulo: Instituto Language.

Winnicott, D. W. (2000). A agressividade em relação ao desenvolvimento emocional. In *Da Pediatria à Psicanálise* (Cap. XVI). Rio de Janeiro: Editora Imago.

4. Resgatando as possibilidades da parentalidade na clínica de intervenção pais-bebês

Maria Lúcia Gomes de Amorim

Introdução

O conceito de parentalidade descrito por Thérèse Benedek (1959) como uma nova fase do desenvolvimento foi utilizado por Lebovici (2004) para definir "o estudo dos vínculos de parentesco e dos processos psicológicos que se desenvolvem a partir daí" (Lebovici, Solis-Ponton & Menendez, 2004, p. 29). Trabalhando com essa ideia de parentalidade, se enfoca no trabalho com os pais a possibilidade de ajudá-los no desenvolvimento das funções parentais e propiciar à criança que desenvolva sua independência livre de possíveis amarras ancestrais. Roussillon afirma que o "trabalho clínico visa otimizar a integração das experiências subjetivas pela simbolização e pela apropriação subjetiva destas" (Roussillon, 2019, p. 197). O ser humano em sua ontologia é um vir a ser.

Observa-se que a preocupação dos estudiosos da psique com o cuidado com os infantes vem crescendo. Sabe-se que muitos dos trabalhos desenvolvidos pelos psicanalistas ingleses devem à vivência da Segunda Guerra Mundial, que trouxe uma geração de crianças afetadas por ela, principalmente com as evacuações, em Londres. Hoje, temos crianças em diversos lugares sofrendo devido a guerras, migrações e pobreza. Várias organizações não governamentais têm se preocupado com o cuidar da infância. Os psicanalistas continuam no desenvolvimento de formas de atender as crianças para que possam ter um desenvolvimento psíquico com menos sofrimento e que sua capacidade simbólica seja ampliada para advir o sujeito.

Freud com os *Três Ensaios Sobre a Teoria da Sexualidade* mudou a visão que havia sobre as crianças (Freud, 1905/2016). Passou-se a atendê-las com um olhar sobre sua saúde mental. Atualmente, muitos diagnósticos são dados aos pequenos como os transtornos do déficit da atenção e autismo. Há uma preocupação com os possíveis danos que podem ocorrer bem no início da vida com consequências para o desenvolvimento futuro. Organizações Não Governamentais (ONGs) têm defendido políticas públicas para atender às crianças. Vê-se inclusive um banco preocupado em despertar o interesse pela leitura dos pequenos. As crianças passaram a ter importância não só na saúde e na educação, mas também como os atuais e futuros consumidores.

Nesta linha da criança ser palco de vários olhares, os psicanalistas ampliaram as possibilidades de atendê-las.

Um viés é ajudar os pais a desenvolverem o ser pai e ser mãe. Criar condições para que as funções paternas e maternas, tão necessárias ao bebê que chega a uma família, se construa. Fala-se de acolher este que chega, que não é como o bebê imaginado durante a gravidez ou mesmo antes dela, por homens e mulheres com a possibilidade de dar amor, mas também dar limites e permitir que a vivência das situações de frustração seja adequada e não se constituam como situações invasivas e/ou traumas difíceis de metabolização.

A intervenção neste período normalmente compõe-se de poucas consultas em que se focaliza a queixa trazida; o sintoma que possivelmente está ligado à situação relacional da família. O atendimento é realizado com os integrantes do núcleo familiar em conjunto e, muitas vezes, com uma dupla de terapeutas, e pode ser gravado para que se possa observar posteriormente e microscopicamente os movimentos no *setting*. A transferência se faz presente nesses encontros como os sentimentos de contratransferências que são também motivos de reflexão.

Uma preocupação atual é com o descolamento entre as funções paterna e materna e o sexo biológico, já que atualmente casais homoparentais masculinos têm adotado crianças ou a dupla feminina engravidado de banco de espermas. Contudo, não se pode abandonar a ideia de que de alguma forma o triângulo edipiano será configurado para o desenvolvimento do ser e o estado psíquico dos cuidadores dos bebês terá real importância.

Sabe-se que o desempenho do papel dos pais é tanto determinado pela inserção na cultura como pela vivência que cada um teve com os seus pais, isto é, há uma marca da ancestralidade. Então, desenvolver a parentalidade está condicionado à estrutura de cada um dos seres ocupados em ajudar a um outro a advir como um sujeito. É no encontro com o bebê gerado e adotado que a relação deve ser criada, e turbulências e desencontros podem ocorrer de modo traumático. É neste momento que a intervenção psicanalítica pode ajudar propondo um lugar de escuta para os pais e seu bebê. Muitos saberes são divulgados e compartilhados via pesquisas no Google e nas redes sociais, entretanto, como nem sempre são bem metabolizados, às vezes tornam-se tóxicos. A possibilidade de equacionar o afeto com as requisições do mundo externo tem deixado muitos pais e bebês aflitos e angustiados. A entrada maciça da mulher no mercado de trabalho retirando o lugar privilegiado dos homens no prover familiar levou-os a uma participação mais atuante com o infante ao mesmo tempo deixando marcas em seu narcisismo. O controle da produção do bebê pela pílula anticoncepcional retardando o início da gravidez gerou em alguns casos a infertilidade que os tratamentos de reprodução assistida vieram sanar sem, todavia, diminuir ansiedades no trato com o bebê real.

O bebê real precisa ser acolhido e alguns podem apresentar uma dificuldade de interagir com os pais, mesmo que estes o procurem. O processo de desenvolvimento do cérebro com a imensidão de conexões está em jogo e o não encontro de uma relação afetiva interfere na constituição da subjetividade. O atendimento de casos na fase inicial apresenta a possibilidade de reversão deste quadro sintomático. O bebê está em total dependência do cuidado do outro, mas também vem, de certa forma, "programado" para interagir com o outro. O outro precisa lhe espelhar (Winnicott, 1967/1975).

É necessário que haja um envolvimento e interesse no bebê que pode ter sido programado e desejado ou não. Neste momento é que se pode agir aproveitando o período de plasticidade neuronal antes que ocorram podas neuronais devido à não estimulação pelo meio ambiente.

Irei relatar o que permaneceu em minha memória dos encontros e as reflexões que ecoaram dali, criando uma ficção dos casos, pois alguns dados são modificados para que possamos preservar nossa clínica. Apresentarei duas pequenas histórias de encontros que tivemos com bebês/crianças no atendimento da clínica de intervenção pais-bebês. Atendimentos feitos com duplas de terapeutas que facilitam a possibilidade de funcionarem como um modelo aos pais na interação com o bebê/criança atendida.

Artur

Sua chegada na família aconteceu após um aborto e nasceu de um parto com risco tanto para a mãe quanto para o bebê. Esse começo já retrata um encontro mãe/bebê/pai com turbulência. Diversos estudos apontam que a gravidez para a mulher traz uma mudança brutal em seu corpo; e o parto com seus dois momentos os quais é necessário lidar: a expulsão de uma parte do que estava dentro de seu corpo que pertencia a ela, e ao mesmo tempo é um "estranho" que habitou e que necessita sair pois há ameaça de morte (Prat, 2019).

Ele tinha uma dificuldade de trocar olhar com os outros e não respondia ao ser nomeado pela mãe. Estava com quase dois anos. Havia riscos para o desenvolvimento de um autismo, já que isso indicava uma falha no laço dessa criança, fato que Laznik (2011) aponta como indicador de risco para o desenvolvimento do autismo com o fechamento em si e possível recolher-se em comportamentos autossensoriais, preenchendo o vazio.

Apresentava dificuldade de aceitar a comida e tinha certa seletividade, preferindo a pastosa. Necessitava do seio materno quando saía da creche e à noite, fato que preocupava a instituição devido à dinâmica das atividades que ele não participava adequadamente. Embora saibamos que uma das primeiras formas de apreensão do mundo é pelo tato (o bebê toca com sua pele a extensão do útero da mãe) (Prat, 2019), a boca tem um lugar privilegiado, e este comportamento estava impedindo uma separação e desenvolvimento da criança. A introdução do alimento sólido implica a atualização que um não mais depende do outro, uma separação daquilo que tivemos bem conectados, o seio da mãe. Os pais relataram que Artur apresentou balbucios no início, mas se perdeu. Comunica-se com sons, mas não articula palavras, pega a mão do outro para fazer algo e demonstra muita agitação, não conseguindo brincar.

Foram realizadas algumas consultas com a família focalizando nas competências de Artur e ajudando-os no vínculo com o filho de uma maneira que pudesse se separar e crescer. Pode-se perceber a tristeza da família frente às dificuldades do pequeno integrante. Colocavam-no no lugar de alguém que não seria nada e dependeria dos outros, não seria alguém para cuidar dos pais quando mais idosos. O destino sonhado no desejo de ter um filho que daria uma continuidade da geração estava sendo vivenciado como em perigo.

Ele chega fazendo muito barulho com os brinquedos, jogando-os sempre para o alto e espalhando na sala, um verdadeiro caos. Procurávamos uma brecha neste caos com o intuito de nos vincularmos a ele e, aos poucos, o ambiente foi se estabilizando. Compreendemos que a capacidade de fazer barulho era para reavivar a situação depressiva familiar diante de uma enfermidade paterna e do estado psíquico da mãe. Esse comportamento nos mostrava a sua potencialidade de convocar o outro. Capacidade que se mostrou com os demais atendimentos, nos quais ele se mostrou vivo, procurando o vínculo com os terapeutas. Apresentava um sorriso contagiante e, ao chegar, sempre se dirigia aos brinquedos. Em um encontro para um *folow up*, após um ano de atendimentos mensais, encontramos um brilho de satisfação no seu olhar quando foi comentado sobre seu vocabulário que era inexistente aos dois anos. Agora sabia comunicar-se, desenhar e podia construir uma torre, contornada por grades de jardins, onde colocou o crocodilo em cima. Agora, ele podia seguir seu caminho protegido dos ataques externos e sentindo-se forte em um lugar de destaque. A tensão interior que era projetada toda para fora e jorrava na agitação, no jogar os brinquedos, podia ser contida adequadamente. O uso da palavra pôde se fazer ouvir.

Zilá

Zilá, uma infante, nos chegou com a queixa de que acordava muitas vezes à noite sentando-se na cama, querendo brincar e vocalizando bastante. O sintoma agravou-se e ela passou a acordar os pais que a encontravam chorando e dormindo como um bebê no útero. Os pais, desnorteados, tentavam consolá-la de alguma forma: trocando fraldas, dando mamadeira, brincando, mas ela permanecia com o sintoma. Antes de nos procurar, levaram-na ao neurologista, que propôs medicá-la. Os pais não aceitaram e um outro pediatra descartou qualquer patologia orgânica, nos encaminhando a família para o atendimento em intervenção na relação pais-bebês.

A gravidez foi planejada pelo casal, mas o parto necessitou de intervenção médica, acarretando dano no narcisismo dos pais que desejavam o parto o mais natural possível. Tanto a mãe como o pai reagiram diante da dificuldade de elaborarem a realidade do parto, projetando na equipe médica as complicações. A bebê apresentou cólicas intensas e muito choro. A mãe complementou logo a amamentação e, quando da volta ao trabalho pós-licença maternidade de quatro meses, a pequena bebê passou a frequentar uma creche em período integral com boa adaptação e foi alimentada por mamadeiras.

A bebê é descrita pelos pais como muito inteligente, quase superdotada. Eles se espantam ao descreverem as capacidades dela. O pai exemplifica que, quando ela nasceu, já veio de "pescoço levantado para mamar". Os pais nunca usam o *manhês* para se comunicar com a filha. Não usam palavras com diminuitivos e a tratam como se estivessem conversando com alguém da "mesma idade".

No atendimento, observamos uma menina que estava provavelmente vivenciando o período da angústia de separação quando começa a perceber a diferença eu/não eu. Procura um brinquedo duro, um pequeno espelho entre os diversos que se encontravam no chão, e inicia uma vocalização. Vai para o pai e aponta a mochila, o pai lhe dá um suco e diz que ela pode segurar sozinha. Ela caminha se apoiando nos móveis e observando o ambiente. Procura mais o pai do que a mãe durante o atendimento. Quando o pai falava um pouco sobre si, a mãe se aproxima da filha e lhe dá um bichinho de pelúcia, que ela rejeita ficando com o pente e o espelho a brincar e pôr na boca. Em nenhum momento, observou-se uma aproximação corporal/carinhosa dos pais com ela.

Quando falam sobre seu sintoma, ela passeia pela sala, pesquisando os cantos, as tomadas e outros objetos. Uma única vez a mãe foi buscá-la num canto da sala. Parecia que ela estava fora do centro da conversa, deixando a cena para os adultos conversarem. As psicanalistas perceberam esse movimento de afastamento dela com alguma preocupação, que se manteve mesmo quando dirigidos o olhar e as palavras para ela, várias vezes, inclusive incluindo-a na conversa, ao dizer-lhe se ela sabia que estavam todos falando sobre os problemas de seu sono.

Lembramos que apesar de a bebê apresentar desenvolvimento psicomotor adequado para a idade, invadiu-nos uma forte angústia com o seu estado psíquico, como se ela estivesse muito isolada, muito só. Poderia estar construindo defesas autistas, fugindo do contato e andando a esmo pela sala? Estariam esses pais muito ocupados com aspectos de suas vidas profissionais e sem espaço para interagir com as reais necessidades do eu de Zilá? A procura do espelho entre os diversos brinquedos ofertados nos levou a pensar na necessidade de espelhamento do rosto do outro, bem como tentar imaginar que significado poderia ter o espelho na história familiar. Como estaria o exercício da parentalidade na dupla? O *manhês* tinha sido abolido, mas a menina vocalizava alguns sons. Uma necessidade de ver a criança como maior, com incentivo a um comportamento além da idade, impedindo-a de viver as fases adequadas à idade cronológica estaria relacionado com o sono intranquilo? Pouco contato afetivo da dupla?

O estado de sofrimento do bebê que não pode dormir, não pode sonhar, permite que se levante a hipótese de que as dificuldades possam estar vinculadas a um distúrbio no espaço compartilhado entre os pais e seu bebê, e seus sonhos. Como se sabe, a psique do bebê ainda está em formação. Seu eu é frágil e tem uma psique muito porosa, seu funcionamento é psicossomático em sua essência.

Com a atenção flutuante nos atendimentos, pôde-se fazer intervenções e mostrar as competências do bebê e suas necessidades. O espaço compartilhado da clínica com o trio familiar permitiu aos pais, de certa maneira, sonhar este bebê que ali estava; elaborar a situação traumática do parto e de certos fantasmas individuais, possibilitando condições de estarem mais ligados e unidos e permitirem um melhor desenvolvimento da criança.

Haveria algo não dito para a pequena escolher este espelho como seu brinquedo? Em um encontro com a avó materna que morava distante e o elo estava um pouco esgaçado e frágil, a mãe pôde se reconciliar com aspectos de sua relação com ela e ver que, apesar de algumas dificuldades, a avó de Zilá a considerava uma boa mãe, a menina encontra ali um berço mais aconchegante e tranquilo. Pode experimentar dormir sem acordar na madrugada. Na sessão seguinte, os pais contam e lembram que uma das avós tinha o hábito de chegar perto dos seus filhos pequenos à noite para ver se respiravam. Tal preocupação com a morte se encontrava atualizada no pai que ia se assegurar que a bebê dormia bem. O espelho era um objeto que antigos punham no enfermo para ver se tinha falecido ou ainda respirava. E ao mesmo tempo, é pelo espelhamento no rosto do outro que se pode constituir-se como ser. O espelho podia significar o fim ou a possibilidade de vida.

Quando na sessão falava-se sobre esse encontro familiar, pode-se ver que eles recuperaram com os seus ancestrais um "berço psíquico" e que, talvez, tenha produzido uma mudança neste espaço mãe-bebê com repercussões no vínculo e na criação de um espaço psíquico para a bebê na mente dos pais. Agora, ela poderia abandonar o sintoma que estava preso no imaginário da família, o receio da morte de um bebê. Uma melhor parentalidade ia sendo construída. Os pais conseguem metabolizar esse fantasma mortífero para que a bebê não receba algo que não pode conter e que aparecia na turbulência do sono. Freud (1905/2016), fala do sonho como guardião do sono. Como dormir se todas as vivências do dia, as sensações corpóreas não podem ter sua elaboração? O sonho também não facilitaria as descargas de pulsões em nível alucinatório?

Ela acordava fazendo uma descarga motora, portanto havia uma falha ou uma falta na sua capacidade de lidar com os estímulos no dia e na noite. Algo de desencontro ocorria. O pai apresentava dificuldades em adormecer.

Enquanto os pais relatavam sobre o encontro com os familiares e que ela estava dormindo e se encontravam ainda surpresos com o fato, a pequena menina, já andando bem, deita-se no chão, pega um travesseirinho e deita sua cabeça sobre ele. A mãe deita-se junto a ela, abraçando-a, num encontro amoroso em que o olhar do bebê consegue encontrar o olhar amoroso da mãe, num intenso reconhecimento mútuo, como deveria ter acontecido nos primórdios da amamentação. Um tempo depois, tivemos notícia que Zilá estava se desenvolvendo bem e os pais procuraram análise para eles. Pode-se tirar um nó na relação e cada um carregar o que era de si e Zilá crescer e se desenvolver.

Considerações finais

Para concluir, pode-se pensar que as funções parentais estavam bem comprometidas tanto pela vivência de gestação/parto de forma traumática que não foi metabolizada pelos integrantes, possibilitando sintomas graves nos bebês, quanto por fantasias ancestrais. Temos certeza de que o atendimento nestes primórdios favorece o desenvolvimento no caminho de uma vida mental mais saudável. Esta experiência marcará a criança, nos dois casos, como um evento positivo na vida e deixará marcas na família, que diante de uma dificuldade posterior poderá encontrar o caminho para ser ajudada.

O que impedia o sono era o terror do bebê de que podia morrer pela invasão de estímulos terroríficos em sua mente, que não foram percebidos e transformados emocionalmente pela mãe, por meio de sua função alfa, em elementos benignos para a mente, utilizáveis para sonhar as experiências (Bion, 1962/1991). Estas mães não podiam pensar, mas agiam e cuidavam dos seus bebês, mas a dor diante da situação de perda do parto pélvico, da frustração pela não realização de seu sonho de mãe, pelo bebê que não correspondia ao bebê sonhado, não pudera ser continente nem para si mesmas nem para o bebê que as desapontou. Talvez a experiência de ódio e depressão as impediram de se aproximar dos bebês em uma situação mais amorosa, tão frágeis e necessitados de mães mais vivas. Esses ruídos presentes, mas clivados da consciência, não favoreceram a *rêverie* nos pais. O excesso de estímulos não sonhados e não elaborados pela dificuldade na *rêverie,* na capacidade de continência e em consequência no adequado desenvolvimento da parentalidade, levou ao aparecimento dos sintomas nos bebês em forma de descargas pela agitação durante o dia e a noite.

Os atendimentos puderam resgatar os aspectos amorosos minimizando aspectos odiosos e ajudaram no desenvolvimento desses pequenos. Ajudando-os no paradoxo que é cuidar do bebê em sua total dependência inicial, que os assusta, e ao mesmo tempo favorecer que ele possa se desenvolver, se separar no sentido da independência.

Referências

Benedek, T. (1959). *Parenthood as a development phase.* New York: Quadrangle/New York Times Book Company.

Bion, W. R. (1991). *O aprender com a experiência.* Rio de Janeiro: Imago. (Publicado originalmente em 1962)

Freud, S. (2016). Os três ensaios sobre a teoria da sexualidade. In *Obras Completas* (vol. 6). São Paulo: Companhia das Letras. (Publicado originalmente em 1905)

Laznik, M. C. (2011). *Rumo à fala: três crianças autistas em psicanálise.* Rio de Janeiro: Companhia de Freud. (Publicado originalmente em 1995)

Lebovici, S., Solis-Ponton, L., & Menendez, J. A. B. (2004). A árvore da vida ou a empatia metaforizante, o *enactment.* In Silva, M. C. P. (Org.) & Solis-Ponton, L. (Dir.). *Ser pai, ser mãe – parentalidade: um desafio para o terceiro milênio* (p. 29). São Paulo: Casa do Psicólogo.

Prat, R. (2019, 1-4 maio). *Fronteiras da parentalidade e recursos auxiliares: pensando a clínica 0 a 3* [Trabalhos apresentados]. Jornada da SBPSP, São Paulo.

Prat, R. (2019). *Do toque ao divã. A impressão do toque primeiro organizador do psiquismo, fio condutor e relacional.* Conferência na SBPSP em 29 de abril, São Paulo.

Roussillon, R. (2019). *Manual da prática clínica em psicologia e psicopatologia.* São Paulo: Blucher.

Solis-Ponton, L. (2004). *Ser pai, ser mãe – parentalidade: um desafio para o terceiro milênio*. São Paulo: Casa do Psicólogo.

Winnicott, D. W. (1975). O papel do espelho da mãe e da família no desenvolvimento infantil. In D. W. Winnicott, *O brincar e a realidade* (pp. 153-162). Rio de Janeiro: Imago. (Publicado originalmente em 1967)

5. Aurora e o processo de parentalização[1]

Fátima Maria Vieira Batistelli

Maria Cecília Pereira da Silva

A parentalidade é uma função que se desenvolve interiormente quando se origina o desejo de ter um filho e na relação com ele. O bebê "faz" seus pais, assim como os pais fazem o bebê existir. Neste trabalho, apresentamos este processo a partir de uma intervenção que realizamos com Aurora e seus pais, na Clínica 0 a 3, do Centro de Atendimento Psicanalítico da Sociedade Brasileira de Psicanálise de São Paulo (SBPSP).

Nosso *setting* é o de consultas terapêuticas, conforme propôs originalmente Winnicott (1971/1984, 1942/1993, 1965/1994) e, que depois, Lebovici (1986) e outros autores implementaram a partir do estudo clínico da psicopatologia do bebê como prevenção e compreensão das psicopatologias precoces atualizadas tanto

1 Este trabalho foi apresentado durante a III Jornada da Clínica 0 a 3 – Intervenção nas relações pais-bebê: A Clínica Contemporânea da Parentalidade: Vínculos e Desenraizamento, no dia 19 de março de 2017, na SBPSP, com comentários de Marie-Rose Moro e publicado originalmente em Silva, M. C. P., & Batistelli, F. M. V. (2017). Aurora e o processo de parentalização. *Jornal de Psicanálise, 50*(92), 209-224.

no bebê como na sua relação com seus pais, que podem impedir o desencadeamento de transtornos mais graves de desenvolvimento.

As consultas terapêuticas visam a observação da interação pais-bebê e permitem que os pais falem sobre o bebê, sobre eles mesmos e sobre suas famílias, sobre seu passado e sobre a repetição de suas condutas. Procura-se colher a história do bebê desde o relacionamento de seus pais com seus próprios pais até a concepção, nascimento, desenvolvimento e seu sintoma. Busca-se o acesso às diferentes representações do bebê imaginário, fantasmático, cultural e real que os progenitores, em função de sua história, têm de seu pequeno filho (Lebovici, 1983, 1986, 1989a, 1989b, 1991, 1993).

Durante as consultas, vamos observando a família em suas interações e nos mobilizamos afetivamente e de maneira mais ativa, a partir de um movimento empático e de nossas ressonâncias contratransferenciais, para que possamos transformar o que sentimos e o que ressentimos em representações compartilhadas com a família (Silva, 2002).

A consulta consiste, portanto, em uma observação pluridimensional, que nos permite observar os sintomas do bebê e sua modalidade de funcionamento, os fenômenos de interação que caracterizam a relação bebê-pais-família, as características do entorno dos cuidados maternos, as personalidades da mãe, do pai, de sua família em seu conjunto e, finalmente, a dimensão sociocultural,[2] como tão bem trata Marie-Rose Moro (Moro, 1995; Moro & Barriguete et al., 1998/2004).

---

2 O enquadre da etnopsicanálise, proposto por Moro (1995) e Moro & Barriguete (1998), discípula de Lebovici, conta com a transferência positiva e com o dispositivo do grupo de terapeutas para facilitar o contato e a aliança terapêutica. Diante de uma família, portanto um grupo, a relação dual, analista-paciente, não faz sentido. Quando estamos diante de uma família de uma cultura diferente da dos terapeutas, incluir coterapeutas da mesma cultura da

As consultas terapêuticas que vamos apresentar foram realizadas por nós duas em coterapia e foram filmadas com o consentimento dos pais.[3] Conforme demonstram vários profissionais e pesquisadores, o vídeo produz um registro que pode ser visto, revisto, o que faz dele um instrumento potencial e sugestivo de elaboração mental (Mendes de Almeida, 2007; Stern, 1997).

Nossa experiência com este atendimento nos fez pensar que, possivelmente, nosso papel tenha iniciado um processo de instauração de outras instâncias de entendimento e acolhimento de angústias que se manifestavam no vínculo pais-bebê, presentes no aqui e agora do encontro.

Aurora e seus pais

Aurora é uma princesinha muito esperada e desejada, primeiramente por sua mãe e, logo em seguida, por seu pai. Nós a conhecemos com quase 9 meses de idade, pois ela não dormia e seus pais tinham receio de risco de autismo.

A recomendação de uma intervenção nas relações iniciais pais-bebê veio do fórum de adoção.

Nós realizamos 8 consultas e vamos contar e mostrar algumas cenas.

---

família pode ser fundamental, não só para que a família se sinta mais acolhida, mas, também, para que possamos compreendê-la na sua especificidade mítica e cultural. Permite que a mãe tenha menos receio de falar de seus medos e não esteja só, pois o grupo a protege.

3 Foi dito aos pais que eles receberiam uma cópia do material filmado. A satisfação demonstrada por eles com essa notícia nos leva a pensar num interesse crescente, estimulado pelo trabalho terapêutico, ao se ver, rever, conversar sobre suas imagens, suas edições e reedições, apropriar-se da matriz e criar novas montagens mentais.

Primeira consulta

Na primeira consulta, fomos conhecendo um pouco Aurora.

Ela chegou toda linda de vestido e meia calça, com um olhar um pouco tímido, que logo foi respondendo ao nosso contato. Enquanto os pais contavam de sua chegada e de sua preocupação, Aurora sorri para nós e fica atenta à nossa conversa.

Ela nasceu prematura, de 29 semanas, e ficou muito tempo na UTI neonatal. Sua genitora (como os pais definem a mãe biológica) tomou remédios para abortar. Logo que a bebê nasceu, a genitora abandonou o hospital a deixando sob os cuidados da UTI. As enfermeiras a adotaram e até fizeram um lindo diário que entregaram à mãe na saída. Quando tinha 7 meses de idade, foi entregue para adoção. Aurora tinha muitas questões de saúde: tomou vacinas para amadurecer o pulmão, tinha alguma alteração cardiológica, um refluxo em uma válvula do rim, alergia à proteína do leite, um cisto no abdômen que logo desapareceu. Com tudo isso, passou por várias consultas com médicos especialistas.

Cena 1 - A queixa

> Mãe - *Hoje em dia o que preocupa a gente é que a Aurora, à noite, acorda muitas vezes... umas seis, sete vezes ela acorda chorando, aí eu ponho a mão, falo mamãe está aqui, aí ela sorri e se acalma. Eu morro de dó, porque ela acorda chorando e eu não tenho coragem de colocá-la no berço dela por isso, porque eu fico com medo.*

Os pais ainda nos contam:

> *Quando ela fica nervosa, ela puxa o cabelo. Eu até vou conversar com o pediatra se pode ser dor de cabeça. Ela arranca… Ela se arranha muito…*

E o pai acrescenta que ele vai:

> *Ninando, ninando até ela pegar e embarcar no sono… E quando ela (mãe) começa a chorar, porque ela acha que é pelo sofrimento que a Aurora passou tão pequenininha, então, tento acalmar…*

Assim ele nos conta como é capaz de exercer a função paterna de embalar a dupla mãe-bebê (Barriguete, Salinas, Moro, Solis-Ponton, Botbol, Maldonado, & Córdova, 2004).

Depois, com a mesma dor, a mãe descreve o processo de adoção do ponto de vista legal: as idas ao fórum a cada um mês e meio, dois meses, as longas entrevistas e o medo desesperado de perderem a guarda. Além disso, percebiam que Aurora voltava muito transtornada destas visitas, se arranhando no carro. Acreditam que ela captava o clima da situação.

Cena 2 – O sofrimento do processo de adoção

> M.C. – *Estava pensando que essa situação de adoção é uma situação de muita angústia. É como se a qualquer momento também pudesse ter um aborto.*
>
> Mãe – *É…*
>
> M.C. – *Né? Eu acho que é isso que te atrapalha. Porque aquilo lá já passou. Já passou. Ela tem mais tempo com vocês do que na barriga, né?*

Mãe – *É verdade.*

M.C. – *Ela já está há mais tempo com vocês, com esse amor, com esse desejo de quem a estava esperando há tanto tempo. Então eu fiquei pensando nisso. Parece que a moça do fórum também disse para você vir aqui conversar com a gente, não foi?*

Cena 3 – Função paterna

Pai – *É isso que eu falo para a Andréa quando fica apreensiva nas datas próximas das entrevistas no fórum. Não tem que ter medo de nada, a gente trata dela, cuidamos muito bem da Aurora…*

Mãe – *Sim, a razão eu sei…*

M.C. – *Mas é emocional. Fica uma "minhoca na cabeça"…*

Mãe – *É. Eu sei que não tem… Poxa, se for ver os exames que a gente já fez nela, tem um histórico de que está cuidando direitinho. Então o fórum não teria por que voltar atrás.*

M.C. – *Aham.*

Mãe – *A minha razão diz isso, mas a emoção…*

F. – *Existe uma ameaça, vem de outro lugar…*

Mãe – *Aí, cada vez que eu vou, nossa… E aí, sabe, ela volta tão malzinha, eu fico… Tenho dor de barriga no dia, fico angustiada, sabe? Fico mal. Angustiada. Não sei por que…*

M.C. – *Aham. Lógico, porque tem todo o sentido.*

F. – *Faz sentido.*

Então a mãe nos conta que está com quase 43 anos agora e o pai também. Que foi casada e logo ficou viúva.

> *Foi assim terrível. O casamento não, a situação toda que aconteceu. Eu casei e aí, 14 dias depois do casamento, meu marido se suicidou... Deixou uma carta me dizendo que ele ia me deixar livre, que eu ia encontrar outra pessoa, ser feliz, porque ele era impotente, entendeu? Eu me casei já com quase 37 anos e virgem, e ele também... E aí, no casamento, na noite de núpcias, a gente percebeu que ele não tinha ereção. E aí ele ficou muito mal. E eu, é claro, fiquei também. Mas aí a gente ficou com vergonha de contar pra família e voltou os dois da viagem, aquela tristeza, aquela coisa, e eu acho que ele não suportou. Ele se suicidou. Até isso influencia essa tristeza. Eu não percebi que ele estava em depressão. Então, pra mim, eu fico com muito medo até disso. Será que a Aurora sofre? Eu não sei.*

Depois desta situação, a mãe fez três anos de terapia, pois se cobrava muito.

Apontamos que, talvez, ela se identifique um pouquinho com a bebê, que também foi abandonada.

Ela continua seu relato, dizendo que conheceu seu novo companheiro, pai de Aurora, quase três anos depois de ter ficado viúva, e depois de muitas conversas, começaram a namorar:

> *A gente casou ao contrário. Foi de trás para frente. A gente foi morar junto, aí, depois de dois anos e meio, a Aurora veio e a gente casou agora. Fiquei três anos na fila da adoção. Três anos e agora...*

No final desta consulta Aurora dorme gostoso no colo de sua mãe.

Segunda consulta

Na segunda consulta, Aurora chega linda e os pais comemoram seus 9 meses de idade. Aurora dormiu a noite toda anterior a esta consulta.

Os pais comentam que ela é uma bebê sorridente, bem-humorada, mas começa a estranhar as pessoas, o que indica que já reconhece os pais e um vínculo emocional se instala.

Relatam com mais detalhes como é o sono da bebê.

> Pai – *Ela tem o costume de dormir pouco durante o dia. Ela dorme duas vezes em média, mas é cochilo no máximo de quarenta minutos. E nesse dia, na terça passada, ela dormiu uma hora vindo e voltando né... Ela dormiu o tempo todo pra ir e pra voltar.*
>
> *Mãe – Nós levantamos o berço, um pouquinho, não inclinamos muito. Porque ela podia estranhar. Só um pouquinho. Coloquei dois livrinhos. Inclinamos um pouco. Assim, essa noite, ela dormiu assim, bem, bem, bem. Não acordou à noite, não chorou. Ela não resmungou, dormiu a noite inteira.*

Falam de como ela precisa da presença dos pais por perto.

A mãe também nos conta como foi sua infância, muito ligada à própria mãe, com a qual brincava bastante, sem sair de casa. Foi filha única por 9 anos, quando nasceu sua irmã, que teve uma infância mais livre.

> *Fui muito mimada, muito. Hoje eu falo, criança estragada. Fui muito mimada, fazia malcriação, tudo eu podia. Hoje eu vejo. Nossa, que absurdo né?!? Mas minha mãe e meu pai achavam que se me punissem ou se me repreendessem, estavam sendo ruins. Não, não é bem assim.*

Só saiu de casa aos 37 anos, quando se casou pela primeira vez, e testemunha:

> *Sempre fui assim, muito dependente da minha mãe. Eu acho que dependente até não é nem fisicamente, nem financeiramente. É dependente emocionalmente. E agora, com a Aurora, é que eu fico mais lá em casa, a gente fica mais afastada, até por incentivo de minha própria mãe.*

Seu pai faleceu cedo, com 58 anos:

> *Faz oito anos agora. Eu tinha 34. Ele teve um aneurisma na aorta. Nunca tinha tido nada. Foi terrível. Um trauma assim. Foi a primeira perda da minha vida. Foi terrível.*

Contam que Aurora fica exposta à televisão o dia inteiro e também à noite ou na madrugada.

Orientamos como isso seria um excesso de estímulos para ela e associamos com os barulhos da UTI. Explicamos a importância dos estímulos humanos *versus* o tecnológico.

Cena 1: Encontrando um jeito próprio de ser pais

> Mãe – *Eu falo para as mães sabe, na reunião, não deixa só no computador, não deixa só na televisão... Mas aí ela gosta do barulhinho que chama atenção, eu estou fazendo a mesma coisa.*
>
> M.C. – *É porque eu acho que você fica muito preocupada em fazer coisas que ela gosta (como a própria mãe fazia com ela).*
>
> F. – *Em oferecer estímulos, né?*
>
> M.C. – *Eu acho que é um desafio você descobrir o que você pode fazer pra ela que ela goste. Como se você não pudesse ter coisas em você que ela vai gostar muito. Dos seus barulhinhos, do seu jeitinho, das suas musiquinhas. Das suas peripécias...*
>
> F. – *É. Do seu silêncio. De vez em quando o silêncio também faz parte. Não é? Você gosta muito de conversar... E ela gosta do contato humano. Esse contato da gente, né?*

Narcisizamos a mãe![4]

---

4 O trabalho da clínica 0 a 3 procura: favorecer a disponibilidade emocional da mãe, necessária para o cuidado e a identificação das necessidades físicas e emocionais do bebê; favorecer o vínculo mãe-bebê; apontar as competências da mãe, legitimando a função materna ou oferecendo suporte diante dos conflitos com a figura materna; assinalar o espaço de cada um na dupla mãe-bebê, especialmente quando a figura do pai for ausente; contribuir para a subjetivação da mãe e narcisar a mãe, indicando as suas mínimas competências no cuidado com o bebê; contribuir para a subjetivação do bebê, narcisando-o, possibilitando que os pais identifiquem os diferentes significados do seu choro e atendam adequadamente às suas necessidades físicas e emocionais. O terapeuta se oferece como modelo de parentalização, contribuindo para que as

Cena 2: Angu

Esta cena é muito bonita porque Aurora conversa com a gente.

> M.C. – *Diga o que foi, você está gostando de vir aqui? Você vai vir de novo aqui é... A gente vai ajudar a mamãe e o papai, para você nanar gostoso, que nem essa noite. Que o papai e a mamãe também precisam descansar, né? Você dormir no seu quarto, no seu bercinho. Que o papai e a mamãe fizeram um quarto pra você.*

Aurora conversa.

> M.C. – *É, é sim. E você acordou muitas vezes à noite?*
>
> Mãe – *Acordei.*
>
> F. – *Como é que você viveu essa noite que ela dormiu?*
>
> Mãe – *Então, eu até estranhei, porque ela ficou tranquila, do jeito que eu deitei ela, ela amanheceu. Sabe cobertor arrumadinho, tudo? Dormiu tranquila, em paz. Mas eu acordei várias vezes para olhar.*
>
> F. – *Mamãe ficou assustada que a nenê estava quietinha.*
>
> M.C. – *Então a gente precisa te acalmar, para você poder deixar ela dormir no quartinho dela. Porque você está ainda um pouco aflita se ela vai ficar bem, vai acordar bem, né? Porque a mamãe também tem que*

---

necessidades físicas e emocionais do bebê sejam atendidas; sinaliza aspectos inconscientes e duplas mensagens obstaculizantes do exercício da função parental e do desenvolvimento do bebê e fortalece a função paterna, para oferecer suporte para a mãe maternar (Silva, 2014).

namorar com o papai um pouquinho, né? E você pode ter o seu cantinho. É...

Mãe – *E ela gosta, porque, às vezes, eu fico com dó. Ela gosta do quarto dela. A gente leva ela, ela fica assim (animada). Olhando tudo, desse jeito assim, sabe? Mas ela gosta do quarto dela. E a gente não põe ela pra dormir lá.*

F. – *Mas eu já fiz 9 meses, está na hora de nascer.*

Terceira consulta

Na terceira consulta, Aurora chega feliz, de chupeta pendurada, coisa que havíamos sugerido, pois ela chupetava a mamadeira com risco de engolir ar. A mãe dizia que ela não aceitaria.

Aurora está mais ativa e com mais tônus muscular. Os pais passaram a deixá-la mais tempo no chão e pudemos observar como ela estava sustentando mais a cabecinha e rolava no chão. Ela ficou a consulta toda no chão, brincando. Já podia explorar o mundo descolada do colo da mãe.

Nesta consulta, conhecemos um pouco da história do pai. Ele nos conta que sua mãe perdeu um bebê antes dele e que seus pais se separaram quando ele era pequeno. Seu pai tinha outra família e nunca foi muito presente, embora pagasse a pensão. O dinheiro da pensão não caía na conta corrente. A mãe tinha que ir à empresa onde o pai trabalhava e ele a acompanhava. Desta forma, via o pai uma vez por mês e era só este o relacionamento deles. Foi assim até seus 13 anos. Quando estava com 15 anos, seu pai apareceu na casa, porque havia se desentendido com a mulher dele, e quis assumir seu lugar, mas, aí, já era tarde demais. E ele foi embora outra vez. Atualmente, sabe por uma irmã do pai que ele mora em Minas

Gerais e parece que teve uma filha. Fala que quando contou sua história para a esposa, ela até chorou.

Então apontamos:

> *Tem um abandono aí, tem dois abandonos* (referindo-se às vivências tanto do pai quanto da mãe de Aurora), *cada um de vocês foi abandonado de um jeito.*

Conta-nos também que tem um irmão adotivo, dois anos mais novo que ele. Sabe que a avó se propôs a criar uma criança que havia nascido e cuja mãe falecera no parto. Seus pais acharam que a avó não daria conta e adotaram a criança, pela lei e tudo. Mas, pouco tempo depois, o pai abandonou a família. Toda a família e a vizinhança sabem da adoção do irmão, menos ele próprio. E o pai de Aurora nos diz que muitas vezes nem ele mesmo lembra que o irmão é adotivo. Quando ele tinha 11 anos, a mãe saía para trabalhar e ele cuidava do irmão. Quando ele estava com 18 anos, a mãe ficou muito doente, com insuficiência renal, e faleceu dois anos depois. E, até se casar, viveram ele e o irmão na casa dos pais, onde o irmão vive até hoje. A certidão da adoção do irmão está sob sua guarda, anda com ela dentro da carteira, não tem coragem de mostrar e contar para ele, protegendo-o de sua verdadeira história e mantendo-se como guardião deste segredo. Imaginam que ele deva desconfiar, mas ninguém toca no assunto.

Há tempos, não tem contato com o próprio pai, que ainda não conheceu a neta.

Conversamos sobre os imbricamentos deste segredo neste momento em que ele se torna pai de uma criança, também adotiva. Poder falar poderia ser uma forma de fortalecimento dos vínculos. Mas, apesar do peso deste segredo, ele tem muito medo de contar para o irmão.

A mãe contou que sua avó também foi adotada.

Então, assinalamos que há muitas histórias tristes em torno dos dois e a Aurora veio para trazer muita alegria.

Cena 1: Escolha do nome

F. – *Foram vocês que escolheram o nome?*

Mãe – *Então, a gente foi no carro pensando no nome.*

F. – *Não tinha nome?*

Mãe – *Não tinha nome. A gente pensou em Aurora, mas não fechou nenhum nome. Pensou, vamos olhar pra carinha e ver, decidir. Quando a gente chegou lá, a gente perguntou: "Vocês chamam ela de algum nome?" Elas: "Não, não". Aí a gente falou: "Vamos chamar ela de Aurora". Aí a outra enfermeira falou: "Ah, a doutora Maria chamava ela de Aurora. A gente não falou pra vocês, que é pra não influenciar. Mas a doutora Maria chama ela de Aurora".*

M.C. – *Você já é Aurora.*

Pai – *Aí, no leito, estava lá o nome RN, mas não tinha o nome. Aí, arrumamos uma caneta e escrevi Aurora...*

F. – *Eu sou uma pessoinha. Eu sou Aurora.*

M.C. – *E você papai, assumiu o seu lugar.*

Mãe – *Escreveu o nome.*

Pai – *Eu passei um dia, um sábado, né? Eu fiquei das sete da manhã até às nove da noite, né?... Sentado do lado dela. Eu nem levantava para ir ao banheiro. Tanto que a chefe das enfermeiras pegou e puxou pela mão. Vem cá, você vai comer alguma coisa. Eu não queria*

> *almoçar, não queria jantar. Ficava com ela o tempo todo. Ela era isso aqui oh (mostra o tamanho de Aurora). Nossa, meu celular deu pane, eu perdi as fotos. Você não tem no seu?*
>
> Mãe – *De recém-nascida, não...*
>
> Pai – *Uma formiguinha. A gente vê a Aurora hoje, a gente não acredita. Hoje a gente dá banho nela... A banheira a gente comprou, cabia três Auroras. Hoje ela... sabe...*

Quarta consulta

Na quarta consulta, a mãe veio sozinha com a Aurora, pois o pai já encontrou um trabalho. Sua mãe a acompanhou e aguardou na sala de espera.

Ela chega contando que Aurora está dormindo sozinha no quarto dela a noite toda e como tem sido essa experiência.

> *A gente ficou tão preocupado, com medo, que a primeira e a segunda noite a gente mal dormiu. Aí a terceira noite já foi melhor, a gente dormiu. Agora a gente já está tranquilo. A gente já sabe que ela não grita, não fica desesperada. O máximo que faz é dar uma resmungadinha umas duas e meia, três horas e aí já melhora. Na manhã que ela amanheceu no berço, amanheceu numa alegria, dando risada. E eu falo: "Bom dia!" E ela fica e se debate, bate as pernas...*

Então, falamos pela Aurora:

> *"Eu sou muito competente. Vocês pensam que eu sou de papel, que eu não sou forte, que eu não sou saudável. Eu sou grande, eu nasci pequenininha, mas eu cresci... Eu posso contar com meu papai e minha mamãe". Ela tem confiança que vocês estão lá.*

E os pais puderam recuperar o espaço de casal.

A mãe de Aurora nos mostra que passou a confiar mais em sua capacidade de ser mãe e o pai em sua capacidade de embalar essa dupla mãe-bebê, e exercitar sua função paterna. E, assim, Aurora, sentindo-se segura, com os pais também se sentindo mais seguros, pôde adormecer e se permitir viver os momentos de não integração propiciados pelo sono que tanta importância têm, segundo Winnicott (1960/1990), para o desenvolvimento do *self*.

Cena 1: Confiança

> M.C. – (falando pela bebê): *Ganhei uma mamãe e um papai muito queridos, que cuidam de mim. Eu já estou tranquila, segura, durmo em paz na minha caminha.*
>
> Mãe – *Agora eu olho para ela assim... Não dá para acreditar, né? Que aquele bebê... Até trouxe as fotos do hospital para vocês verem... Tão frágil, tão pequenina.*
>
> F. – *Você ficou esses 9 meses gestando a Aurora novamente, gestando para um outro nascimento e ela está aí, nascida, forte, com recursos.*

A mãe também percebe a mudança que se deu na bebê e na relação entre os três e nos diz:

> *Comentei lá na escola que não pensei que fosse se resolver tão rápido... Agora ela fica muito no chão e*

> *diminuímos muito a televisão. Aquele bebê tão frágil... Agora ela está assim tão bem.*

Com as nossas conversas a mãe pôde elaborar esse susto, confiar no vínculo que os três estão construindo.

> *Nunca pensei que terapia para bebê pudesse ajudar tanto...*

No final, compartilha o diário da maternidade preenchido por todas as enfermeiras, com mensagens que costuram a história de Aurora, anterior à adoção, e da emoção da despedida do hospital. Uma ideia linda, que constrói uma narrativa de amor, de esperança. Uma história de muito amor, que conta como ela foi cuidada, como ela foi querida...

Lemos juntos um dos relatos de uma enfermeira:

> *Desde o seu nascimento, fico pensando como um ser tão pequeno tem tanta força. E é isso que nos dá coragem e prazer de fazer o que a gente faz, que é cuidar de vocês, porque nos mostra que não importa o tamanho, mas a vontade de crescer e viver. Deus te abençoe no aconchego da sua família. Que seus pais sejam iluminados para sempre.*

No final deste encontro...

Cena 2: Bebê encantador

> M.C. – *É só quando chega que a gente vê o tamanho do amor. O amor que só existe na relação.*

> F. – *O amor se constrói, o amor que se constrói...*
>
> M.C. – *Na relação. E a Aurora é uma menininha que faz a gente se apaixonar, né?*
>
> Mãe – *É. Ela é encantadora...*

Após esta consulta, propusemos aos pais continuar acompanhando o desenvolvimento de Aurora e do processo de parentalização com consultas periódicas, como se fosse uma *puericultura emocional* (Silveira et al., 2000).

Quinta consulta

Na quinta consulta o pai não pôde vir por causa do trabalho e a avó também não. Pela primeira vez, a mãe veio sozinha com a bebê para a consulta.

Relata longamente sobre o susto que teve antes do Natal. Sua mãe teve um AVC e ficou alguns dias internada. Esse AVC comprometeu a fala e os movimentos, mas está tratando.

Aurora fica sentada, bem mais firme, apesar de ainda precisar do apoio nas costas.

A mãe vai contando que Aurora está esperta, independente, não precisa mais do colinho para dormir. À noite, mama e fica melhor se a colocarem no berço para pegar no sono. Ela diz:

> *Eu nem acredito. Porque eu mesma dormi no quarto da minha mãe por muito tempo e para dormir no meu próprio quarto foi um sufoco. Coitada da minha mãe. Foi difícil. E a Aurora vai dormir bonitinha no quarto dela. E eu achei que ela fosse sofrer. Eu acendo o abajur,*

> *ela fica olhando para o teto, falando e logo adormece sozinha.*

Apontamos como ambas cresceram.

A mãe conta que Aurora dormiu no próprio quarto às 21h30 e que tem podido observar a evolução da bebê, que dormia às 2h da madrugada, e a evolução deles como pais.

Referindo-se à alimentação e às novidades que vêm sendo introduzidas, respeitando a intolerância à lactose, a mãe nos conta como a Aurora aceita experimentar as comidas novas que vão sendo apresentadas.

Cena 1: Explorando o mundo

> Mãe – *Uma coisinha gostosinha de vez em quando. E ela toma, eu acho. Uma gracinha assim, que ela não rejeita nada. Tudo ela experimenta.*
>
> M.C. – *Legal. Isso o que é que você acha que é? O que você acha que é um bebê que experimenta tudo?*
>
> Mãe – *Poxa, ela está aberta pro mundo né?*
>
> F. – *Disposta.*
>
> M.C. – *É. Mamãe faz alguma coisa aqui...*
>
> Mãe – *O que você quer?*

Mãe ajuda Aurora a se virar.

> M.C. – *Acho que ela quer o brinquedinho que eu joguei longe...*
>
> Mãe – *Falou papai. Papa.*

M.C. – *Papa…*

Mãe – *E aí ele (pai) até chorou. Será que ela falou isso mesmo, eu falei está falando aí… Papa, papa, papa… Eu mamã e ela papa…*

M.C. – *Ah…*

Mãe – *Mamã e ela papa… Né? Mas assim, é uma coisa… Mudou muito. Assim, a gente está conseguindo entender mais o que ela quer…*

M.C. – *Ah… Sei… Aham…*

Mãe – *Dá pra perceber…*

M.C. – *Essa coisa dela querer experimentar as coisas é sinal que ela tem uma ótima relação com vocês. Porque o mundo é uma coisa interessante, não é uma coisa assustadora.*

Mãe – *Então, aquele medo que eu tinha, lembra? Ela é feliz? Será que…*

M.C. – *Você não tem mais essa dúvida?*

Mãe – *Não.*

M.C. – *É isso mesmo. E é sinal de que ela pode explorar.*

Sexta consulta

A sexta consulta ocorreu cinco meses depois da primeira. Aurora está agora com 1 ano de idade. Chega para a consulta toda bonitinha, de vestido e sorridente. Os pais a colocam sentada no chão, na frente da caixa de brinquedos, e ela já está totalmente firme. Comentam que está arriscando engatinhar.

Quando todos nos sentamos no chão, Aurora olha diretamente para nós e quando lhe dirigimos a palavra, responde com seus muitos sons. Fica claro mais uma vez como o medo inicial da possibilidade de algo na linha dos transtornos do espectro autista está totalmente descartado.

Cena 1: Um bebê sem riscos

Nesta cena, Aurora se comunica conosco, interessa-se pelos brinquedos da sala, anda e explora o ambiente, sorri e reclama forte pelo que deseja. Já não há nenhuma dúvida do quanto é saudável.

Os pais de Aurora mostram-se muito mais confiantes no desenvolvimento e competências da filha, se sentindo orgulhosos das suas conquistas. E nos contam das melhoras alcançadas:

Agora ela dorme onze, doze horas por noite. À tarde só uma hora de soninho e entre nove e dez horas da noite já está dormindo, indo direto até o dia seguinte.

A mãe vai nos relatando como que ela, o pai e a avó se dividem para estar com Aurora. A mãe trabalha pela manhã, o pai à tarde e a avó cobre o horário entre a saída de um e a chegada do outro. Enquanto nos contam isso, Aurora, no chão, vai mexendo nos brinquedos e fazendo sons e movimentos para se mostrar para nós.

A mãe de Aurora fala que colocam a filha no andador para que ela vá ao encontro da prima de 18 meses de idade e de quem ela, Aurora, gosta muito. E quando a colocam no chão, ela arrisca engatinhar. Enquanto nos contam as novas façanhas, se dirigem muitas vezes à Aurora, e pai e mãe se complementam para nos contar as novidades. Vão nos permitindo entrever o quanto puderam construir a parentalidade e se constituírem em uma família, que foi se compondo aos poucos e que hoje nos parece integrada e harmônica.

Contam que finalizaram o processo de adoção e só estão esperando o Fórum ligar para irem buscar a certidão. A assistente social fez uma carta solicitando a inclusão do pai no registro, ainda que no início só a mãe tenha entrado na fila de adoção, por eles ainda não se conhecerem. Possivelmente, vão conseguir adotar em nome dos dois.

Enfatizamos:

Então agora a certidão vai ter papai e mamãe!

Dirigimo-nos à Aurora e eles sorriem, mostrando felicidade.

Este encontro com a família aconteceu quase que integralmente às voltas de olharmos para a Aurora, vê-la brincar e os pais irem comentando suas conquistas. Vai ficando nítida a presença de uma família em nossa frente. Não só finalizaram a adoção na lei, mas se adotaram mutuamente, os três, como uma família.

Aurora está sendo trazida como uma criança que brinca, interage, experimenta todos os alimentos que lhe são apresentados, emite vários sons, alguns que já lembram palavras, mantendo ensaio de diálogos com os pais, enfim, está aberta para a vida.

A mãe nos relata, cheia de sorrisos, que ficou muito feliz por ter conseguido fazer o aniversário da Aurora com tudo o que acredita que um aniversário deve ter: bolo de chocolate, brigadeiro. E para isso, foi aprender a fazer receitas sem lactose, a fim de que Aurora pudesse provar de tudo.

São doces que a mãe diz gostar muito e quando soube da restrição alimentar, ficou muito triste, pensando que Aurora não experimentaria essas delícias. Conseguir fazê-las foi muito bom. Comprou até ovos de Páscoa que a filha pode comer.

Este foi um momento muito emocionante. Aquela mãe que chegou no primeiro encontro tão assustada, confiando tão pouco em seus recursos, estava agora compartilhando conosco a felicidade de se sentir uma mãe capaz, que busca aprender coisas novas, encontrar caminhos alternativos a fim de oferecer para sua filhinha o que acha importante e prazeroso. E o marido a apoia neste processo, oferecendo seu reconhecimento em todos os momentos em que ela busca, ao contar, às vezes só com um olhar.

Isto nos remete a uma fala de Donald Winnicott (1982, p. 54) em *A criança e seu mundo*: "A longo prazo, o que precisamos é de mães – e de pais – que tenham descoberto como acreditarem em si próprios. Essas mães e seus maridos edificam os melhores lares onde os bebês podem crescer e desenvolver-se".

E a mãe de Aurora completa dizendo:

> *Eu estou feliz e ele também, porque a gente está conseguindo inserir a Aurora na vida normal.*

Então, acrescentamos:

> *E nos seus prazeres também.*

Mãe ri e concorda.

Falam-nos da felicidade de estar incluindo a Aurora na vida, mas também no processo de adoção. De desenvolverem um sentimento de pertencimento. "Você é um de nós. Mensagem essencial, quando sincera, que necessita estar presente na relação entre pais e filhos" (Levinzon, 2014, p. 45).

A partir daí, continuam nos contando dos desafios da maternidade e paternidade, que são os limites também. Os "nãos" necessários para o crescimento. Falam que Aurora tem deixado claro o que quer e o que não quer, e, em algumas ocasiões, faz birra, jogando o corpo para frente ou para trás, e eles precisam ser firmes. Enquanto nos relatam isso, Aurora nos mostra também sua força e vitalidade, ao brincar com os brinquedos.

Finalizando, a cena seguinte ilustra muito do que foi dito até aqui. Aurora indo em busca do que quer, no caso, a filmadora presente na consulta, sob o olhar apaixonado de seus pais:

Cena 2: Uma família

Nesta cena é possível ver, por meio da filmagem que emoldura o pai, a mãe e Aurora à frente, uma foto de álbum de família, o que para nós se configurou a representação genuína de um grupo familiar.

Assim, seguindo o fio das origens, que às vezes vai contra a corrente e às vezes segue com a corrente; seguindo o faro da intuição combinada do individual e do universal; tentando o novo sem cair no falso, o verdadeiro sem cair no velho, buscamos uma compreensão que permitisse uma visão mais ampla e aguda, que, de repente, após as inevitáveis buscas, permitisse, enfim, entender o que à primeira vista pareceria banal ou sem sentido (Silva, 2003).

E, para concluir, gostaríamos de compartilhar que, em nosso oitavo encontro, Aurora estava com 2 anos de idade, pudemos brindar essas conquistas e apontar como ela é uma menina esperta, fazendo "tim-tim" com os copinhos e as mamadeiras da caixa de brinquedos presentes na sala.

Referências

Barriguete, J. A., Lebovici, S., Salinas, L., Moro, M. R., Solis-Ponton, L., Botbol, M., Maldonado, M., & Córdova, A. (2004). A função do pai: na consulta terapêutica pais-bebês e no tratamento do transtorno alimentar na criança. In L. Solis-Ponton (Org.), *Ser pai, ser mãe: Parentalidade – um desafio para o terceiro milênio* (pp. 57-66). (Maria Cecília Pereira da Silva Ver. Técnica da Trad.). São Paulo: Casa do Psicólogo. (Publicado originalmente em 1998)

Lebovici, S., & Stoleru, S. (1983). *La mère, le nourrisson et le psychanalyste, les interactions précoces*. Paris: Le Centurion.

Lebovici, S. (1986). À propos des consultations thérapeutiques. *Journal Psychanalyse de l' Enfant*, 3, 135-152.

Lebovici, S., & Weil-Halpern, F. (1989a). *Psychopathologie du bébé*. Paris: PUF.

Lebovici, S., Mazet, P. H., & Visier, J. P. (1989b). *L'evaluation des interactions précoces entre le bébé et ses partenaires*. Paris: Eshel.

Lebovici, S. (1991). Des psychanalystes pratiquent des psychothérapies bébés-parents. *Rev. Franç. Psychanal.* 56, 733-857.

Lebovici, S. (1993). On intergenerational transmission: From filiation to affiliation. *Infant Mental Health Journal*, *14*(4), 260-272.

Levinzon, G. L. (2014). *Tornando-se pais: A adoção em todos os seus passos*. São Paulo: Casa do Psicólogo.

Mendes de Almeida, M. (2007). Transicionalidade numa consulta terapêutica filmada: resgatando a capacidade de dormir e sonhar – Intervenção precoce no vínculo pais-bebê sob o víde(o) lhar do observador. In A. de Matos Ferreira (Org.), *Espaço Potencial Winnicott – Diversidade e Interlocução* (pp. 191-201). São Paulo: Landy Editora.

Moro, M. R. (1995). Le fondements théoriques de l'ethnopsychiatrie parents-enfant. In M. R. Moro, *Parents en exil* (pp. 47-94). Paris: Presses Universitaires de France.

Moro, M. R.; & Barriguete, A. (1998). Aspectos transculturales de la alimentación del lactante. In T. L. Becerra, M. Maldonado--Durán, & A. Rosas (Coords.), *La alimentación en la primera infancia y sus efectos en el desarrollo* (pp. 337-362). México: Plaza y Valdes Edit.

Silva, M. C. P. (2002). Um *self* sem berço. Relato de uma intervenção precoce na relação pais-bebê. *Revista Brasileira de Psicanálise, 36*(3), 541-565.

Silva, M. C. P. (2003). *A Herança Psíquica na Clínica Psicanalítica.* São Paulo: Casa do Psicólogo.

Silva, M. C. P. (2014). *A Construção da Parentalidade em Mães Adolescentes: Um modelo de Intervenção e Prevenção.* São Paulo: Escuta.

Silveira, M. M., Bechelli, I. A. B., Botelho, B., Campos, M. L. F. S., Dittmers, D. B., & Nakagawa, P. Y. (2000, outubro). *Aplicação da Psicanálise em Saúde Pública: Sistematização de um serviço preventivo no desenvolvimento do Bebê* [Apresentação de trabalho]. XXXI Congresso Brasileiro de Pediatria, Fortaleza-CE.

Stern, D. (1997). *A constelação da maternidade: O panorama da psicoterapia pais/bebê.* Porto Alegre: Artes Médicas.

Winnicott, D. W. (1993). Consultas do departamento infantil. In D. W. Winnicott, *Textos selecionados. Da pediatria à psicanálise* (4a ed., pp. 165-185). Rio de Janeiro: Francisco Alves. (Publicado originalmente em 1942)

Winnicott, D. W. (1990). Teoria do relacionamento paterno-infantil. In D. W. Winnicott, *O ambiente e os processos de maturação: Estudos sobre a teoria do desenvolvimento emocional* (pp. 38-54). Porto Alegre: Artes Médicas. (Publicado originalmente em 1960)

Winnicott, D. W. (1982). Pormenores da alimentação do bebê pela mãe. In D. W. Winnicott, *A criança e seu mundo* (pp. 49-54). Rio de Janeiro: LTC. (Publicada originalmente em 1964)

Winnicott, D. W. (1994). O valor da consulta terapêutica. In D. W. Winnicott, C. Sheperd, & M. Davis, *Explorações psicanalíticas* (pp. 244-248). Porto Alegre: Artes Médicas. (Publicado originalmente em 1965)

Winnicott, D. W. (1984). *Consultas terapêuticas em psiquiatria infantil.* Rio de Janeiro: Imago. (Publicado originalmente em 1971)

6. Entre demais e muito pouco: a quadratura do círculo da parentalidade[1]

Régine Prat

Tradução: Ana Maria Rosa Rocca Rivarola, Beatriz Helena Peres Stucchi e Cláudia do Amaral de Meireles Reis

Revisão técnica: Teresa Rocha Leite Haudenschild

A quadratura do círculo da parentalidade poderia dizer também: "parentalidade, missão impossível". Vou falar do que acontece, ou não acontece, não no que é chamado de patologia, mas no que é chamado de normalidade.

Conhecemos bem o que Winnicott (1956/1980) chamou de "preocupação materna primária", uma "doença que se desenvolve nas mães, em bom estado de saúde, na fase inicial da vida do bebê, e que deve realmente surgir a fim de favorecer a saúde do bebê".

Vejamos brevemente o que acontece. A experiência da gravidez e de seu desenvolvimento constitui uma novidade sem precedentes na história biológica normal de um indivíduo. Nesse tempo extraordinariamente curto, de 9 meses, a mulher vai ver seu corpo se transformar de uma forma radical, para transformar-se novamente após o parto.

---

1 Trabalho originalmente publicado na *Rev. Bras. Psicanál.*, *42*(4), 125-137, 2008.

Por exemplo, algumas mulheres podem ter o sentimento de que não vale a pena se instalar nesse corpo, se preocupar, investir em roupas de acordo com seu gosto e com sua imagem. Frequentemente isso expressa uma forma de resistir, de se mostrar razoável, diante daquilo que surge como uma loucura. Mas a verdadeira loucura está relacionada ao fato de que o corpo se torna habitado, e receptáculo para um outro corpo que está se desenvolvendo dentro dele. Estar grávida é ter que se confrontar com o "inacreditável mas verdadeiro" guardado no fundo de si mesma desde os tempos da infância, quando toda criança se pergunta como se fazem os bebês, elabora o que os psicanalistas chamam de suas "teorias sexuais infantis" e guarda no fundo de si mesma a ideia de que é "inacreditável", ou seja, impensável.

A gravidez é a verdadeira etapa posterior a esses antigos questionamentos que foram elaborados de maneiras diversas segundo as vicissitudes da história pessoal de cada um, e que neste momento passam pelo teste da realidade (sob todo desejo de gerar uma criança esconde-se o desejo de verificar e de ver "como se faz". Os sintomas durante a gravidez, ou a forma de viver e suportar os desconfortos, frequentemente estão relacionados com a persistência dessas antigas teorias infantis).

A gravidez é, portanto, ao mesmo tempo uma comoção física e psíquica, que se expressa obrigatoriamente por meio da fragilidade emocional da jovem mulher neste período. Mas "obrigatoriamente", no sentido que eu lhe estou dando, não está somente ligada à história individual da jovem mulher. É imperativo que ela se torne capaz de encarar as necessidades do bebê, é preciso obrigatoriamente que se torne mais sensível, é preciso obrigatoriamente que ela desenvolva outras formas de sentir e perceber os acontecimentos emocionais para tornar-se capaz de ajustar-se às necessidades desconhecidas de um bebê desconhecido. Esta transformação, verdadeira mudança psíquica, prepara o salto ao desconhecido. Mas, quando se dá um salto ao desconhecido, mobilizam-se também todos os recursos defensivos que se têm à disposição: pensamento mágico, apelação a princípios, rigidez, barreiras, estruturas pré-concebidas em função das defesas e não das necessidades internas. Como ajudar os pais e futuros pais a não caírem nessas situações? Qual seria o acompanhamento adequado?

A meu ver, deveria ser um acompanhamento que permita que se coloque a questão "que parte de você quer isso?" e que permita discernir as respostas do passado daquelas que se adaptam ao presente.

Outro aspecto de extrema fragilidade nesta comoção emocional é que a chegada de um novo bebê que, no conjunto da constelação familiar, vai mobilizar a totalidade da cadeia geracional. Os sonhos que têm a futura mãe podem ser muito claros em seu conteúdo aparentemente mórbido e traumatizante (sonho de morte da mãe). O pai também é confrontado com suas antigas teorias sexuais infantis. A cadeia geracional se reposiciona para os pais e também para os filhos já nascidos... Em suma, temos uma extraordinária configuração de crise como o demonstra a depressão pós-parto.

A depressão pós-parto

A clínica das perturbações da relação mãe-bebê confronta-nos com todas as declinações do fenômeno descrito habitualmente sob o nome de depressão pós-parto. Essa entidade clínica tem se estendido bem além do enquadre das consultas e da literatura especializada. Os "*baby-blues*" têm tido um grande sucesso na mídia, possivelmente fundado na universalidade deste estado, experimentado em graus diversos por toda mãe: no pré-natal, não é raro que as futuras mães sejam alertadas pelo seu médico, com uma finalidade profilática, acerca do provável surgimento dos "*baby-blues*" alguns dias após o parto.

Alguns aspectos deste estado particular da jovem mãe foram descritos por Winnicott (1956/1980) em seu artigo bem conhecido: "A preocupação materna primária" é sempre a base de referência incontestável dos trabalhos psicanalíticos mais recentes. Para que o bebê se desenvolva de maneira satisfatória, "o estabelecimento de seu ego deve repousar sobre um sentimento contínuo de existir" (p. 172) que só pode ser proporcionado pela mãe, com a condição de que ela "consiga atingir este estado de doença normal que lhe permita adaptar-se às primeiras necessidades do bebê com delicadeza e sensibilidade" (p. 171). Uma mãe "normalmente dedicada a seu bebê" deve ser "capaz de entrar nesse estado de 'hipersensibilidade' e de se recompor depois" (p. 170). É nessa condição que ela poderá identificar-se com seu bebê e adaptar-se da forma mais estreita à suas necessidades.

A meu ver, devemos procurar a continuação da descrição clínica, deste estado particular da jovem mãe, nos trabalhos de Esther Bick.

À chegada de um bebê, a mãe perde sua identidade e deverá constituir uma nova, trocar de pele.

> *Ela não é mais a mulher adulta capaz... não sabe mais quem ela é, porque ainda não adquiriu sua nova identidade de mãe. Sua confusão e o sentimento muito doloroso de perda de sua antiga identidade se somam à toma de consciência de sua total responsabilidade em relação a esse bebê... (Magnana, 1992, p. 181)*

Nas manifestações clínicas observadas na jovem mãe, isso se expressa por meio de temas mais ou menos depressivos, de dúvidas em relação à sua capacidade de ocupar-se de seu bebê, de sentimentos de transbordamento. O bebê é vivido como invadindo todo o espaço psíquico e físico materno, predominam os sentimentos de culpa.

Esther Bick fala da susceptibilidade especial da nova mãe e de sua fragilidade em relação às interferências externas.[2] O conjunto de suas descrições acrescenta precisões ao que Winnicott (1956/1980) chama de "hipersensibilidade".

Bertrand Cramer e Francisco Palácio Espasa (1993) demarcaram uma nova tópica que permite compreender as especificidades do funcionamento psíquico do pós-parto e propõem o conceito de parentalidade, como "uma nova fase do desenvolvimento":

> *que impõe aos pais uma tarefa considerável de redistribuição de seus investimentos (narcísicos e libidinais) . . . O funcionamento psíquico dos pais – sobretudo da mãe – obedece, portanto, a uma nova tópica, que inclui a representação mental da criança como uma adjunção ao território psíquico parental . . . As vicissitudes normais e patológicas das relações precoces são o resultado da natureza deste efeito do encontro entre o novo do bebê e o infantil dos pais, entre o estranho do bebê e a familiaridade das antigas imagos. (p. 374)*

---

2 Esther Bick, ensino oral traduzido por M. Haag. In "A propósito das primeiras aplicações francesas da observação regular e prolongada de um bebê na família segundo o método de Mrs Bick". Tiragem privada 18, rue Emile Duclaux Paris XV (Comunicação pessoal).

Um tema particular constitui a base dos conceitos evocados e paradoxalmente esse tema, a meu ver, não parece ter sido desenvolvido de maneira específica na literatura.

O trauma do nascimento para os pais

O impacto sobre a mãe

O encontro com o bebê constitui uma experiência bastante singular e, em muitos sentidos, é uma experiência traumática para a mãe, necessitando um remanejamento fundamental e imediato de todo seu funcionamento psíquico.

A experiência da parentalidade confronta, pela primeira e única vez, a vivência da dependência total, no sentido de um outro – o bebê – que depende inteiramente deles – os pais – de maneira geral, mas mais particularmente da mãe.

Essa descoberta da dependência é brutal; não há gradação, aprendizagem, evolução. No momento da chegada do bebê, o mundo da mãe se estremece: ela se torna a pessoa da qual depende totalmente a vida do bebê.

Vai haver uma curta latência que varia de algumas horas a alguns dias após o parto, que corresponde ao tempo que a mulher necessita para descentrar-se da experiência do parto e perceber realmente seu bebê enquanto tal, ou seja, separado dela. Pode-se notar que esse tempo existe também para o bebê: para permitir testar o bebê e não suas reações ao parto, as avaliações do comportamento dos recém-nascidos mediante a ajuda da escala de avaliação do comportamento neonatal de Brazelton (2009) não são feitas antes do 3º ou 4º dia após o nascimento.

Esse tempo intermediário pode dar a impressão de um período particular de feliz harmonia entre uma mãe e seu bebê, e sobre ele se fundam as ilusões do "bebê reparador", ou seja, os bebês terapêuticos para suas mães.

No entanto, é fundamental que seja vivido em toda sua plenitude, pois é aí que se constitui, a meu ver, a base do vínculo. Poderíamos dizer que esta ilusão fundadora vai constituir a base de sustentação quando surgirem os momentos difíceis.

A mãe descobre a dependência a partir de momentos muito concretos da vida com seu bebê. A satisfação das necessidades vitais do bebê: as necessidades materiais, a troca de fraldas, a alimentação etc. dependem dela. Ela descobre que isso não tem fim: se levanta da cama 4 vezes consecutivas durante a noite, será necessário que ela se levante ainda uma 5ª vez, mesmo que esteja cansada.

Soma-se a isso a dependência psíquica absoluta: o bebê depende de sua mãe para construir-se psiquicamente, para tornar-se uma pessoa.

Se certos aspectos da dependência material podem ser similares aos de outras situações da vida (ao contato com pessoas com deficiências físicas, com pessoas idosas ou com diversas formas de relação assistencial) não acontece o mesmo com a dependência psíquica, com a qual somente a parentalidade se confronta.

A combinação desses dois aspectos cria uma situação inteiramente nova e singular. Poder assumir esse papel supõe uma mutação profunda do psiquismo parental, que a partir desta experiência se tornará radicalmente diferente do que era anteriormente, e consequentemente, diferente daqueles que não são pais.

Toda experiência da vida acarreta, certamente, modificações psíquicas e, portanto, uma crise de identidade relativa, mas nenhuma supõe uma mudança de posição tão radical.

Esta mudança é para a mãe a continuação de uma outra mutação brutal: a gravidez representa uma mudança corporal extremamente rápida sem nenhum equivalente na história biológica normal de uma pessoa.

As reações da mãe

Para Laplanche e Pontalis (1981), o trauma é um acontecimento da vida do sujeito que se define pela sua intensidade, a incapacidade na qual se encontra o sujeito de responder adequadamente, a comoção e os efeitos patogênicos duráveis que provoca na organização psíquica. Caracteriza-se por uma afluência de excitações que é excessiva em relação à tolerância do sujeito e a sua capacidade de dominar e elaborar psiquicamente essas excitações.

As reações da mãe após o nascimento de um bebê podem ser consideradas, a partir deste ângulo, como a expressão de uma comoção na organização psíquica.

Os aspectos novos externos podem, então, ser recusados para que possa ser preservada a sobrevivência da construção psíquica interna.

- Nas formas clínicas extremas das psicoses puerperais, isso pode chegar até à não percepção da realidade do bebê, encoberta por falsas percepções alucinatórias. A construção de um delírio vem ocupar aqui o lugar da construção de uma nova realidade que inclua o bebê.
- Nas formas psicopáticas, o vínculo com a realidade será mantido, mas todas as formas de rejeição ativa do bebê, desde o maltrato ao abandono, manifestarão a incapacidade da mãe de conceber o bebê como um ser de quem é preciso cuidar.

- Finalmente, há múltiplas situações clínicas nas quais o bebê torna-se alvo das projeções da mãe. É vivido como mau, perseguindo-a intencionalmente por meio de seus choros, por exemplo. Trata-se, portanto, de uma inversão da relação de dependência que tem a função de uma negação. Na fantasia da mãe, o bebê está numa posição dominante em relação a ela.
- Nas situações menos patológicas, ou consideradas como normais, o corolário desta confrontação com a extrema dependência: é o sentimento de responsabilidade.

Os sentimentos de estar transbordando, de incapacidade de estar à altura da tarefa, de confinamento e de solidão, em graus que variam da inquietude ao pânico, são uma constante nos temas abordados pelas jovens mães. São a expressão banal das reações ao nascimento do bebê e, no tema que me proponho desenvolver aqui, mais particularmente ao impacto da dependência.

Também é muito frequente ouvir os jovens pais queixarem-se de não terem sido prevenidos. As formas de expressão do pai podem ser diversas: o sentimento de ter sido abandonado pela maternidade (que rodeia a futura mãe nas preparações antes do nascimento, e depois a deixa sozinha com seu bebê); sentimento de ser abandonado pelos amigos (em particular, precisamente pelos amigos que não têm filhos); ou temas persecutórios, em que prevalece a ideia de que a realidade foi ocultada conscientemente pelos outros, supostamente coaliados. Essas formas variadas de expressão manifestam todas o mesmo estado de choque relacionado ao vivido: não há preparação possível, pois se trata da tarefa de ter que modificar o funcionamento psíquico para poder viver esta experiência.

Por que estou insistindo tanto em tudo isto? Precisamente para recordar que quando atendemos jovens pais (pouco importa a idade real deles, pois enquanto pais eles têm a idade de seu bebê), estamos lidando com pessoas em crise, que acabam de viver uma comoção de uma extrema violência e devemos ter em mente que a clínica do nascimento na família está relacionada com a clínica pós-traumática. (A especificidade da psicose puerperal é a de ser um surto delirante clássico, surgido após um parto, e se observa mais frequentemente na população de mulheres que acabam de passar pelo parto, do que na população em geral).

Um bebê obrigatoriamente prematuro

O bebê vai se construir em função da pessoa que é sua mãe, que se manifestará por meio do que ela faz com ele e para ele: o sentimento de responsabilidade da jovem mãe é realmente esmagador. Minha hipótese pessoal é que isto constitui o ponto em comum que está na base de todas as perturbações do pós-parto.

Fazer tudo pelo seu bebê pode levar a mãe a "sobrecarregar" sua responsabilidade, não deixando ao bebê a possibilidade ou não imaginando-o capaz de se virar sozinho para qualquer coisa que seja.

"Tornei-me medrosa, ao passo que antes não tinha medo de nada" é o depoimento de muitas mulheres a partir da maternidade. Isso expressa o medo de fazer algum mal ao bebê, ou que "alguém" lhe faça mal, na ideia de um mundo que se tornou perigoso pelo fato da percepção da dependência do bebê e da responsabilidade total da mãe em sua missão de protegê-lo. As situações, também frequentes, de medo de esquecer-se do bebê, ou de lhe fazer algum mal podem ir até a fobias impulsivas, muito impressionantes para os pais (medo de ser tomado, de forma irreprimível, pelo impulso de jogar o bebê pela janela ou de lhe fazer algum mal). A descoberta brutal do cruzamento entre a dependência do bebê e a responsabilidade parental, passa por: "mas, então, se tudo depende de mim, isso significa que eu tenho todo o poder sobre ele, um poder de vida e morte, eu poderia fazer tanto bem quanto mal a ele". As ideias de fazer mal ao bebê expressam o choque desta descoberta, muito mais do que uma agressividade inconsciente em relação ao bebê.

Mostrar para os pais que isso que eles interpretam como sua própria incompetência ou agressividade é, na realidade, uma prova de amor excessivo, permite restituir-lhes a confiança neles mesmos. Imaginando-se maus demais, descobrem-se bons demais, o que resulta mais fácil do ponto de vista narcísico. É também útil para o clínico lembrar que, não importa qual seja a patologia da pessoa ou da família, neste caso temos que lidar com a sobrecarga que significa o trauma do nascimento para os pais.

Do lado do bebê

Perda

No momento de nascer, o bebê perde o mundo no qual ele tinha constituído suas primeiras referências de segurança vital. Esther Bick (1967) considera que no momento do nascimento, certamente, o bebê nunca mais vai sentir tamanha claustrofobia como quando ele passa pelo canal genital para sair, e nunca mais vai sentir tamanha agorafobia como quando ele sai. Ela compara o bebê, no momento do nascimento, com um cosmonauta que não tivesse mais seu traje espacial para protegê-lo. Sua hipótese central é que as angústias essenciais do bebê se devem ao sentimento de perda da sensação de compressão intrauterina, que equivale a ser abandonado e se expressa por uma vivência de precipitação, sem nada para se agarrar, um cair sem fim. As angústias são angústias de liquefação, de esparramar-se, de estilhaçar-se... nas quais predomina a vivência de ausência de um limite continente, que permita guardar em seu interior os conteúdos corporais. Estas angústias são as que acompanham inelutavelmente a perda do meio intrauterino, elas são independentes da forma de nascer e existem, também, após um parto por cesariana, em que a passagem pelo canal genital é evitada.

O papel do ambiente, ou seja, a primeira função da mãe e dos pais, vai ser acalmar essas angústias, ou melhor, fornecer condições que permitam que o bebê possa acalmá-las. O bebê deverá encontrar no ambiente elementos para fabricar um invólucro "pele" que substitua seu antigo traje espacial uterino.

O bebê, imperativamente, vai ter que encontrar no ambiente um objeto continente ótimo "que acalme as angústias de precipitação, permita restabelecer a continuidade com os elementos da vivência pré-natal e permita a interiorização de uma pele que mantenha (passivamente) reunidas as diferentes partes de sua personalidade". Esse objeto continente bom, como nos diz Esther Bick (1967/1991), é "o mamilo na boca, junto com o cuidado, a fala e o cheiro familiar da mãe..." (p. 195).

Esses reencontros com os elementos do mundo conhecido antes do nascimento são necessários para restabelecer a continuidade na experiência de vida: o que permitirá uma adaptação psíquica à vida aérea. Em suma, trata-se de permitir uma dosagem do novo para poder absorvê-lo pouco a pouco.

Se isso faltar, o bebê será obrigado a cuidar de si mesmo sozinho, fazendo esforços ativos para isso.

Esther Bick abriu, assim, o caminho para o estudo dos momentos nos quais o objeto continente está ausente ou indisponível, e fundou o que poderia se chamar "a clínica dos agarramentos":

> *A necessidade de um objeto continente, no estado não--integrado do início da vida, pareceria produzir uma busca frenética de um objeto – uma luz, uma voz, um cheiro, ou um outro objeto sensual – que possa reter a atenção e, portanto, ser experimentado, momentaneamente ao menos, como algo que mantém reunidas as partes da personalidade. (Bick, 1967/1998, pp. 135-141)*

É extremamente importante clinicamente que possamos reconhecer a função do "agarrar-se" em diversas manifestações do bebê que expressam uma insuficiência ou fracasso do *holding*. Assim, diversos distúrbios funcionais (vômitos, distúrbios do sono), distúrbios psicomotores (agitação, instabilidade, hipertonicidade) tornam-se compreensíveis em seu sentido de defesa contra angústias de precipitação, e melhoram na medida em que melhoram as capacidades continentes do ambiente e, em particular, da mãe. É o impacto terapêutico essencial das terapias pais-bebê.

Construção

Como acabamos de ver, mãe e bebê acabam de viver um verdadeiro terremoto, agora precisam reencontrar-se, e ao mesmo tempo, descobrir-se.

Para esses dois seres que acabam de viver um abalo tão grande, a urgência consiste em refazer suas bases de segurança. Para a continuidade da história comum deles dois, é indispensável que refaçam essas bases juntos. Esse vínculo tecido durante a gravidez, sacudido e posto à prova durante o parto, mas igualmente reforçado, vai precisar ser tecido novamente, tornando-se mais complexo. Da mesma forma, será necessário que a mãe e o bebê, juntos, possam ir integrando o novo em pequenas doses e deixar ao tempo fazer seu trabalho integrador.

Quando uma mulher atravessa tudo isso que acabamos de ver para se tornar uma mãe, ela pode ter tendência a tornar-se uma mãe "imperialista". Ela superdesenvolveu a parte de entrega dela mesma e está inteiramente voltada para seu bebê, a serviço dele. Então, pode ser que não o veja como ele mesmo, como um outro de quem precisa descobrir a alteridade incontestável e separada, mas o considerar como parte dela mesma. Cada sinal do bebê torna-se um sinal exclusivamente dirigido a ela. E assim ela restringe outros aspectos de sua própria identidade pessoal, por exemplo: não se interessa em mais nada que não seja o bebê, e, mais precisamente, só vai se interessar pelo aspecto de seu bebê que depende dela, tentando ignorar ou suprimir aquilo que escapa à dependência. Tornando-se hipervigilante, hiperconsciente da fragilidade e da dependência de seu bebê, pode facilmente ver só isso, esquecendo que o bebê, dentro de sua grande dependência, tem desde o começo áreas nas quais pode se virar sozinho.

Essas áreas vão se desenvolver durante seu crescimento psíquico, ou seja, ao longo de toda sua vida. Portanto, poderíamos pensar que haveria primeiro um tempo de dependência absoluta e exclusiva, para depois se desenvolver a independência e a atividade. Esses dois aspectos estão presentes desde o começo, em proporções diferentes que vão evoluir, certamente, na direção global de uma maior independência. Ainda é preciso que a noção de "independência" seja reconhecida como função e apoiada em seu desenvolvimento. Não existe um tempo "x" para que isso possa começar, pois está presente desde o início. O recém-nascido que faz o movimento de mamar com seus lábios enquanto dorme, põe em funcionamento, de maneira autônoma, um mecanismo que lhe permite continuar dormindo. Da mesma forma que, durante o dia, isso lhe permite acalmar-se e esperar a chegada da mamada. Ninguém precisa fazer isso por ele, e eu diria mais, se alguém o fizesse, seria lamentável, pois isso prejudicaria gravemente a construção desta função e a construção paralela da imagem de si mesmo, sua autoestima, ligada à confiança que pode ter nele mesmo e em suas próprias capacidades.

Muitos bebês são confrontados com a necessidade de se desenvolver tendo que contornar a desvantagem da intrusão sistemática em sua esfera pessoal. Em função do nível e a frequência dessas intrusões, essas "travas na roda" podem tornar-se verdadeiros empecilhos no desenvolvimento, equivalendo a uma deficiência. Mas felizmente, o entrave nunca é total: muitas atividades do bebê escapam à esfera do olhar dos outros e podem, assim, se desenvolver clandestinamente.

Como pensar a articulação dessas experiências contraditórias?

Pode-se resumir essa questão dizendo que os pais são confrontados com algo monumental que os obriga a transformar profundamente o que eles foram e, como se isso não bastasse, eles têm que ao mesmo tempo fazer uma coisa e o seu contrário!

Trata-se de uma "missão impossível" na procura de uma quadratura do círculo! Eles devem se situar desde o início sobre duas linhas radicalmente contraditórias: vimos que é necessário para o bebê que haja o prosseguimento de uma gestação psíquica, e trata-se agora, ao mesmo tempo, de encorajá-lo em tudo aquilo que ele pode fazer sozinho.

Pode-se dizer então que "dar suporte não é suficiente", esse suporte deve ser ajustado à necessidade que o bebê tem de poder utilizar seu espaço pessoal: deve, portanto, ser, ao mesmo tempo, suficientemente "solto" para que haja a possibilidade de o bebê fazer uso de seu próprio espaço.

Resolver o paradoxo

Para os pais, o único guia que permite ajustar a soltura do suporte é o momento em que a criança está pronta a apreender-se a si mesma, é a atenção dirigida ao outro.

A atenção é a única coisa que permite se soltar sem largar, de se soltar continuando ao mesmo tempo a se segurar. É a atenção que vai permitir a manutenção de um vínculo ao mesmo tempo leve e seguro e a articulação de um ritmo leve e ajustado em que não há intrusão, invasão do espaço do outro, sem contenção. Isso supõe que o parceiro da relação seja presente e ativo de modo particular: ser ativo emocional e psiquicamente não significa obrigatoriamente agir. É preciso para isso que ele próprio seja suficientemente sólido para que não haja uma necessidade de que o bebê o suporte, em uma troca de papéis, [é preciso que o parceiro esteja] suficientemente "fora da depressão", como se diz: "fora d'água", pois alguém que se afoga sozinho, que não sabe nadar, não pode salvar ninguém...

O trabalho em Lóczy[3] demonstrou o papel fundamental da atenção para resolver o paradoxo da necessidade de ser participante sem agir. A vida em Lóczy, para quem conhece um pouco a atmosfera barulhenta de uma comunidade de crianças, é de uma calma surpreendente, não há violência e são poucos os conflitos.

---

3 O Instituto Pikler-Lóczy foi fundado por Emmi Pickler em Budapeste para abrigar crianças órfãs do pós-guerra e inaugurou uma forma ímpar de favorecer o desenvolvimento dos bebês e das crianças.

Cada um, tanto os adultos como as crianças, integram um modelo de relações baseado em respeito recíproco e é privilegiada a atenção ao outro, a observação.

Favorecer experiências autônomas permite o desenvolvimento da capacidade criativa da criança e funda as bases da confiança em si mesmo, indissociável da confiança no mundo. Tudo aquilo que impede a criança desde sua mais tenra idade de pôr em cena o teatro da descoberta constitui um entrave a esse movimento, e finalmente compreendemos, não somente "tecnicamente", mas um entrave fundamental ao próprio princípio do desenvolvimento autônomo, ao senso profundo de criatividade e de construção psíquica da criança.

O ambiente deve fornecer as condições de segurança para permitir ao bebê um desenvolvimento autônomo. Mas o que é autonomia no início da vida?

O bebê pode "escolher" chupar sua língua, passá-la entre seus lábios, apontá-la em direção ao exterior, beliscá-la, explorar o interior de sua boca: ele tem, desde o início, a capacidade de organizar-se, de colocar em cena um teatro da boca que prefigura as representações futuras (palavra comum tanto ao mundo do teatro como ao da psicanálise). O brincar com a língua permite a ele representar, reproduzir voluntariamente as experiências vividas: explorar assim as alternâncias de contato, e a ausência de contato, e essa já uma é maneira de brincar de esconde-esconde. Não devemos negligenciar a notável eficácia dessa ferramenta de conhecimento do mundo: dessa maneira as experiências nos mostraram que aqueles bebês a quem foram dadas chupetas de diferentes formas para chupar, sem que as vissem, tornavam-se capazes de reconhecê-las em seguida de maneira visual.

Sabe-se que desde o nascimento, o bebê é capaz de imitar um rosto que lhe mostre a língua; isso constitui uma das primeiras brincadeiras que se pode fazer com um recém-nascido. Essa mesma brincadeira muito rapidamente se enriquece com a participação da mão, e do mesmo modo permite ao bebê experimentar as partidas e os reencontros.

Pode-se ver claramente a que ponto um bebê que tiver tido a liberdade de exercer seu livre arbítrio em seus movimentos, e tiver tido a oportunidade de experimentar as consequências desses movimentos, poderá assim construir assim os fundamentos de sua segurança interna. Do mesmo modo que todos os entraves, como a impossibilidade de chupar o dedo, ou toda restrição, terão um efeito em seu desenvolvimento.

Ele vai utilizar suas novas capacidades para descobrir o mundo com uma nova mobilidade. O andar vai lhe permitir explorar mais longe com a ajuda de suas mãos. Ele vai poder enriquecer suas representações com a utilização de acessórios, de palavras, de símbolos. Esse teatro permite a ele expressar sua vontade própria.

Dois exemplos clínicos

Carole, cuja mãe é super ansiosa. Ela acha que seu bebê não pode fazer nada sem ela e quer poupar a ele todo sofrimento, bem como toda dificuldade e toda frustração.

Carole tornou-se dessa maneira uma *expert* na arte de fazer sua mãe se mexer: é muito passiva, não segura os objetos, não brinca com suas mãos, e com seis meses não manifesta nenhuma prontidão para sentar-se, nem para mexer-se ou deslocar-se. Quando está sentada e deseja mudar de posição, deixa-se simplesmente escorregar de lado e espera que sua mãe a instale em uma posição melhor. Sua mãe parou de trabalhar para cuidar dela: com esse sistema a mãe tornou-se mais do que ocupada!

Ao final de nossos encontros a mãe de Carole começou a dar-se conta do que ela própria estava fazendo e o que sua atitude estava causando ao seu bebê. Começou a poder dar um tempo de latência antes de intervir, e nós pudemos ver Carole começar a interessar-se pelo que podia fazer sozinha. Carole depende agora menos de espetáculos de chocalhos, de ninar etc., que sua mãe organizava para ela permanentemente.

Descobrimos que sua vida é cheia de rituais complexos que ocupam todo o tempo de sua mãe. Por exemplo, ela faz Carole adormecer envolvendo sua cabeça com alguns bichos de pelúcia, recoberta por uma fraldinha, que ela roça em seu nariz. A mãe me explica esse ritual durante uma sessão na qual Carole está claramente com sono. Carole pega um bicho de pelúcia que fazia parte do material disponível das sessões, esfrega seu nariz e joga o bichinho com um ataque de raiva. Sua mãe fica angustiada e arrasada pela culpa de não ter trazido os bichinhos de pelúcia habituais, sem os quais ela acredita que Carole não poderá adormecer. Mas juntas pudemos observar e eu lhe mostro como Carole pegou outro brinquedo: um cubo de espuma mole recoberto de tecido. Ele parece ser uma escolha que lhe convém, e Carole o esfrega no nariz fechando os olhos. A mãe compreende então, com minha ajuda, que Carole tem capacidade e autonomia para adormecer sozinha: ela procurou ativamente reconstituir as condições mínimas habituais que lhe permitirão adormecer, encontrando um objeto com características táteis similares àquelas de seus bichinhos de pelúcia conhecidos. Ela não teve necessidade de que sua mãe "a adormecesse". Carole estava numa "gaiola dourada" onde todos seus desejos eram satisfeitos antes mesmo que eles pudessem ser expressos. Ela só precisava renunciar a seus desejos, renunciar a senti-los e se remeter completamente a sua mãe para toda e qualquer satisfação.

Mas este é um círculo vicioso que se instala rapidamente, pois a passividade do bebê reforça a ilusão na mãe de que é indispensável, e seu bebê incapaz. De fato, ele logo se tornará incapaz, pois é toda a sua construção psíquica que será entravada assim.

Darei um breve exemplo que coloca, a meu ver, em evidência essa dupla composição da atenção que permite ao mesmo tempo segurar e soltar.

Na consulta de 9 meses, o pediatra achou Tim hipotônico e falou de atraso psicomotor; sua mãe, muito inquieta, procura estimulá-lo colocando-o de pé para incitá-lo a andar, coloca-o sentado – posição que ele ainda mal domina –, para estimulá-lo com atividades com objetos. Convidei a mãe a colocar Tim sobre o tapete e não no bebê-conforto. Como ele oscila para um lado, convido a mãe a não o colocar sentado e nós o olhamos juntas. A primeira reação de Tim é de se virar em direção à sua mãe e pôr-se a gritar... Sustentada por mim (e talvez um pouco impedida de agir), ela não intervém, e Tim interessa-se por uma bola de vime dentro de um vaso de plástico transparente. O objeto está um pouco longe dele, e ele grita dirigindo-se à mãe. Nós comentamos sobre o interesse dele pelo objeto, mas também sobre o hábito que ele adquiriu de contar com sua mãe para aproximá-lo dos objetos que deseja. O interesse dele é mais forte e ele consegue aproximar-se o suficiente e suspender a bola de vime. Mas ela rola para dentro do vaso sem que ele possa agarrá-la. Ele vira-se novamente para sua mãe e se põe a berrar. Ela exclama: "mas ele grita para mim depois!". Parece ser esse mesmo o caso: essa fúria explosiva parece manifestar que sua mãe é para ele responsável por todos os incômodos do mundo e por todas suas frustrações. Parece que ele conta com ela de maneira infalível... mas não conta com ele mesmo. Ele arrasta-se, puxando-se pelos braços. A mãe lamenta o fato de ele estar tão longe ainda de engatinhar. Ele se irrita com a bola

– desta vez não com sua mãe –, e consegue virar o vaso e agarrar a bola. Ufa! A mãe o felicita e nós comentamos sobre a satisfação e o orgulho dele manifestos. Mas empurrada por ele com força, a bola rola... e deixa o tapete. Foi demais! E Tim começa uma gritaria de fúria dirigida à mãe.

Seremos agora auxiliados pela sorte associada com a tecnologia moderna: o pai, que estava em viagem há alguns dias, telefona nesse momento e a mãe lhe conta sobre suas descobertas. Para atender ao telefone ela se estica, colocando-se dessa forma em linha reta atrás da bola. Assim, os protestos veementes de Tim, que em seguida se tornam gritaria, parecem se dirigir para a bola e para sua mãe [ao mesmo tempo]. Ela, então, vai fazer ao vivo para o pai o comentário sobre aquilo que Tim faz: "É inacreditável, diríamos que ele me repreende, ele me olha... bem... ele repreende e à bola também. Mas que temperamento! Você verá isso... ele faz tudo que pode para se aproximar. Você verá os esforços que ele faz... Ele tem um desejo absurdo de engatinhar, ele eleva suas nádegas, mas não consegue... Ele recomeça, te juro que diríamos que ele vai engatinhar... Oh! Ele conseguiu ir adiante se apoiando nos braços... Ele avança uma perna... Oh! ele se move. É incrível: ele engatinha! Ele alcança a bola... ele a pega... Oh! é isso... é isso [que está acontecendo]! Ele conseguiu!".

A atmosfera é a dos comentários de um jornalista esportivo. Sustentado por sua mãe e seu pai, os mais fiéis torcedores, Tim agarra sua bola com uma extraordinária expressão de triunfo, senta-se pela primeira vez sozinho, e pega a bola com as duas mãos.

É um momento de intensa emoção: é evidente que Tim está orgulhoso por ter atingido seu objetivo, e por ter podido contar com suas próprias forças. Seus pais estão também orgulhosos dele. Para seguir a analogia esportiva, é parecido com um esportista que marca um ponto e fica mais orgulhoso com isso do que com aquele ponto que ele viu na televisão ser conseguido por um atleta de renome!

Contrariamente ao que deixavam prever as performances de um bebê reputado como hipotônico, Tim andará dois meses depois.

Nos atendimentos terapêuticos

As aplicações práticas, das quais não farei um catálogo, decorrem do simples bom senso. Este pressupõe "somente ver" o bebê. Como vimos bem no exemplo de Tim, é a ansiedade da mãe, infelizmente reforçada pelo pediatra, que a impedia de ver as possibilidades de seu bebê. "Somente ver" não é tão simples e pressupõe tornar menos denso o que impede e torna cego de forma interna [esse olhar]. Essa é a ajuda que um profissional pode dar, sob a condição de que ele:

- saiba reconhecer os pontos nodais e de maneira geral decifrar a linguagem corporal;
- não intervenha no lugar dos pais [tornando-os passivos], o que os confirmaria em sua incapacidade, do mesmo modo que a intervenção [dos pais] no lugar do bebê torna este passivo e dependente, pois, como o bebê, os pais perderiam toda confiança em suas próprias capacidades;
- possa sustentar ativamente a atenção dos pais sobre o bebê e se apoiar sobre sua própria capacidade de observação de clínico; isto pressupõe respeito, atenção, distanciamento nas ações e engajamento emocional;
- desenvolva modos de intervenção não intervenientes, formas de interpretação não incisivas, não forçosamente interpretantes (trabalho de ateliê nas terapias de modo mais técnico);

- saiba bem como olhar o que faz o bebê sem [concepções] apriorísticas, e sobretudo, quando não compreende o sentido, que se proteja de encontrar algo já pronto para pensar.

Conclusão

Ter como referência o desenvolvimento "normal" do bebê, a situação de crise "normal" de toda a família, ver os disfuncionamentos normais, ver a patologia normal da nova família não permite apenas relativizar dizendo que isso passará (a expressão: "é normal, é o *baby-blues*" é algo que não serve a ninguém e deixa sem ajuda alguma), mas permite reconhecer algumas vezes entre expressões francamente patológicas a parte de exagero de fenômenos observados nas famílias "*lambda*".[4]

Não tratamos dos pais, mas tratamos a parentalidade, no mínimo de maneira suficiente para que o bebê possa desenvolver-se e fabricar os fatores daquilo que Cyrulnik chama de resiliência.

Sob a condição de apoiar-se sobre esses aspectos "normais", de ajudar com que as famílias possam reconhecer por elas mesmas os aspectos sadios com os quais podem contar, é o que se vai ajudar a desenvolver; pode-se então sair do dilema do demais ou muito pouco, que faz a quadratura do círculo da parentalidade.

---

4 O cálculo lambda foi desenvolvido na década de 1930 por Alonzo Church como parte de um sistema para lógicas de ordem superior e teoria das funções. O cálculo lambda pode ser considerado como uma linguagem de programação abstrata, isto é, as maneiras como funções podem ser combinadas para formar outras funções, é uma linguagem pura, sem efeitos colaterais, e sem complicações sintáticas. A principal característica do cálculo lambda são as entidades que podem ser utilizadas como argumentos e retornadas como valores de outras funções. Fonte: http://pt.wikipedia.org.

Referências

Bick, E. (1991). A experiência da pele em relações de objeto arcaicas. In: E. B. Spillius (ed.), *Melanie Klein hoje: desenvolvimento da teoria e da técnica* (v. 1, pp. 194-198). Rio de Janeiro: Imago. (Publicada originalmente em 1967)

Bick, E. (n.d.). Ensino oral traduzido por M. Haag. *A propósito das primeiras aplicações francesas da observação regular e prolongada de um bebê na família segundo o método de Mrs Bick.* Tiragem privada 18, rue Emile Duclaux Paris XV.

Bick, E. (1967). A vivência da pele nas primeiras relações de objeto (trad. G. Haag). In D. Meltzer, *Explorações no mundo do autismo.* Paris: Payot, 1980.

Bick, E. (1998). Experiência da pele nas primeiras relações de objeto precoces (trad. G. Haag). In D. Meltzer, *Explorações no mundo do autismo* (pp. 135-141). Paris: Payot, 1980. (Publicado originalmente em 1967)

Brazelton, T. B. (2009). *La naissance d'une famille: Ou comment se tissent les liens.* Paris: Points.

Cramer, B., & Espasa, F. P. (1993). *A prática das psicoterapias mães-bebê.* Paris: Presses Universitaires France.

Cyrulnik, B. (2003). Résilience et idéologie. *Enfance majuscule, 72/73*, 10-13.

Laplanche & Pontalis, J. B. (1981). *Vocabulário de psicanálise.* Paris: Presses Universitaires France.

Magnana, J. (1992). Observation d'un bébé avec Esther Bick. *Journal de Psychanalyse de l'enfant*, 12, 173-208. Montrouge: Bayard Ed.

Winnicott (1980). A preocupação materna primária. In *Pediatria à psicanálise* (pp. 168-175). Paris: Payot. (Publicado originalmente em 1956)

7. Descobertas entre o buraco e o registro: a elaboração de angústias na relação mãe-bebê e a construção da parentalidade

Ana Maria Vieira Rosenzvaig

Eliane Saslavsky Muszkat

Dentro da óptica freudiana, é a incompletude da criança que a leva a construir as representações mentais da ordem do parental a partir de uma alternância de presença e ausência da mãe. As interações precoces mãe-bebê acontecem a partir de trocas entre dois participantes ativos, ou seja, cada um exerce influência sobre a resposta do outro.

Os bebês reativam nossas posições infantis e especialmente nossas angústias e depressões primárias. É por isso que é tão difícil se ocupar de bebês novos, pois nos tocam nas nossas partes mais frágeis. No entanto, segundo Golse, são estas zonas mais frágeis de nós mesmos que nos põe em sintonia com os bebês pelo viés de nossos mecanismos de identificação regressiva. Citando Golse (2004):

> *o bebê nos induz, por um lado, ao desejo de cuidar dele (seja para compensar os bebês que não fomos, seja para nos curar dos bebês que fomos, mas puderam nos decepcionar, seja para reparar o bebê que fomos, seja ainda por outras razões...), mas, ao mesmo tempo, nos*

> *suscita sempre o desejo de evitar, ou de se proteger, do que vem dele e nos perturba no mais profundo de nós. (p. 163)*

Há desta maneira uma ambivalência inevitável em relação ao bebê, sejamos pais ou profissionais que escolheram se ocupar de crianças muito pequenas.

O crescimento e a maturação psíquica do bebê acontecem sempre no exato entrecruzamento do dentro e do fora, ou seja, na interface dos fatores endógenos (a parte pessoal do bebê, seu equipamento somático e neurobiológico) e dos fatores exógenos (meio ambiente no sentido amplo e meio ambiente relacional), em que a mãe (ou os pais) como primeira e principal cuidadora do bebê se situa numa posição especialmente importante.

Um conceito fundamental no nosso estudo e prática na clínica com bebês é o conceito de *parentalidade*. Esse neologismo nasce a partir de Paul-Claude Racamier (1961), psiquiatra e psicanalista francês especialista em psicoses puerperais, que criou primeiramente, em 1961, o termo *maternalidade* para designar "... o conjunto dos processos psicoafetivos que se desenvolvem e se integram na mulher por ocasião da maternidade". Esse termo enfatizava o aspecto mais processual e dinâmico do que se costumava pensar e teorizar sobre o período da maternidade.

Racamier apoiou-se em Bibring (1961) e Benedeck (1959) – psicanalistas anglo-saxões, que em seus trabalhos sobre esse período de vida da mulher acentuavam os aspectos processuais da experiência de se tornar mãe. Esses autores afirmavam que o estabelecimento da *maternalidade* representaria uma nova e evolutiva fase existencial para a mulher, caracterizando-se por intensos confrontos e revivescências de conflitos psíquicos antigos e profundos, determinando transformações identificatórias significativas.

Mais adiante, o próprio Racamier (1961) vai acrescentar outros dois neologismos ao primeiro: *paternalidade* e *parentalidade*. A ideia fundamental é que não basta gerar e ter o filho nem ser designado como pais, trata-se de "tornar-se pais", o que se faz por meio de um complexo processo, implicando aspectos conscientes e inconscientes do funcionamento mental.

A construção pessoal da parentalidade, que exige dos pais intenso trabalho e elaboração psíquica, mostra-se diretamente relacionada a possíveis dificuldades e desarmonias relacionais precoces que surgem nas relações pais-bebê e que dão origem a sintomas típicos desta clínica, como: distúrbios de sono, dificuldade de amamentação e alimentação, agitação excessiva, apatia, choro excessivo entre outros.

Na prática clínica precoce com o *infans*, o psicanalista francês Serge Lebovici (1983) vai destacar a importância da prevenção primária e secundária na parentalidade, o que representa um dos objetivos da clínica das interações precoces pais-bebê que desenvolvemos na Clínica 0 a 3 da Sociedade Brasileira de Psicanálise de São Paulo (SBPSP).

A fabricação da parentalidade se dá a partir de ingredientes complexos. Alguns são da ordem do coletivo, da sociedade em que se vive, mudam com o tempo, são culturais. Outros são da ordem do privado, dizem respeito a cada um dos futuros pais enquanto pessoas, à história familiar do pai e da mãe. Aqui está em jogo o que é transmitido e o que é escondido, os traumas infantis e a forma como cada um é capaz de contê-los. Além disso, há os fatores ligados à própria criança e sua capacidade de transformar seus genitores em pais.

A parentalidade começa com o desejo de ter a criança, se desenvolve durante a gravidez e continua após o nascimento do bebê. É um processo que começa com a criança imaginária. Ela receberá um nome, que possui diversos significados, às vezes um segredo, uma morte, um herói, e esse nome vai se relacionar de maneira inconsciente com essa criança que será portadora de toda essa herança familiar. Para se tornar pai ou mãe é necessário todo um trabalho interior que começa pela aceitação de que herdamos algo de nossos pais. Neste processo estão assim presentes, no mínimo, três gerações.

A criança tem um papel importante na parentalização dos pais. Ao ser olhada e solicitada por seu bebê, a mulher vai tornando-se mãe. A mãe sente prazer ao ter seu bebê nos braços, o bebê demonstra à mãe o prazer que sente ao ouvir sua voz, ao ser aconchegado. É na troca prazerosa, nas relações de cuidados e interações que mãe e bebê vão se constituindo um para o outro.

O recém-nascido possui muitas competências. Cada criança mostra diferenças individuais que vão se encadear com o desejo dos pais. Nas palavras de Letícia Solis-Ponton (2004):

> *. . . a criança encontra seu lugar na família a partir da confrontação do bebê imaginário com o bebê real e a adaptação dos pais às necessidades do recém-nascido. Ao mesmo tempo, a vida íntima dos pais faz com que, à noite, a mãe vá deixar seu bebê para se juntar ao marido, o que produz no bebê o sentimento de frustração de ser excluído da vida dos pais, seu narcisismo intervém, então, permitindo a ele consolar-se a si mesmo: provavelmente ele vai adormecer e sonhar com o amor de seus pais. É o preço a pagar pela construção da cena primária. (p. 32)*

Se por alguma deficiência o bebê não consegue responder aos pais, o processo de parentalização torna-se mais complicado.

Existem inúmeras formas de ser pai e de ser mãe. O grande desafio para o profissional que trabalha nesta área é deixar que estas manifestações possam aparecer livres de quaisquer julgamentos de ordem moral ou normativa. O profissional tem uma tendência natural a achar que sabe mais do que os pais, qual é a forma de estarem com sua criança, quais suas necessidades e expectativas. Entretanto, nosso papel não é o de dizer o que, ou como, se deve ser ou fazer. Nosso papel consiste em permitir que as capacidades dos pais surjam e que nós as sustentemos.

Neste sentido, é importante lembrar o caráter psicoprofilático do trabalho nas relações iniciais pais-bebê, que possibilita a prevenção de transtornos mais graves no desenvolvimento. Nas palavras de Silva (2002):

> *A escuta psicanalítica dos fenômenos transgeracionais presentes nas relações pais-bebê possibilita que, precocemente, eles possam ser identificados, favorecendo o desenvolvimento emocional e a construção de um lugar psíquico próprio do bebê na família, oferecendo um "berço" afetivo, constituindo-se numa ação profilática e prevenindo transtornos globais de desenvolvimento. (p. 561)*

Existem vários autores que trabalham de formas diferentes na intervenção pais-bebê. Há uma divergência entre dois deles, Serge Lebovici e Bertrand Cramer. Este último não acredita que o bebê faça transferência, considera-o especialmente como receptáculo das projeções identificatórias da mãe e, assim, sua proposta de intervenção na relação mãe-bebê trabalha com a mãe em psicoterapia breve buscando modificar estas projeções identificatórias. Já Lebovici acredita que o bebê seja capaz de transferência e, assim, atuando no bebê este atuará sobre a mãe (Golse, 2003, p. 38).

Lebovici (1983) desenvolveu de maneira especial o método da consulta terapêutica que aprendeu com Winnicott (1956/2000), para trabalhar com os problemas da parentalidade e da psicopatologia da criança.

Neste artigo, escolhemos relatar um caso que é um exemplo clássico do que vivemos como demanda de intervenção da Clínica 0 a 3, quando angústias não elaboradas dos pais se apresentam na forma de sintomas no bebê.

Tivemos o privilégio de apresentar este caso, em 2014, ao nosso querido e saudoso colega Victor Guerra (2014), que era um especialista no atendimento de bebês e suas famílias. Seus conhecimentos e sua generosidade ao transmiti-los eram gigantes. Desta forma, ele nos acompanhará neste relato, a partir desta primeira colocação: "O infans não fala com a palavra, fala com seu corpo".

Lili e sua família

No início do atendimento, Lili tinha 1 ano e 6 meses, o pai tinha 34 anos, e a mãe, 33 anos. Lili é uma linda menina, muito sorridente e esperta, filha de um casal jovem e muito simpático.

Desde o início de nossos encontros, os pais já ocupam um lugar bastante amplo de nossa atenção ao nos contar sua rica e pouco comum história de vida. Lili também se mostrava uma menina cheia de recursos: sempre muito curiosa, ativa e criativa nas brincadeiras. Normalmente preferia a proximidade da mãe, sentava-se sempre no seu colo no início das sessões e na maioria das vezes insistia na mãe como sua grande parceira nas brincadeiras. O pai, por sua vez, sempre se mostrou muito sintonizado e habilidoso ao se apresentar também como um possível interlocutor e estimulador de brincadeiras. A troca e interação dela conosco também acontecia, mas era clara a preferência e a solicitação de Lili pela mãe.

A queixa inicial era que Lili não dormia, acordava várias vezes durante a noite e, em algumas ocasiões, com pesadelos. Isso angustiava os pais e os deixava exaustos já que, quase todas as noites, precisavam se levantar para atender a filha.

Os problemas de sono de Lili começaram quando ela tinha 2 meses. Acordava várias vezes por noite, algumas vezes bastava uma mamadeira com água e uma ninada para ela voltar a dormir. Em outros momentos, os pais acordavam com Lili gritando aflitivamente e não conseguiam acalmá-la rapidamente com sua presença, cuidados e fala. Os pais estavam especialmente incomodados pelo fato desses episódios noturnos lhes parecerem insistentes e inexplicáveis.

Em uma fala que nos chama atenção, a mãe diz: "*Era um choro tão horrível que a gente* não se acostuma... *eu saía correndo. O que acontece com a minha filha?*"

Guerra nos aponta que o distúrbio de sono – uma das queixas mais comuns na clínica precoce, às vezes é um sintoma de risco, pois o bebê torna-se o bebê do sinistro, se transforma no "torturador da noite". Não se descansa mais à noite e a vida dos pais é fortemente afetada. Além disso, o sintoma do bebê é uma ferida narcísica para os pais. Para os pais de Lili, um sintoma insistentemente inexplicável. Essa inexplicabilidade dos episódios noturnos os faz perder uma ilusão fundamental que os transformava em pais: ter a ilusão de possuir um saber sobre o próprio filho; já que ninguém como os próprios pais conheceriam melhor o filho.

Segundo Guerra (2014), a parentalidade se funda sobre a ilusão de um saber, que ele chama de a *construção da casa da parentalidade*.

> *Quando nasce um bebê, nasce uma família e se constrói uma casa, que é a casa da parentalidade. Para se entrar em uma casa é preciso uma chave, e a chave é uma ilusão de certeza. Sei como girar essa chave para entrar na casa da parentalidade, e quando um bebezinho tem um sintoma significa que perdi a chave, fico desalojado, perdi minha terra, meu continente. A consulta é um pedido de reencontrar essa chave, essa ilusão de certeza. (Guerra, 2014)*

Ao perguntarmos sobre a história da família, os pais nos contam de um percurso de vida bastante singular: recém-formados e recém-casados, partiram para o exterior para suas pós-graduações. Circularam por vários países, onde viveram e trabalharam sempre em atividades ricas e exigentes. Ambos tiveram sólida formação em profissão de caráter tecnológico, mas, atualmente, ambos trabalham com atividades humanas, essencialmente voltadas para o desenvolvimento de pessoas. Isso nos chamou atenção e logo associamos ao interesse e uma possível busca inconsciente, de ambos, por maior envolvimento e elaboração de questões associadas às relações humanas, aos vínculos, aos afetos.

Ficaram no exterior por 5 anos. O pai não tinha certeza se queria voltar. A mãe ficaria por lá e diz que sua mala está sempre pronta se aparecer alguma oportunidade. Seu receio de voltar era a proximidade com as famílias e a interferência destas. Gosta do novo núcleo familiar que eles formaram, os três. Nos questionamos se haveria aqui a presença de fantasias e angústias maternas inconscientes relacionadas a presença excessiva (ou ausência) do objeto primário?

Por questões profissionais, a família muda-se para o Brasil quando a filha tem 4 meses. Ambos os pais estão trabalhando e

Lili frequenta uma escola escolhida com muito cuidado e exigência pelo casal, especialmente pela mãe que diz: "*Visitei 18 berçários até escolher. Foi difícil pra mim, mas Lili teve uma adaptação bem tranquila*".

A adaptação "bem tranquila" de Lili na escola nos mostra que a bebê parece estar em boas condições para afastar-se dos pais, por outro lado, a mãe nos revela suas dificuldades nesse processo de separação.

Estaria a mãe revivendo na relação com sua bebê suas próprias dificuldades com seu objeto primário? Ou, ainda, o que a angustiava era a necessidade de "achar a chave" da parentalidade como nos fala Victor Guerra?

Recebíamos a família em uma sala da Clínica 0 a 3 da SBPSP. Essa sala possui, em uma das paredes, algo que nunca valorizamos. Trata-se de um registro de água (uma torneira espelhada), situada ao lado de um pequeno buraco (um cano com acabamento aberto). Este conjunto fica a uns 40 cm do chão, totalmente acessível para uma criança pequena.

Logo no primeiro encontro, Lili nota esse registro na parede, usa-o como espelho e, em seguida, descobre o buraquinho do cano que fica logo a seu lado. Essa parede será visitada pela menina em todos os nossos encontros. Nesse canto da sala, Lili desenvolve uma brincadeira muito original e inédita para nós, que descreveremos ao longo deste relato.

Ao conversarmos sobre a história da relação mãe-bebê – gravidez, nascimento e primeiro ano de vida de Lili – a mãe quer nos contar duas circunstâncias que considerava importantes. Durante a gestação de Lili, a mãe viveu um intenso bombardeamento de campanha sobre o risco de morte súbita em bebês, com informações que chegavam maciçamente em sua casa, via panfletos. Na maternidade também recebeu a visita do especialista em morte súbita que a orientou como acomodar a criança no berço e, principalmente, a quem procurar no caso da morte súbita de seu bebê. Isso a assustou muito.

Identificamos e apontamos imediatamente uma possível ligação entre a agitação noturna da filha e o medo da mãe: Lili parecia acordar para assegurar à mãe que estava viva. A mãe concorda e diz: "*Realmente, no início, eu ficava bastante aliviada quando ela acordava. Ela estava viva*".

O outro episódio que a mãe nos conta, ainda na primeira sessão, foi uma queda da filha do trocador, após uma aula de natação que faziam conjuntamente. A mãe relata que 1 ano de idade era o limite para o risco da morte súbita e, sendo assim, naquele momento iria finalmente relaxar. Na véspera dessa data, deixa a filha cair do trocador quando se vira para pedir uma fralda emprestada. Essa situação a assustou e gerou certa insegurança e culpa. Suas dúvidas, inseguranças, medos inconscientes sobre suas capacidades de maternagem pareciam se concretizar nesse episódio da queda.

Na segunda sessão, ficamos sabendo que o casal está esperando seu segundo filho. Quando procuraram nosso serviço já sabiam da gravidez, mas em nenhum momento esse fato foi mencionado. Esse elemento surgiu e foi contado quase como uma conversa de elevador. Perguntávamos como estavam as coisas, novidades, e eles contam da gravidez, como se estivessem falando sobre a temperatura do dia, algo banal, sem nenhum destaque ou emoção. Parece que contam por acaso, porque perguntamos. Isso nos causou, a ambas, certo estranhamento. Haveria medo da mãe quanto a apropriar-se da função materna? Por outro lado, o trabalho que ela desenvolve relaciona-se diretamente com essa função: é educadora.

Aqui, Guerra nos traz outra contribuição: ele sugere que talvez a mãe tivesse muito medo da perda do bebê ou de que o novo bebê pudesse causar um dano para Lili, e assim se protege com essa distância emocional.

Sabemos que toda gravidez representa para os pais, mas principalmente para a mãe, um período de reorganização psíquica e de sua identidade. É um período quando as representações mentais maternas ficam centradas numa polarização narcísica (Stern, 1985; Bydlowski, 1989; Winnicott, 1956/2000; Raphael-Leff, 1993/1997), favorecendo o reencontro íntimo da mãe consigo mesma. É um momento caracterizado por uma maior "permeabilidade" das fronteiras psíquicas, levando à diminuição das resistências habituais diante do recalcado inconsciente, assim como à reativação dos processos psíquicos mais arcaicos da mãe. É um período de *transparência psíquica* (Bydlowski, 1989) que promove um superinvestimento da história pessoal e dos conflitos infantis da futura mãe.

Além disso, ao longo do processo físico gestacional acontece um paralelo e intenso processo de gestação psíquica do bebê quando a atenção psíquica maternal oscila num movimento não linear de dentro para fora; num contínuo vai e vem entre o objeto real do bebê e as próprias representações maternas suscitadas pela presença do bebê, constituindo o alicerce do movimento gradual de *objetalização* do bebê no psiquismo materno (Golse, 2002).

Do ponto de vista da mãe, "existe então um gradiente que vai do 'objeto interno', metáfora dos cuidados maternos de outrora, ao 'objeto externo', pelo viés de um movimento de desinvestimento progressivo do primeiro em benefício do segundo" (Golse, 2002, p. 218). Dessa forma, no início desse processo de gestação psíquica, mãe e bebê estão muitas vezes confundidos e aos poucos um gradual processo de diferenciação vai se estabelecendo no psiquismo materno.

Na segunda sessão, Lili leva a mãe e depois o pai para conhecer e explorar o buraquinho na parede. Utiliza ora seus dedinhos, ora os dos pais para exploração e captura do pozinho branco que há lá dentro. Os dedos utilizados são sempre os indicadores. Com a mãe, Lili brinca de limpar os dedos como ela havia ensinado. Com o pai brinca de dançar. No final da sessão, leva ambos os pais embora, também pelos dedos. Hesita, mas acaba por soltar momentaneamente os dedos do pai para se despedir das analistas.

É também Lili que traz os pais para consulta por meio de seu sintoma. E os pais chegam até nós pois procuram na internet por Psicanálise, e nossa clínica, felizmente, fica perto da casa da família. Aliás, o bairro escolhido para viverem na volta ao Brasil foi uma tentativa de manter algo do estilo de vida que tinham fora do país. Voltar ao país e à cidade natal não foi fácil.

A terceira sessão ocorre após as férias de verão. Nesse dia, Lili traz uma boneca-bebê. Falamos e brincamos de bebê. Lili mostra então o bebê dentro da barriga da mãe. Lili está deitada no colo da mãe que a acaricia, enquanto escuta os pais que conversam com as analistas sobre os preparativos para a chegada do novo bebê. Lili então joga-se no corpo da mãe para um forte abraço. De lá seu olhar encontra o buraquinho e o registro na parede. Resolve se dirigir a eles para brincar e quer que a mãe vá junto. Insiste bastante apesar da mãe lhe dizer que pode ir sozinha e que ela (já bem grávida) ficará lá sentada. Essa encenação por parte de Lili nos conta da necessidade de elaboração da família diante da chegada de um novo bebê, seus possíveis riscos e necessidade de retomada de um novo processo da construção da parentalidade diante do novo bebê.

Acompanhando a aflição da menina, uma das analistas oferece à Lili a boneca-bebê que ela havia trazido de casa, sugerindo que a leve para acompanhá-la até o buraquinho no lugar da mãe. Neste momento, a outra analista já havia se colocado ao lado da parede em questão, de onde conversa com Lili sobre sua brincadeira de exploração do buraco e do registro.

Lili aceita a sugestão da analista e brinca também com os dedinhos do bebê para explorar o buraquinho e recolher mais do pozinho branco. Nesta sessão, o pozinho é utilizado para passar no boneco menino e depois nos outros bebês, como se passa talco ou pomada para assaduras nas trocas de fralda. Os pais relatam que Lili tem repetido este gesto com frequência. Em casa usa creme e até requeijão para isso.

Por meio da brincadeira, Lili "ensina" para a mãe como se cuida de um bebê. Nesta sessão, (a seguinte à revelação da nova gravidez) Lili traz seu bebê de casa e dele se ocupa. Ela o leva para conhecer o buraco com o pozinho, coloca sua mãozinha para explorá-lo. Os cuidados primários são encenados por Lili ao mesmo tempo que os pais falam da nova gravidez. É como se Lili dissesse à mãe: "Fique tranquila mamãe, você saberá cuidar do novo bebê como também cuidou de mim. E se precisar posso te relembrar e ajudar".

Essa sincronicidade que muitas vezes ocorrem nas sessões pais-bebê entre a fala dos pais e o gesto da criança são o que chamamos de "momento mágico", pois ele nos revela que estamos todos vivenciando o cerne da questão da família neste momento.

Ao longo dos atendimentos, vamos percebendo certo deslizamento de tema na fala dos pais. No lugar da queixa e sintoma da filha, vai surgindo um crescente interesse deles, especialmente da mãe, de usar o tempo e espaço dos atendimentos para falar de suas inquietações no trabalho, na relação com sua família e com a família do marido com quem agora passam a conviver mais. A mãe teme a intromissão dos familiares na vida do casal e nos cuidados com Lili.

Do mesmo modo, a gravidez vai, cada vez mais, ganhando presença e espaço no corpo da mãe, e também nas suas falas e apreensões. Bebês e seus cuidados tornam-se, igualmente, assunto nas brincadeiras de Lili. Ela brinca com os bonecos, dá mamadeira, nina e cuida. Vai encenando, desta forma, tanto como se cuida de um bebê, quanto o que a mãe deve fazer com ela se acordar à noite. O pai também traz o assunto do novo bebê para nossos encontros, conta dos preparativos em casa para sua chegada. Um processo de construção da parentalidade diante da chegada de um novo bebê na família parece ir ganhando espaço nas sessões e sendo trabalhado por nós junto aos pais.

Vamos vendo Lili mais grudada na mãe. Seu colo, seu corpo são sempre procurados. Lili quer tocar e ver o corpo da mãe, quer entrar dentro de sua roupa. Na sessão, coloca a cabeça entre as pernas da mãe como se tentasse entrar. O pai brinca que não dá para ela entrar, pois aquele lugar está ocupado.

Guerra nos aponta como este pai foi importante neste processo, "um pai terceirizante", que interdita algo, mas também possibilita outra coisa: "*Não Lili, você não pode entrar no corpo da sua mãe, mas pode brincar*".

Lili teve papel importante para favorecer este deslizamento de temática das nossas sessões. Em muitos momentos ela se retirava da cena e deixava que os pais assumissem o protagonismo com suas falas. Lili se aninhava no colo da mãe e silenciava, de forma a dar toda oportunidade para os pais, e especialmente a mãe, falar e narrar suas histórias, dúvidas, trazer seus pensamentos e afetos que iam sendo trabalhados nas sessões.

De outro lado, Lili também se mostrava cada vez mais uma criança muito viva e desenvolta que encantava a nós e aos pais com suas brincadeiras e competências. Nas sessões, acompanhávamos seu crescimento nas novas brincadeiras com os bebês, na aquisição de novas capacidades físicas ao subir e descer com muita desenvoltura das cadeiras. Sua curiosidade também chamava muito nossa atenção. Ela andava pela sala e investigava com interesse os mais diversos objetos e buscava os pais para acompanhá-la.

As analistas narravam as descobertas de Lili, e ao testemunharem seu crescimento junto aos pais legitimavam nestes o sentimento de competência enquanto pais. Esse reconhecimento e nomeação das competências da filha os nutria enquanto pais gerando um sentimento de segurança e alegria pois podiam enxergar nas competências da filha suas próprias competências. Lili mostrava a todos que estava crescendo bem e que já se tornava uma menininha. Assim, ela abria espaço para um novo bebê na família, para quem as atenções também poderiam se voltar. Todas as competências de Lili ajudavam a mãe a ir transferindo, com mais tranquilidade, a atenção dela para o novo bebê que chegava.

Descobrem que o bebê é um menino. De início, talvez a mãe se sentisse mais confortável se fosse uma menina, já que tem uma relação muito próxima com sua irmã. Um menino é novidade para todos.

A mãe vai trazendo suas aflições e fantasias em relação à gravidez e ao parto: tem medo de alguma má-formação ou que o parto tenha que ser induzido. "*Cabeça de grávida fica meio louca, né? Cheia se coisa*", nos diz ela. Ela também expressa suas dúvidas quanto às suas capacidades enquanto mãe. Apesar de ter bastante experiência com crianças, aparece sua insegurança. Algumas vezes nos diz: "*Com bebês não tenho muito parâmetro, sempre lidei com crianças maiores*". Tem também dores de cabeça que a levam ao hospital. Vamos falando sobre tudo isso.

Pensamos que o que trouxe a família ao trabalho terapêutico tenha sido, inconscientemente, a notícia desta segunda gravidez – momento de maior fragilidade materna, momento mobilizador de reorganização psíquica por parte da mãe, assim como organização da família ao se preparar para a entrada de um novo participante na trama das relações.

Paralelamente a tudo isso, a mãe acaba por se desligar do trabalho, que não gostava. Conta que aos domingos até chorava por causa do trabalho. O marido atribui todo seu *stress* e tensão a essa situação. Acreditamos que as questões do trabalho talvez encobrissem outras angústias menos conscientes, mas que, de alguma maneira, vão buscando alguma forma de se expressar e representar: angústias diante da maternagem, situações de rivalidade com a irmã porque, inconscientemente, poderia estar identificada com Lili em alguns momentos e com o bebê na barriga, em outros.

À medida que caminhamos no trabalho, o pai conta que, agora, Lili está dormindo bem melhor e atribui isso ao fato da filha ter mais a mãe com ela durante o dia. Conta também que a filha está muito feliz com a caminha nova (que incentivamos comprar) e não quer nem saber do berço. A mãe diz que vai, no dia seguinte, conversar com o diretor da escola onde trabalhou antes e foi feliz. Talvez não consiga ficar sem trabalhar?

Algo que sempre chamou muita atenção na relação entre os pais é a necessidade de apoio que a mãe parece ter do marido para falar de si. Observamos algumas vezes como ela usa o marido como seu porta-voz. Quando a perguntamos sobre suas ideias ou sentimentos em relação ao que está nos contando, ela fica aflita e logo se dirige ao marido pedindo que ele fale o que acha. É uma situação bastante estranha. Ela parece não saber, não ter o que dizer. Parece precisar do marido para compreender-se, para pôr em palavras o que sente. O marido então fala o que percebe, pensa, pondera e a ajuda a pensar, simbolizar.

Outro aspecto importante que observamos em relação à mãe, mas nunca chegamos a mencionar durante as sessões, é que ela, quando ansiosa, se cutuca. Fez isso em alguns momentos nas sessões, e tem nos braços várias marcas que também nos mostram isso.

No trato com a filha, observamos que ambos os pais são muito adequados e genuinamente interessados. A mãe, que é a mais solicitada, mostra-se sempre disponível para a menina e, mesmo com uma barriga bastante crescida, não se incomoda de se levantar e voltar a sentar no chão na medida dos chamados da filha. É surpreendente sua disposição.

As sessões se passam normalmente de forma tranquila. A família chega e geralmente sai de mãos dadas, e é Lili quem bate à nossa porta. Assim como é ela também quem normalmente mostra a todos nós que o horário da sessão está por se encerrar, ou que quer sair e fazer um intervalo para um lanchinho, que ocorre na sala de espera da clínica. Lili vai até a porta da sala, estica-se toda, pressiona a maçaneta e sai. Os pais são muito habilidosos para lidar com a menina e acompanham de forma acolhedora e estimulante a autonomia da filha, tanto nas brincadeiras como na conversa.

Na sétima sessão, os pais estão falando sobre suas percepções de crianças grandes e pequenas, e a mãe nos conta que foi chamada atenção por enxergar Lili maior do que ela é. Neste momento, Lili vai até o registro e vê a própria imagem refletida. Delicia-se com esta brincadeira de encontrar seu registro visual no registro da torneira. Lili procura sua imagem no espelho do registro: afinal sou grande ou pequena? Na sequência, coloca seu dedinho procurando o pozinho no buraco, e uma das analistas se aproxima e conversa com ela sobre a sua descoberta. Lili mostra o dedinho com seu pozinho.

Quase ao final da oitava sessão, Lili brinca de se aproximar e afastar do registro. O pai chama atenção que ela está percebendo que ao se aproximar do registro na parede sua imagem aumenta e que ao se afastar dele sua imagem diminui. As analistas ficam impressionadas com a brincadeira de Lili. Comentamos que ela estava fazendo uma hipótese científica. E ao mesmo tempo, encenando e brincando de ser ora grande ora pequena.

Tivemos 8 sessões com a família no período de cinco meses. Durante esses meses que acompanhamos a família, testemunhamos um evidente crescimento de Lili, especialmente na linguagem e autonomia de movimentos. Pudemos também vivenciar momentos especiais de descoberta dela e de seus pais quanto ao processo de constituição e crescimento deles como pais e como família.

Ao longo do atendimento, a palavra passou a circular. A história do casal, das famílias de origem, os medos e angústias foram escutados e acolhidos pelas analistas. Novas possibilidades de expressão das angústias foram surgindo, agora não mais no corpo da bebê, mas na mente da mãe. Onde havia um buraco pôde surgir possíveis registros e possibilidade de pensamento.

Referências

Benedeck, T. (1959). Parenthood as a developmental phase: A contribution to libido theory. *Journal of American Psychoanalytic Association*, *VII*(1-4), 389-417.

Bibring, G., Dwyer, T. F., Hunting, D. S. et al. (1961). A study of psychological processes in pregnancy of earliest mother-child relationship. *The Psychoanalytic Study of the Child*, *16*, 9-27.

Bydlowski, M. (1989). Désir d'enfant, désir de grossesse, évolution des pratiques de procréation. In S. Lebovici, & F. Weil-Halpern (orgs.), *Psychopathologie du bébé* (pp. 57-65). Paris: PUF.

Golse, B., & Bydlowski, M. (2002). Da transparência psíquica à preocupação materna primária: uma via de objetalização. In L.

F. Corrêa, M. H. G. Corrêa, & P. S. França, *Novos olhares sobre a gestação e a criança até os 3 anos* (pp. 215-220). Brasília: LGE.

Golse, B. (2003). *Sobre a Psicoterapia Pais-Bebê: narratividade, filiação e transmissão.* São Paulo: Casa do Psicólogo.

Golse, B. (2004). O que nós aprendemos com os bebês? Observações sobre as novas configurações familiares. In Solis-Ponton, *Ser pai, ser mãe - Parentalidade: um desafio para o terceiro milênio* (pp. 161-169). São Paulo: Casa do Psicólogo.

Guerra, V. (2014). Comentário gravado ao trabalho "Entre o buraco e o registro - Lili e sua família". In *I Jornada da Clínica 0 a 3 da SBPSP*. São Paulo: SBPSP.

Lebovici, S. (1983). *O bebê, a mãe e o psicanalista.* Porto Alegre: Artes Médicas.

Silva, M. C. P. (2002). Um *self* sem berço - Relato de uma intervenção precoce na relação pais-bebê. *Revista Brasileira de Psicanálise, 36*(3), 541-565.

Racamier, P.-C., Sens, C., & Carretier, L. (1961). La mére et lénfant dans les psychoses du post-partum. *Levolution psychiatrique, 26*(4), 525-557.

Raphael-Leff, J. (1997). *Gravidez: a história interior.* Porto Alegre: Artes Médicas. (Publicado originalmente em 1993)

Stern, D. N. (1985). *The interpersonal world of the infant.* New York: Basic Books.

Solis-Ponton, L. (2004). *Ser Pai, Ser mãe - Parentalidade: um desafio para o terceiro milênio.* São Paulo: Casa do Psicólogo.

Winnicott, D. W. (2000). A preocupação materna primária. In D. W. Winnicott, *Da pediatria a psicanálise* (pp. 399-405). Rio de Janeiro: Imago. (Publicado originalmente em 1956)

8. A integração dos pais no tratamento psicanalítico de uma criança

Victor Guerra

Tradução: Carla Braz Metzner

Sem dúvida, este tema nos convoca a colocar em cena um ponto essencial do trabalho psicanalítico com crianças, muito além da linha teórica que utilizamos.

É certo que os postulados teóricos dão um "lugar" diferente aos pais durante o tratamento da criança. Eu pessoalmente me questiono se é adequado dar *a priori* um destino especial aos pais.

Refiro-me, por exemplo, ao enquadre kleiniano "clássico" em que o lugar dos pais é, de alguma forma, o de indicar algum dado. Como assinala B. Joseph: "o contato com as pessoas de fora influencia severamente o contato com a criança, adiciona informações que distorcem a compreensão e a atitude que se tem, e creio que tende a perturbar o real trabalho analítico, embora não se possa ser dogmático sobre isto".

Sem dúvida, penso que há um verdadeiro problema se o analista trata de aconselhar, ajudar ou assessorar os pais e professores de crianças que estão em tratamento (Geissmann & Houzel, 2000).

Dentro desta concepção teórica, centrada no trabalho do mundo interno da criança e na elaboração de suas ansiedades, o vértice essencial, como sabemos, é o trabalho da transferência-contratransferência no tratamento psicanalítico. Neste aspecto devo manifestar minha parcial coincidência com estas colocações.

Entretanto, devemos considerar por excelência a participação dos pais no tratamento como um problema? Ou deveríamos estar abertos a pensar que a participação dos pais pode ser parte do "problema"? Com isto, quero dizer que o trabalho psicanalítico é um "problema", um enigma, e que devemos atender às vezes com a criança sozinha, ou às vezes com os pais e a criança juntos. Esta perspectiva denota a forma como eu conceituo a formação do sintoma e também a estruturação psíquica da criança.

No entanto, como ocorre a muitos analistas, em nossa realidade atual, é cada vez mais difícil atendermos analiticamente pacientes em um ritmo de três ou quatro sessões semanais, o que dificulta realizar o trabalho junto às resistências e com as dificuldades econômicas que implicam o trabalho. Comprovamos que cada vez mais se torna possível o trabalho com uma ou duas vezes por semana como opção terapêutica. Eu me pergunto, isso já não faz parte da técnica e do enquadre?

O trabalho transferencial é o mesmo com um ritmo de uma ou duas sessões semanais do que de quatro sessões semanais? Ao diminuir a frequência podemos pensar se somente com o trabalho do mundo interno da criança são possíveis mudanças mais ou menos permanentes? Ou devemos estar mais abertos a apontar as modificações que podemos alcançar também com os pais e sua influência no psiquismo do filho?

É certo que poderemos responder algumas destas perguntas dizendo que tudo dependerá de cada caso. Porém, cada caso também se estrutura com o analista como participante do campo, e sua opção teórica vai ser um vetor de suma importância que pautará suas intervenções e condicionará em grande parte o "material" que traz o paciente.

Devo reconhecer que em minha escuta coloco uma "orelha" do lado da metapsicologia individual dessa criança (perspectiva intrapsíquica), e a outra "orelha" no desejo dos pais e sua influência na formação (ou consolidação) do sintoma da criança (perspectiva intersubjetiva). Por isso dou muita importância às entrevistas prévias ao tratamento.

Ao longo das primeiras entrevistas, tendo em perspectiva o início do tratamento, é necessário poder observar o que Ortigues (1995) chama de o reverso da medalha. Ou seja, a gama de resistências conscientes e inconscientes que acontecem no psiquismo parental. É por isso que tomo a liberdade de ter uma série de entrevistas prévias e durante o tratamento para poder pensar que função esta criança exerce na economia libidinal dos pais, e o sentido do sintoma que ela carrega.

Penso que este aspecto, junto com a análise do sintoma da criança como formação de compromisso entre suas instâncias psíquicas, deveria fazer parte de uma visão ampla do porquê deste sintoma neste momento da vida da criança e de seu entorno familiar (perspectiva intersubjetiva).

Caso clínico

Pablo é uma criança de três anos e seis meses de idade que foi encaminhado por apresentar constipação e encoprese. O sintoma de retenção se instala de forma persistente, passando vários dias sem defecar, o que gera uma enorme angústia na família (especialmente na mãe que havia padecido de um sintoma similar em sua infância e em parte de sua vida adulta) e consultas de urgência com os médicos.

É recebido pela psiquiatra e psicanalista Cristina M. Bagattini (clínica 1), que realiza uma série de consultas ocupando-se dos aspectos psiquiátricos e encaminhando a criança e os pais para o tratamento psicanalítico.

Inicialmente, fui analisando e tendo sessões alternadas em que vinha somente Pablo, e em outras ele e sua mãe, dada a correspondência sintomática entre ambos. Porém, tratando de estar muito atento para perceber em que momento poderia também incluir o pai.

Havia aqui um aspecto importante, Pablo era realmente um menino muito encantador, simpático e ativo, com boa dose de sedução.

A mãe aceitou a princípio com aparente docilidade a proposta de participar ludicamente do trabalho com o filho. Parecia preocupada, e às vezes fascinada, pelo que seu filho apresentava. Havia uma certa intenção de sedução na transferência comigo, que eu tomei como necessária para sustentar a aliança de trabalho e como forma de desinvestimento libidinal do filho.

Progressivamente, ela prestava muita atenção ao que eu dizia e tratava de assimilar, marcando a diferença com seu esposo, quem aparentemente era mais rígido. Quando esses pontos apareciam como uma forma de resistência pela mobilização que produzia o material que trazia Pablo, eu procurava resgatar a figura do pai, e ressaltar a importância dele em relação ao filho. Posteriormente, coloquei com mais ênfase a necessidade da presença efetiva dele nas sessões.

Em nossos primeiros encontros, Pablo realizava uma grande movimentação motora na sala e seus jogos giravam em torno de situações de segurar e explorar. Brincava que era parte de um circo e ele era o palhaço que se exibia no sofá, fazendo palhaçadas em que "se agitava" um pouco, fazia força e saltava. Ao cair ficava esparramado, entre risadas, gritos e festejos da parte da mãe (era realmente muito gracioso).

Nesses momentos passavam ideias em minha mente em torno dos sintomas: retenção e expulsão; e a ideia de "um parto anal" no qual ele ficava esparramado. Poderia resultar em um parto particular, porque o que o recebia não era "um pai parteiro" senão que voltava a cair, prazerosamente, uma e outra vez nos braços da mãe.

Aos poucos fui assinalando algumas destas coisas, e como ao reter implicava um prazer, deixando-o alojado entre expulsar-separar e ficar esparramado. Eu também estava mostrando como ele sabia que, dessa maneira, de "palhaçada", o olhar da mãe era para ele.

Para minha surpresa, esta gama de assinalamentos era bem aceita pela mãe, e sendo ela uma mulher que brincava pouco com o filho, tendendo a ser rígida e controladora, parecia ter uma atitude de maior abertura, produzindo-se um encontro lúdico maior entre ela e o filho.

Em mim foi surgindo a ideia de que íamos por um bom caminho e aproveitava os pontos de união mãe-filho que jogavam e se afastavam da cena corporal, para uma cena lúdica, diante da minha presença como terceiro, propiciando um encontro diferente.

Após poucos meses do início do tratamento, Pablo me pede para ir ao banheiro junto com ele e deixar a mãe no consultório, já que queria brincar de molhar com água os bonecos. Levava bonecos de madeira que representavam a sua família, e, dada a sua pequena estatura, eu devia mantê-los fortemente suspensos para, assim, ele poder molhar com grande prazer alternadamente a um e a outro.

Eu creio que este momento foi muito importante porque Pablo começa a dramatizar no banheiro[1] uma cena em que surgia o sadismo separado da mãe (ela estava sozinha no consultório) e ele estava unido e sustentado por mim.

Então, a partir do quarto mês, ele me pede para entrar algumas sessões sozinho comigo e começa a fazer um jogo com os dinossauros como personagens.

O jogo consistia em quando eu estivesse dormindo, ele (que era um dinossauro) iria me matar e eu teria que me assustar. Depois me pedia para que eu fosse o dinossauro e entrasse na sala gritando: "Onde está Pablo? Porque eu queria comê-lo!".

Este jogo foi jogado-dramatizado repetidas vezes com uma mescla de prazer e temor que gerava nele. Por momentos, tinha tal intensidade emocional que com um gesto temeroso me dizia: "É de mentira, né?", parecendo ter perdido em alguns momentos a referência simbólica.

Antes de interpretar seus impulsos sádico-orais em relação à cena primária,[2] o jogo surgia às vezes acompanhado por referências a seu sintoma e aos médicos.

Em uma sessão, logo após repetir este jogo do dinossauro, Pablo me propõe um jogo de médico em que ele é o médico que vai me colocar um remédio na cauda e eu tenho que chorar e gritar. Depois o doutor Pablo me pegava irritado e gritava para que eu fizesse cocô e eu deveria dizer que tinha medo.

---

1 Temos que recordar que ele retinha por vários dias e logo evacuava em sua própria roupa ou embaixo da mesa, mas nunca no banheiro.

2 Nesta época, tinha muita importância o fato de que Pablo apresentava um transtorno de sono, em que muitas vezes dormia na cama dos pais, insistindo para ser entre ambos.

Logo nessa mesma sessão ele passou a jogar o jogo do dinossauro, que agora estava em sua casa e saía para fora e eu me assustava. Assinalo a relação entre ambos os temas e sua fantasia de que se o cocô saísse era como um monstro que atacava e destruía essa forma de estar unido à sua mãe.

Todos estes elementos me faziam pensar que o verdadeiro temor, não apenas nele como também em sua mãe, não era o de reter, mas sim o de expulsar. O poder de expulsar às vezes rompia a fusão mãe-filho, em um contexto de angústia muito grande.

Em algumas destas sessões, quando aparecia este material e a mãe estava presente, eu falava as interpretações em terceira pessoa, como se o destinatário fossem ambos, ou um espaço comum entre ele e a mãe. Também, quando verbalizava, olhava para os dois.

Ao longo do tempo fui pensando que havia entre eles uma erotização comum em torno da atividade anal. Em outros termos, era como se manifestassem um desejo de fusão por meio de um ânus comum. Devemos recordar que não houve amamentação e que, desde o princípio, a zona anal foi altamente investida pela mãe, por meio da estimulação com supositórios para que o bebê evacuasse. Estes elementos me faziam pensar em uma possível "*analização precoce da oralidade*". Parecia que esta zona corporal se oficializava como ponto de encontro das fantasias e das gratificações pulsionais maternas e do seu filho. Talvez para eles, nesse momento, o sintoma aparecia tão "estridente" e, por vezes, difícil de mover.

Voltando ao material clínico, eu diria que à medida que avançava o tratamento, iam surgindo fantasias edípicas, assim como aspectos mais primários. Por exemplo, aquilo que era "sua" casa (construída com almofadas) para estar só com sua mãe, deixando--me excluído, passava logo a ser um vaso onde ele fazia cocô, que se ia pelo cano, e eu tinha que gritar: "Onde estáaaas Pabliiito?". E tinha que enfiar a mão no cano e tirá-lo. E logo ele me pedia para fazê-lo trocando os lugares. Vemos como emergiam suas fantasias de esvaziamento, de parto anal, assim como o pedido de um terceiro que o resgatasse.

Com o passar dos meses, o material em torno da fantasia de esvaziamento foi sendo elaborado e ele criou o jogo dos passeios. Eu tinha que emprestar (de verdade) meus sapatos, ele os colocava e me emprestava os seus (que eu podia por apenas dois ou três dedos), e ele me levava pela mão para passear. Ele era o meu pai e eu seu filho, e passeávamos pela cidade conversando. Em outros momentos o passeio "era" no carro (o mesmo que o de seu pai). Havia riscos e choques e empreendíamos juntos o caminho.

Algumas sessões depois, ele trouxe o tema das letras. Começava a escrever letras na lousa, algumas eram reais e outras eram garatujas que ele inventava. Entre elas começava a ter importância a letra H muda.[3] Começamos a trabalhar que fantasias ele tinha com respeito a esta letra, por que era uma letra muda? Ele sinalizava que era porque não sabia falá-la, então estava igual. E mostrava um grande esforço para dar-lhe um destino. Além de ir interpretando estes aspectos, tomei como um desejo de que seu pai pudesse participar mais de seu mundo e também das nossas sessões.

Coloquei em uma entrevista que seria importante que o pai viesse e, com certa resistência, ele veio. Como já assinalamos, ele era uma pessoa com traços obsessivos, que, sobretudo, queria evitar jogos violentos. Trabalhamos para que ele pudesse ver no filho aspectos diferentes da imagem que tinha de um filho pseudo adulto, gratificando-o por suas reações de "maturidade".

Com o pai, assim como com a mãe, foi sempre muito difícil realizar um trabalho de historização e significação de sua própria história em relação a seu filho. Nele, havia muitas coisas retidas;

---

3 É muito importante esclarecer que o nome de seu pai começa com a letra H.

e forçá-las a sair parecia perigoso para o tratamento. Então, optei por trabalhar no aqui e agora com a criança, e tratar de assinalar os desejos de Pablo em relação ao pai.

Nesse momento do trabalho terapêutico, se alternaram sessões nas quais Pablo vinha só, e outras que vinha com o pai. Progressivamente, o pai também pôde participar mais ludicamente com o filho, inclusive nos jogos de alternância de papéis (de pai e filho) que realizava com os sapatos; intercambiando os papéis de pai e filho, que foi se dando mais com o pai do que comigo.

É muito importante assinalar que, ao mesmo tempo que Pablo foi melhorando de seu sintoma, de tempos em tempos, havia importantes períodos de retenção. Pouco depois do primeiro ano do início do tratamento, os pais fizeram uma consulta com um professor de pediatria que diz que o filho estava muito grave, que poderia romper o intestino, e, urgentemente, indicou dois enemas diários e retorno em três dias com o intestino "absolutamente limpo". Quando a mãe lhe diz que tinha sido proibida por nós de fazer os enemas, o pediatra responde "Quem melhor do que uma mãe para fazer os enemas em um filho". Apesar disso, antes de iniciar o tratamento, pedem uma entrevista com Cristina.[4] Os pais seguem com o tratamento prescrito e aceitam que seja uma enfermeira que faça os enemas, sendo uma amostra do peso transferencial do nosso trabalho.

Quando Cristina tentou realizar uma comunicação com o pediatra e explica-lhe como a mãe estava envolvida no sintoma, ouve como resposta: "Vocês psiquiatras sempre enchem as mães de culpa.

4 Isso foi comum ao longo do tratamento. Quando aumentava muito alguma preocupação com relação aos riscos físicos, faziam uma entrevista com Cristina para trabalhar com ela esses aspectos, tentando assim "descontaminar" o trabalho analítico comigo. Considero que essa forma de trabalho em equipe foi fundamental para a continuidade do tratamento.

Isto é isto e eu já o curei". Cabe esclarecer que os enemas e a medicação que foram indicados por este pediatra já haviam sido indicados por outro pediatra diversas vezes e não haviam surtido efeito.

Neste momento particular, estávamos ambos (Cristina e eu) muito preocupados com a continuidade do tratamento. Afortunadamente, o laço transferencial continuava firme e pudemos seguir trabalhando.

É a partir de todos estes feitos (maior participação do pai nas sessões, episódio com o pediatra, entrevistas com a Cristina e, logo, comigo) que a mãe parece ter um certo *insight* e deixa de lado sua preocupação e controle pela evacuação do filho, deixando que fique sob responsabilidade do pai.

Paralelamente às sessões que ela participava com Pablo, parecia ficar de lado os jogos em torno do tema do esvaziamento e separação para dar lugar ao material do tipo edípico. Ele ficava recluso em sua casa (que construía com almofadões) com a mãe e comiam juntos; ou a levava para passear de carro, e eu devia ficar fora – como o lugar de sua irmã, reclamando e chorando por um lugar com a mamãe, que me era proibido.

Concomitantemente a isto, Pablo parecia buscar mais o pai para jogar e este parecia mais aberto ao vínculo com o filho. Assim, quando o pai voltava do trabalho de noite, o filho pedia para sentarem os dois sozinhos na sala de estar da casa, ao lado da estufa, para falar de temas. Um dos temas que ele mais pedia era o das "vitaminas", em que devia explicar como serviam para dar força e crescer.

Este foi um acontecimento importante que indicava como estava se produzindo um terceiro no mundo psíquico de Pablo, que mostrava também como a mãe poderia se relacionar de um outro lugar com o filho.

O sintoma foi cedendo e na metade do ano (logo após mais de um ano e meio de trabalho) decidimos terminar o tratamento, colocando a importância de fazer um seguimento posterior após aproximadamente um ano.

Antes de os pais pedirem uma entrevista, Pablo quem diz ao pai: "Nós temos que ir jogar com Victor?". E assim marcavam a consulta.

Na sessão que tenho com Pablo, ele brinca com carrinhos e uma bola e recorda comigo os diferentes jogos e coisas que fizemos juntos. Também volta a colocar algo que me havia dito antes, de que eu guardasse um lugar para quando ele fosse grande, porque ele viria trabalhar aqui na clínica comigo. Eu fico impactado, emocionalmente contenho minha vontade de abraçá-lo e pergunto: "Trabalhar como? O que você irá fazer?".

P – Ser como você.

A – E eu o que faço?

P – Já sabes, nos encontramos, jogamos, conversamos.

A – E com quem?

P – Com as crianças que não fazem cocô.

Pelo seguimento que temos feito, Pablo tem melhorado bem, porém continuam algumas perguntas.

Por trás desta intenção sedutora, reparadora e comovente de Pablo, não haveria um pedido de análise para o futuro, uma declaração de que nem tudo está resolvido, e um querer saber se estou disposto a continuar atendendo-o?

Por outro lado, que destino teriam os aspectos patológicos paterno e materno?

Particularmente, a mãe poderá tolerar que este filho lhe escape? Por quanto tempo? O que terá ocorrido com a sua conflitiva na área anal que parecia tão imbricada nessa fantasia de um ânus comum com o filho?

Estas e outras perguntas ficaram como disparadores para seguirmos questionando sobre os diferentes aspectos deste trabalho tão especial com Pablo e sua família.

Referências

Geissmann, C. & Houzel, D. (2000). *L'enfant, ses parents et le psychanalyste* (p. 293-309). Paris: Bayard compact.

Ortigues, E. (1995). *Cómo se decide una psicoterapia de un niño.* Paris: Gedisa.

Parte II

Recursos interpretativos, teoria e técnica psicanalítica da clínica 0 a 3

9. A roupa nova da interpretação[1]

Régine Prat

Tradução: Claudia Berliner

> *É tão leve quanto uma teia de aranha; tem-se quase a impressão de não ter nada sobre o corpo, mas é aí que está toda a beleza da coisa.*
>
> H. C. Andersen

> *Até seu enésimo ano de vida, você se considerava o único e inconteste dono de sua mãe, então outro bebê chegou, o que lhe causou uma grave desilusão. Sua mãe o deixou por algum tempo . . . Seus sentimentos em relação a ela tornaram-se ambivalentes, você começou a dar importância a seu pai. (Freud, 1937/2010, p. 65)*

Essa formulação também poderia ser proposta em análise de crianças. Freud a utiliza como exemplo do que chama de construção: "Quando se expõe ao sujeito analisado um fragmento de sua pré-história esquecida" (Freud, 1937/2010, p. 65). Ele a diferencia

1 Artigo publicado na *Revista Brasileira de Psicanálise*, *48*(2), 33-46, 2014.

da "Interpretação", que "se aplica ao modo como lidamos com um elemento isolado do material, como uma associação, um ato falho" (Freud, 1937/2010, p. 65). Em 1937, Freud considera o termo "construção" mais conveniente para caracterizar a técnica psicanalítica. Haverá uma especificidade da análise de crianças quanto ao estatuto e às características da interpretação? Será que a distinção construção/interpretação/intervenção é válida quando nos referimos aos objetivos e aos efeitos buscados da interpretação?

Vou propor uma reflexão sobre as diferentes modalidades interpretativas, sua forma e sua utilidade, e pensar quais as implicações clínicas das diferentes formulações possíveis de um mesmo conteúdo interpretativo.

Estatuto e características da interpretação em análise de crianças

Em análise (tanto de crianças quanto de adultos), segundo Laplanche e Pontalis, "a interpretação comunicada ao paciente é o modo, por excelência, de ação da psicanálise"; trata-se de extrair "o sentido latente no dizer e nas condutas de um sujeito". A formulação é um quase paradoxo: "A interpretação não abrange o conjunto das intervenções do analista no tratamento . . . Embora todas elas possam, na situação analítica, adquirir valor interpretativo" (Laplanche & Pontalis, 1967, p. 207).

Intervenção com valor interpretativo ou interpretação

A forma passaria a ser o fator que determina o estatuto: encontramos a distinção feita por Freud entre "a maneira" como lidamos com um elemento isolado em uma "interpretação" e a "construção", que seria uma "exposição" feita ao paciente.

O próprio termo *exposição* exprime a densidade do conteúdo bem como sua forma e sua temporalidade: trata-se de falar de um conjunto, de um todo da neurose ou do funcionamento do aparelho psíquico; e de fazê-lo desde um lugar de saber claramente posto como exterior ao paciente.

A expressão *interpretação saturada* (Bion, 1979) precisa o sentido de "construção", na ideia de uma saturação por elementos de significação "pesados" concernentes ao conteúdo, ao sentido latente, inconsciente.

Para Bion, as interpretações não saturadas "possibilitam a formação contínua (e já não o deciframento) de um sentido novo e da consciência que é preciso ter das passagens e das transformações" (Ferro, 1997, p. 39). Para traduzir a mudança de vértice, A. Ferro estima que a interpretação já não é:

> *considerada como algo que, segundo um código dado, permitiria extrair uma significação . . . , mas como a proposição de um sentido sempre não exaustivo, em devir, ou, como diria Bion, insaturado, que encontra nas emoções do par o impulso para novas significações, mais complexas e mais articuladas, aptas a veicular os afetos. (Ferro, 1997, p. 36)*

A partir da confrontação com os dados desenvolvimentais fornecidos pelos trabalhos sobre o estabelecimento dos primeiros vínculos e dos primeiros processos de pensamento, em particular, a partir do conceito de *accordage* [sintonia, harmonização] (Stern, 1989), *o trabalho analítico se ancora no interrelacional.* "A interpretação terá de descobrir que tem corpo, terá de descobrir que é capaz de ação", diz R. Roussillon (2008, p. 62). Os trabalhos que desenvolvemos nos últimos anos, a partir do conceito de interpretação proposto por Paul Israël, situam-se nessa linha (Israël & Prat, 2007). Vai se tratar, então, de outra forma de construção, que já não é uma exposição *ex-cathedra*, mas uma construção a duas vozes, a dois psiquismos, a duas cabeças: "quimera" para M. de M'Uzan (1994, p. 91); "construção interpretativa" para A. Ferruta (2002, p. 64); "conversa psicanalítica" para R. Roussillon (2005, pp. 365-382); "copensamento" para Widlöcher (1998); "discussão analítica" ainda para A. Ferro (2009, p. 86) trata-se de um trabalho a dois. Ocorreu, portanto, um deslizamento para *modalidades interpretativas resultantes de um copensamento.* Podemos notar, em Freud mesmo, que as "construções" estavam longe de representar o conjunto de suas comunicações ao paciente. H. Racker (1979/1997) o qualifica de "franco diálogo" e nota, não sem humor: "Aqueles que vinculam o conceito de 'técnica clássica' a uma predominância do monólogo por parte do analisando e a poucas e, geralmente, curtas interpretações por parte do analista, deverão concluir . . . que, sob esse aspecto, Freud não era um analista 'clássico'". Lembra que o silêncio do analista também é um agir.

Se *a interpretação participa da construção do sujeito* (Ferruta, 2002), isso é particularmente verdadeiro em análise de crianças, pois o trabalho analítico vai participar diretamente, quase em tempo real, da construção psíquica da criança, da sua personalidade, do seu vínculo com a realidade e com suas figuras de apego.

Após uma terapia na sua primeira infância devido a distúrbios do sono, Clémence pede para vir me ver de novo aos 5 anos de idade, devido a pesadelos que o fazem acordar durante a noite. No seu jogo aparecem acidentes, que logo adotam a forma de um caminhão assustador que faz barulho à noite e quebra tudo na casa. Minha interpretação na base de um caminhão-papai que quebra tudo na casa-mamãe ("construção" no sentido freudiano, "interpretação saturada" no sentido bioniano) é acolhida com um olhar maroto e uma associação, na forma de uma precisão fornecida ao seu jogo: é um caminhão de lixo que quebrou toda a parte inferior da casa. Voltamos a encontrar os antigos ciúmes e a vontade de jogar os bebês no lixo, com o temor de um retorno vingativo desses bebês, a inveja da capacidade procriativa da mãe, a fantasia de um coito sádico e destruidor, os ciúmes edipianos etc. Ao receber os pais, revela-se um trauma atual que veio reavivar os conflitos pulsionais antigos: o caminhão de lixo da cidade perdeu a direção na curva e destruiu toda a parte térrea da casa dos vizinhos. A realidade supera a fantasia! Mas a única prova disso é o olhar maroto de Clémence e sua associação na brincadeira: esclarecimento do caminhão de lixo e do lugar do acidente na parte de baixo da casa.

A terapia anterior participou de sua construção psíquica e de seu modo de pensar. O trabalho de elucidação do vínculo entre a realidade do acontecimento e os movimentos pulsionais vai se tornar constitutivo de seu psiquismo e um apoio para seu desenvolvimento.

Características

Didier Anzieu, no seu apanhado histórico sobre a interpretação (1970), retoma a bipolaridade constante na maioria dos autores, chamando de "investigação" e de "interpretação" os dois componentes e os dois tempos do trabalho analítico. Mas, embora a interpretação seja o agente do processo analítico, sua finalidade e seu efeito também serão os de instaurar esse processo.

Ele destaca a função de ligação e de articulação da interpretação, entre sintoma e recalcado, consciente e inconsciente, o antes e o *a posteriori*. Mas a interpretação "só dá ao paciente uma representação de palavra, ao passo que a representação patogênica, recalcada e inconsciente, é uma representação de coisa. Resta ao paciente fazer coincidir essas duas representações" (Anzieu, 1970, p. 783). Esse trabalho de "perlaboração" do paciente permite à interpretação ser mutativa. É precisamente para *os pacientes que não dispõem dessa capacidade de perlaboração* para fazer os dois sistemas se comunicarem, que *a interpretação precisa de "roupas novas"*.

Anzieu recorda palavras de uma criança inquieta no escuro, citadas por Freud: a criança se dirige à tia que está num cômodo ao lado:

> — *Tia, fala comigo, estou com medo.*
>
> — *Para quê, se você não me vê?*
>
> — *Fica mais claro quando a gente fala. (Anzieu, 1970, p. 783)*

Isso supõe levar mais em conta a voz e o corpo, do que o sentido das palavras. "A palavra expressa ou escutada só pode ser libertadora se carregar seu peso de carne . . . Uma palavra verdadeira é uma palavra que fala a partir de um lugar corporal", nos diz D. Anzieu (1970, p. 809). A interpretação chama a atenção para a vivência corporal e, de modo mais geral, para a ligação entre a vivência corporal e as emoções, as relações com os outros, os acontecimentos afetivos do presente e do passado... Proponho deslocar a linha de separação entre os dois polos distinguidos investigação/interpretação, interpretação/construção, a fim de dar um estatuto de interpretação às formas insaturadas, às formas que utilizam o não verbal, reintroduzindo o corpo nas modalidades interpretativas.

A questão será, então, *não considerar o estatuto da interpretação em função de sua forma, mas em função de seu efeito* sobre o psiquismo e sobre o processo: a forma torna-se, a partir daí, o meio de alcançar o objetivo transformacional e não mais um critério de diferenciação pertinente. É em função desses critérios que vou analisar brevemente os diversos registros de exemplos propostos.

A interpretação como nos livros

Como preâmbulo, gostaria de expor algumas ideias sobre o reforço artificial do modelo, amiúde prevalente, das interpretações saturadas.

Os perigos da interpretação intelectualista são bem conhecidos e foram muitas vezes sublinhados. James Gammill (1986, p. 33) relata os conselhos de Melanie Klein: "Na hora das sessões com a criança, esqueça tudo o que eu lhe disse... Nunca se deve aplicar os dizeres de outra pessoa numa interpretação. A criança pode perdoar nossos erros de compreensão, mas não uma falta de autenticidade". Florence Guignard (2002, p. 39) considera as "interpretações tampão" como "um dos indicadores mais certeiros de um movimento defensivo na nossa contratransferência, de um ponto cego no nível de nosso próprio infantil" (Guignard, 1998, p. 42).

Quanto a mim, gostaria de sublinhar *três fatores que reforçam a forma saturada dada à interpretação*: a função de modelo, a função identitária, a função terceira.

O modelo: os casos de escola, dos livros e dos artigos, que são objeto de apresentações clínicas ou, com mais razão ainda, aqueles utilizados de maneira muito condensada como "vinhetas clínicas", sofrem todos do viés decorrente da forma escolhida e organizada da verbalização. O que adotamos como "*modelo*" *de formação contém obrigatoriamente uma deformação:* a forma dada ao relato escrito soma-se àquela efetuada pelo próprio processo de memorização.

James Gammill,[2] considerava este um viés importante na última obra de Melanie Klein (1973), muitas vezes criticada pela extrema saturação de suas interpretações. A vontade de transmitir de modo cabal seu ensino não refletia, segundo ele, sua real maneira de trabalhar. Isso pode ter levado a esquecer sua criatividade e "sua qualidade de paciência", que a faziam dizer: "Em geral, temos de pensar intuitivamente: se eu fosse esta criança neste momento, como eu escutaria a interpretação" (Gammill, 2004, p. 57). A necessidade de obter reconhecimento no debate sobre a legitimidade da análise de crianças reforçou obrigatoriamente o modelo das interpretações saturadas.

O identitário: quando eu era uma terapeuta iniciante, um pacientezinho recebia regularmente minhas interpretações com raiva, exclamando: "Mas para de repetir tudo o que eu digo!". Apesar da rejeição, vivamente expressa, eu via nisso o reconhecimento da relação entre o conteúdo latente que constituía a trama da minha interpretação e o conteúdo manifesto; confirmação, portanto, do estatuto de interpretação de minha formulação... e, por conseguinte, de meu *estatuto de analista.* Depois de alguns anos de prática, confrontada com a mesma reação de um outro pequeno paciente, pude ouvir a rejeição da relação entre esses dois níveis: não tinha havido perlaboração, a interpretação tinha ficado externa, até mesmo alimentando a resistência. Christopher Bollas considera que

> *quando se trata de praticar a análise de pacientes gravemente perturbados, . . . todos os analistas que, em sua prática, não se deixam guiar pelas exigências tranquilizadoras de uma doutrina específica . . . acabam, periodicamente, ficando sem saber o que é, de fato, a psicanálise. (Bollas, 1996, p. 86)*

---

2 1925-2017, comunicação pessoal.

O mesmo acontece em análise de crianças. Quando nos vemos confrontados com patologias identitárias, duvidamos de nossa própria identidade de analista e corremos o risco de nos agarrar a formulações que tenham uma forma que caracterize a interpretação. A bela interpretação, interpretação "como nos livros", torna-se, então, um mantra que temos de recitar para nos agarrarmos a uma crença, precisamente quando estamos vivendo uma vacilação identitária: *a interpretação faz o analista assim como o hábito faz o monge!* O recurso defensivo a uma forma identificável de interpretação é uma maneira de tomar para si a problemática identitária do paciente.

A terceiridade: D. Widlöcher (1981) chamou de "*interpretações entre aspas*" as formulações que marcam a diferença de planos entre manifesto e latente, entre analista e paciente (por exemplo, por meio da utilização do condicional).

A partir dessa noção, podemos precisar que identificar e receber uma interpretação supõe uma operação complexa, tanto no plano afetivo quanto cognitivo: ouvir uma colocação dita por um outro exterior a si, mas que concerne ao interior de si. Isso pressupõe capacidades de introjeção vinculadas ao reconhecimento do estatuto de alteridade do outro e seu corolário, a *capacidade de suportar essa separação.* A interpretação, na sua posição terceira, desperta ao mesmo tempo as angústias persecutórias de intrusão e as angústias de separação. Isso exige que o sujeito que a recebe tenha um psiquismo de contornos suficientemente delimitados, uma identidade relativamente estável. "Para de repetir tudo o que eu digo!" traduzia ao mesmo tempo uma vivência de intrusão e de roubo dos conteúdos internos e uma recusa a que lhe impusessem uma nova concepção; ou seja, um aumento das resistências.

A questão da forma torna-se, então, determinante: quanto mais ela for "terceirizada", secundarizada, linguageira, menos será pertinente nas problemáticas identitárias ou nos momentos de vacilação identitária. Teremos de criar uma maneira de nos comunicar com o paciente que se ajuste a seu próprio modo de expressão e de funcionamento psíquico, ou seja, utilizando suas modalidades próprias de simbolização.

René Diatkine[3] dizia: "Com as crianças no período de latência, eu faço elas fazerem sua lição de casa!". Inspirando-me nessa formulação, diria que quando temos de lidar com "*psiquismos em latência*", *trata-se de "fazer", de se situar antes das palavras,* no local mesmo da capacidade psíquica que a criança tem de representar o mundo e a si mesma.

Vocabulário da interpretação

Alguns registros de formulação ocupam, a meu ver, um lugar intermediário entre fazer e dizer: teremos de construir um vocabulário adaptado às capacidades de simbolizar este ou aquele aspecto da problemática do paciente. Com efeito:

> *existem no mesmo sujeito, e durante uma mesma sessão, aspectos do funcionamento psíquico complexos e passíveis de transformações simbólicas adequadas e aspectos que indicam um estado de mente primitivo, dominado por mecanismos brutos e não comunicáveis. (Ferruta, 2002, p. 51)*

---

3 1918-1997, comunicação oral.

Scallywag: interpretação "entra dentro"

"Um *scallywag* [patife] é alguém que quer se aproximar dos outros, mas tem medo demais" (McDougall & Lebovici, 1984). É isso o que Joyce McDougall responde a Sammy, que acabou de bater violentamente na sua cabeça com um pedaço de pau. Ela transformou sua primeira reação – estar sob o efeito da dor e a ponto de bater nele – nesse insulto, associado a fazer de conta que lhe dá uma palmada.

Vou propor dois modos de intervenção utilizando a linguagem do corpo quando o paciente não tem "as palavras para dizer" e atua concretamente tudo o que concerne a "entrar em contato", de maneira bruta (tanto do lado do desejo quanto do medo).

Ludwig, 18 meses, não tem linguagem e chega como um animal selvagem na primeira consulta. Está dormindo no carrinho. A mãe me avisa: "Você não vai se decepcionar, ele é uma gracinha quando acorda!". Ela o desperta de forma abrupta e mantendo-se à distância. Ele desce do carrinho emitindo uma espécie de urro. Digo-lhe bom dia, me apresento e resumo a situação. Ele olha para mim com cara de mau, costas encurvadas, cabeça baixa. Balança-se para frente e para trás olhando-me com ódio, como se hesitasse quanto a se lançar sobre mim.

A mãe ri: "Viu?", diz ela. Ele, então, investe contra mim emitindo um rugido, breca para lançar uma olhadela para a mãe e se prepara para me dar um pontapé. Como Ludwig retém seu movimento, posso aproximar meu pé e dizer: "Talvez sejam os pés que gostariam de dizer bom dia um para o outro!". Deslizo, então, meu pé na sua direção, simulando tocar seu sapato com a ponta do meu: "Bom dia, pezinhos! Bom dia, Ludwig!". Outro grunhido, mas é para mim que Ludwig olha, como que espantado, reproduzindo o esboço de pontapé e sua suspensão. Continuo e digo que para a mamãe eu dei a mão, "assim [dou novamente a mão para a mãe] . . . como os grandes fazem quando dizem bom dia, mas que a gente poderia se dar bom dia com os pés".

No sentido teatral do termo, interpreto um papel, uma cena em que os pés são personificados. O desejo de encontro deles é explicitado bem como a necessidade de um modo e de uma linguagem específica para Ludwig e para os "pequenos", a fim de lhes poupar o sofrimento e a raiva da angústia ligada à impotência infantil. Na problemática central do contato com o outro, o modo violento e agressivo de entrar fisicamente no objeto é desarmado e transformado em entrada em contato relacional e socializada. A parada do movimento e o espanto manifesto de Ludwig ante essa resposta imprevista indicam uma modificação de seu modo de pensar, e o acesso à explicitação de um novo sentido desconhecido: ou seja, o efeito de uma interpretação mutativa, que vincula o sentido inconsciente e o sentido manifesto.

Aqui, falar de interpretação supõe levar em consideração a dimensão de interpretAção (Israël, 1993), que condensa o que pertence ao registro do ato e a função interpretante que ele realiza, pondo os aspectos gestuais e ativos a serviço da capacidade de representação falha.

Tudo o que Noëlle (7 anos de idade) mostra parece desencarnado, falso. A inibição domina as sessões, mas, em casa e na escola, o que predomina são os ataques de raiva explosivos e sem motivo.

Não consegue dizer nada sobre isso nas sessões bastante tediosas, cuja parte mais viva é ocupada por jogos de bola. Nessa colocação em "jogo" dos modos de entrada em contato comigo, predomina a dimensão agressiva: ela joga a bola para mim de tal modo que ela me toque-bata (trata-se de uma bola de material mole, sem risco de machucar). "Desarmo" a violência e proponho outras modalidades de contato personificando a bola e atribuindo a ela sentimentos: ela está com raiva de mim, tem a intenção de me machucar, de se esconder debaixo do divã para vigiar o que acontece ou a intenção de ficar escondida assim durante as férias... Na minha vez, sempre devolvo a bola suavemente, não saio da minha poltrona e não faço nenhum esforço para pegá-la quando Noëlle a joga para fazer eu "perder". Em contrapartida, quando é ela que não consegue pegá-la, peço desculpas, comento a maneira como a joguei (forte demais, ou não forte o suficiente, muito à direita etc.), bem como nossas realizações desse ajustamento mútuo. O jogo dela vai evoluir paralelamente no sentido de explorar suas nuanças e variações: tenta pegar a bola de costas, de lado, com os olhos fechados, em cima de um banquinho, variando a distância entre nós...

Como no exemplo anterior, o modo agressivo é desviado em um jogo que põe outras significações em evidência na ação. O modo binário do ganhar/perder é desarmado, passando para as nuanças das modalidades de ajuste. Noëlle não tem representação possível para sua agressividade e sua raiva de não conseguir entrar em contato, e menos ainda representação de palavra; criar com ela essa linguagem comum de trocas e de gestos, como um "ato que fala" (Israël & Prat, 2007), vai adquirir um valor mutativo e permitir uma passagem para as representações de linguagem. Segundo Piera Aulagnier, os "atos de fala ... estão muito próximos das representações pictográficas, muito perto das primeiras representações de coisas corporais" (Aulagnier, 1986, p. 343). Mais tarde, Noëlle fabrica uma bola de papel que vai colorir desenhando "*traits de couleur* [traços coloridos]" marrons e pretos, que ela pronuncia "*traits de colère* [traços de raiva]". Comento, no jogo, essa raiva de não conseguir fazer o que se quer fazer, nem termos certeza de nos encontrar. Irá, então, acrescentar um novo invólucro de papel no qual se dedicará a pôr todas as cores juntas, criando, assim, uma nova paleta para emoções diferenciadas e nuançadas.

Crac, bum, ai: interpretação "sem nome"

Damien, 6 anos de idade, não presta nenhuma atenção ao que ocorre à sua volta e manipula a casinha de bonecas de maneira pouco organizada, deslocando os móveis como se fosse ao acaso. Ao acaso também, o bebê cai da mesinha baixa sobre a qual está instalada a casa. Até ali observadora silenciosa do seu brincar, eu digo "bum". Ele não manifesta nada e continua com sua atividade de deslocamento sem objetivo dos personagens. Outro personagem, instalado em posição de pé, cai. Novamente, eu pontuo: "bum". Ele me dá uma olhadinha intrigada. O personagem seguinte também cai da mesa, ao lado do bebê. Eu digo: "ui, ui, ui, ui, a mamãe também caiu-bum". Então, ele vai e instala o personagem do pai em cima do teto da casa e faz ele cair dessa altura. Novamente, comentário onomatopeico da minha parte: "Bum... caiu de cabeça".

Aí, ele bota a casa de ponta cabeça e faz todos os personagens caírem, manifestamente, intencionalmente de cabeça, na bagunça dos móveis. Cada vez, eu pontuo com "bing", "crac" e, no fim do que é manifestamente uma série, digo: "Caíram todos de cabeça! Tudo está virado para baixo! É a casa de cabeça para baixo".

Isso o deixa manifestamente muito interessado. Continua a organizar a desorganização pegando os personagens de novo para fazê-los cair em várias posições, tomando para si meu comentário: "é a casa de cabeça para baixo". O bebê ficou no chão, como que esquecido, desde o começo, diversos objetos caem em cima dele. Digo: "Ui, ui, ui, coitadinho do bebê". Faço notar que ninguém está se ocupando desse bebê. "Como vamos ajudá-lo nessa casa de cabeça para baixo?".

Damien se vira para mim... e cai de seu banquinho. Retomo exatamente nos mesmos termos, com a mesma entonação: "Ui, ui, ui, como a gente vai ajudá-lo?". Agora é ele que está na posição do bebê abandonado depois do nascimento desse bebê que era preciso evacuar e esquecer na primeira parte da sequência de jogo.

Damien não me parecia capaz de suportar uma interpretação externa, que teria reforçado sua vivência de abandono. Mas o encadeamento progressivo desses comentários-onomatopeias permitiu abrir uma conscientização de sua vivência de desamparo, ligando cair e deixar cair:[4] é ele o bebê deixado para lá que tem de ser ajudado nesse começo de psicoterapia. É também um começo de reconstrução histórica, que põe em cena o abandono sentido quando do nascimento da irmãzinha.

Os bum, crac etc. criam uma espécie de trilha sonora que acompanha, numa grande proximidade, a ação que se desenrola. O efeito de separação, assim como o de intrusão, ficam reduzidos: trata-se de estar quase no interior da ação, com as palavras vindo propor uma forma linguageira em um segundo tempo. Essas interpretações-onomatopeias falam de angústias muito primitivas (quebra, arrancamento, queda...) e propõem uma criação intermediária entre som e palavra. No tratamento das "*angústias sem nome*", o objetivo terapêutico parece um paradoxo: como falar delas, nomeá-las se, por definição, elas não têm nome? "Onomatopeia", na sua etimologia grega, significa: "*criação de palavras*", esse som da palavra cria, imita o da coisa e vai ocupar um lugar intermediário entre representação de palavra e representação de coisa. Os "ui, ai, ó, snif..." marcam uma progressão, introduzindo uma tonalidade afetiva: dão uma forma sonora a uma vivência que já constitui um esboço de sentimento.

A utilização de etapas intermediárias na forma da interpretação vai acompanhar o trabalho de transformação das "sensações-sentimentos", essencialmente num modo corporal, em "percepções

---

4 Em francês, *laisser tomber* também significa "deixar pra lá" [N. T.].

mais diferenciadas" e, depois, em "pensamento emocional" (refiro-me às diferenciações propostas por Matte Blanco citado por Carvalho, Ginzburg, Lombardi & Sanchez-Cardenas, 2009). A meu ver, elas têm um estatuto de interpretação pleno, tanto na instauração do processo analítico e da relação transferencial, quanto na de um sentido novo que emerge da ligação efetuada entre latente e manifesto.

"A gente": interpretação "pele comum"

A formulação "a gente" cria um universal e diminui a vivência de separação. Por exemplo, "quando um novo bebê chega, a gente se sente deixado de lado". Ou "a gente fica com raiva quando tem a impressão de não poder mais contar com ninguém". Gramaticalmente, "a gente" é uma terceira pessoa do singular, com a concordância verbal sendo feita no singular; mas o sentido indica claramente que "a gente somos muitos": é a ilustração gramatical da formulação da pele comum.

A interpretação em "a gente" é a forma que adota a empatia e a identificação: "a gente" somos muitos que sentimos a mesma coisa, não só o terapeuta e o paciente, mas também um referente mais amplo, uma qualidade do humano que liga todo o mundo numa comunidade de sentimentos, portanto, compartilháveis.

"Sim, chefe": interpretação "teatro"

Théo tem 5 anos de idade e emerge de uma problemática autística; constrói limites externos, explora diferentes modos de continentes para diferentes tipos de materiais. A linguagem que aparece conta essa mesma problemática nas relações: o que segura, o que aperta demais, o que prende ou solta na relação transferencial? Que participação Théo pode ter como sujeito autônomo?

Quando ele retorna à sala de terapia depois de uma ida ao banheiro, sua terapeuta lhe pede para fechar a porta. Ele responde num tom novo e seguro: "Fecha você!". A terapeuta reprime uma resposta educativa, que ela acaba finalmente transformando em submissão ao que ele pede. O mal-estar dela indica a defesa contra uma tomada de controle por Théo e um protesto contra o fato de ser utilizada dessa forma e anulada em sua alteridade.

Uma interpretação da posição de onipotência de Théo seria inapropriada e, simplesmente, ineficaz; em contrapartida, considerar o mal-estar da terapeuta de se sentir utilizada como algo fundamental, e fazer esse sentido ser incluído de modo psicodramático teria um efeito de elucidação da posição ditatorial assumida por Théo naquele momento. Por isso, ir fechar a porta dizendo "sim, chefe" transformará o fato de se sujeitar numa dramatização, em um "como se", *o ato se tornará interpretação.*

A surpresa que a criança geralmente manifesta nesse tipo de situação marca a abertura para um pensamento novo e, portanto, uma via mutativa no conflito subjacente. (Neste caso, a saída da desorganização pela clivagem e pelo controle). Isso liberta o analista de uma posição educativa ou superegoica e explicita o conteúdo latente.

Interpretação no desenho

Marc tem 10 anos de idade e apresenta sequelas de um provável estado autístico na mais tenra infância. Na volta das férias de seu primeiro ano de terapia, ele desenha uma cena, que ele consegue contar, de um menino com sua bicicleta colhendo maçãs no jardim. O desenho é vivo e colorido, alegre, a história que ele conta também. Olho muito atentamente esse desenho e comento os detalhes à medida que os observo: "Puxa, é estranho, os raios das rodas não tocam no aro, eles não estão presos na roda". Marc também fica espantado e estudamos cuidadosamente o desenho: noto, então, que as rodas não estão presas no quadro; Marc, por sua vez, percebe com surpresa que o guidão não está preso ao quadro, nem os pedais. Todos os elementos aparecem soltos uns dos outros.

Vou reparar, em seguida, que os galhos não estão presos na árvore e que as maçãs e as folhas não estão presas aos galhos! Marc constatará que os pés e as mãos do personagem não estão ligados ao corpo e concluirá: "Esse desenho é mesmo o país do mal amarrado!". Esse "país do mal amarrado", inaugurado antes de uma longa interrupção, inscreve-se na relação transferencial. Continuará sendo, ao longo da terapia, uma fórmula condensada cada vez que nos virmos confrontados com uma problemática de fragilidade do vínculo, tanto com os outros quanto com partes de si.

O trabalho do desenho numa ótica de atenção ao detalhe e de comentários trocados com a criança ocupa um lugar de interpretação coconstruída, para a qual a formulação será encontrada com a criança. Solicitar o interesse da criança para os pequenos detalhes de sua produção abre uma possibilidade de *insight* e uma confrontação entre o conteúdo manifesto (a cena bucólica contada pelo desenho) e o conteúdo latente (a angústia de desmantelamento). O desenho, nesses casos, não é tratado como um sonho, cujo conteúdo final é interpretado, mas como uma narrativa em construção.

Trata-se de uma *interpretação no desenho e não de uma interpretação do desenho.* Quando as capacidades de representação são limitadas ou a vivência de isolamento predomina, pode ser preferível comentar enquanto a criança está fazendo o desenho: os enriquecimentos, na sequência de um comentário do analista que destaca algum aspecto, ou uma ligação que propõe um começo de narratividade, vão adquirir valor de associação, nos moldes do *squiggle* de Winnicott (2015, pp. 26-36).

Interpretação com os pais

Bem mais que nas problemáticas neuróticas, o trabalho com os pais parece ser uma necessidade absoluta. O que é trazido nessas entrevistas pode até, em certos casos, constituir parte essencial do que será trabalhado com a criança. Estou defendendo, aqui, a proposta de James Gammill (1978, 1982/2000) de um trabalho feito pelo analista da criança, em encontros regulares com os pais e sem a presença da criança (posição que está longe de ser consensual entre analistas de crianças e é até motivo de frequentes conflitos em nossos debates). Esse enquadre permite propor esclarecimentos sobre a experiência emocional dos pais sem confrontá-los com um papel educativo devido à presença da criança. Isso possibilita um trabalho interpretativo direto com os pais. Com as situações limites, em particular, lidamos com:

> *pais com um "branco de representação", que não conseguirão preencher esse branco sem ajuda. É o todo de suas capacidades de representação, ao menos na parte que concerne à representação do filho, que temos de ajudá-los a reconstruir. (Prat, 2006, p. 1497)*

O analista relata alguns aspectos à criança, mas cumpre um papel de filtro e de interface para protegê-la dos conteúdos fantasísticos, eventualmente violentos, relativos ao mundo interno dos pais ou à história real.

Nesse tipo de trabalho, os pais de Marc, a pedido meu, trouxeram fotos: uma série incrível, abrangendo uma mesma sequência, como um filme de animação. Marc, aos 9 meses de idade, está no seu cadeirão, tendo, na mesinha à sua frente, uma maçã vermelha de madeira brilhante. Está manifestamente numa grande excitação, aproxima a cabeça, abre a boca, afasta as mãos, os braços, arregala os olhos... e em momento nenhum pega essa maçã nas mãos. Pensando no "país do mal amarrado", comento com os pais como é pouco habitual e incompreensível que ele não a tenha pegado. Eles poderão, então, explorar comigo o que aparece *a posteriori* como distúrbios precoces do vínculo, bem como a parcela de drama pessoal e familiar que eles mesmos estavam vivendo naquela época. Falarei com Marc dessas fotos e de uma parte do que me foi dito pelos pais. Na forma de "isso me fez pensar no país do mal amarrado", eu lhe transmitirei uma hipótese de reconstrução histórica: sua vida de bebê parecia ser "o país do mal amarrado".

Trabalhar assim pressupõe se descentrar do problema do sigilo e da confidencialidade, para trabalhar com a identidade a partir da questão dos espaços de cada um. O próprio enquadre irá colocar a ênfase num trabalho interpretativo sobre os limites: os espaços e temas que o analista partilha com os pais, aqueles que a criança partilha com eles, aqueles que são partilháveis entre nós, aqueles que são íntimos e não comunicáveis e pertencem ao campo da sessão e/ou ao espaço privado de cada um. Isso também vai levar a trabalhar a distinção entre espaço interno e externo: tanto com a criança quanto com os pais, faço sistematicamente distinções em termos geográficos. Esclareço para a criança e para seus pais que o que digo a estes é o que penso e não o que a criança me disse; quando, ao contrário, se trata de comunicar algo dito pela criança, esclareço que esse ponto foi conversado com ela e que ela deseja que eu lhes conte. Faço esse mesmo trabalho sobre os limites com a criança na (ou nas) sessão(ões) que precede(m) e segue(m) a entrevista com os pais.[5]

Para concluir: forma, ritmo e território

Todos sabemos que, se não utilizarmos uma linguagem compreensível em nossas interpretações, elas correm o risco de permanecer como língua estrangeira, letra morta, para nosso paciente. Os exemplos que propus nos incitam a precisar, como *linguagem da interpretação, uma gradação nas formas simbolizadas adotadas que vão da linguagem corporal,* em um acompanhamento muito próximo do experimentado, vivido, atuado... até as formas linguageiras da comunicação secundarizada. Elas devem, portanto, se ajustar à possibilidade de simbolização do paciente para uma determinada problemática, para que possam ser integradas, assimiladas por ele, e cumprir seu papel de fator mutativo na organização, ou reorganização, do psiquismo. A questão da forma é, portanto, central não para determinar se tem ou não estatuto de interpretação, mas para que cumpram sua função, simultaneamente ação sobre o psiquismo e sobre o processo analítico.

Os instrumentos do jogo e do ato são mais familiares para os analistas de crianças e irão, portanto, constituir uma ferramenta eletiva na reflexão teórico-técnica sobre o trabalho com os estados-limite com que nos defrontamos nos tratamentos com os adultos. Assim como com as crianças é mais fácil entrar no território psíquico do outro como aliado aceitável do que como invasor guerreiro. Mas será que isso dá roupas novas à interpretação? Poderíamos responder que, como no famoso conto, na verdade

5 Por falta de espaço, não posso desenvolver essa abordagem específica, que mereceria todo um artigo só para ela.

não há roupa nenhuma! O que é do estilo de cada analista sempre foi determinante.

Sacha Nacht (1956) dizia que o que "importa sobretudo não é tanto o que analista diz ou faz, mas o que ele é" (p. 135).[6]

Ora, "o que ele é" se traduz precisamente por esse modo de linguagem infraverbal, corporal intuitiva, que articula rupturas e aproximações em um ritmo específico e, do qual, em grande parte, não temos consciência. Equivale a uma assinatura pessoal, verdadeira carteira de identidade rítmica, que infiltra todo nosso modo de ser e nosso modo de relação (ao modo das "mensagens enigmáticas" descritas por Jean Laplanche (1987)).

Pode-se, portanto, pensar que isso sempre acompanhou as interpretações classicamente verbais de cada analista e sempre foi um modo de interpretação ativo e, talvez, fundamental do processo analítico. (O acompanhamento que denomino de trilha sonora, por exemplo, ou um acompanhamento gestual, postural, podem constituir um modo de ser "natural" do analista ao se dirigir à criança e, por isso, não ser nem notado nem relatado).

Portanto, não são as roupas que são novas, mas, antes, a consideração delas. Trata-se de nomear o que sempre se fez sem saber, e de fazê-lo sabendo, para, a partir de seu efeito, dar um estatuto pleno de interpretação às intervenções e manifestações do analista. Essas modalidades de expressão se endereçam a um setor ainda insuficientemente desenvolvido do aparelho psíquico do paciente: os exemplos dados remetem a problemáticas regressivas, autísticas, a angústias arcaicas...

A reflexão que propus visa chamar nossa atenção para a importância dessas comunicações no limite entre o verbal e o não verbal.

---

6 "Aussi nous arrive-t-il parfois de soutenir que ce qui importe surtout dans une analyse ce n'est pas tant ce que l'analyste dit ou fait que ce qu'il est."

Trabalhá-las e aprofundá-las para lhes dar um lugar de ferramenta de trabalho clínico é particularmente útil no tratamento das patologias, interdependentes, da identidade e da simbolização, tanto na criança quanto no adulto. Isso torna caduca a bipolaridade do tipo interpretação/construção. Dessas interpretações homeopáticas, poderíamos dizer, como no conto: "É tão leve quanto uma teia de aranha; tem-se quase a impressão de não ter nada sobre o corpo, mas é aí que está toda a beleza da coisa" (Andersen, 1837/1993).

Referências

Andersen, H. C. (1993). *Les Habits neufs de l'empereur.* Paris: Hachette. (Publicado originalmente em 1837)

Anzieu, D. (1970). Éléments d'une théorie de l'interprétation. *Revue française de psychanalyse, 34*(5-6), 755-820.

Aulagnier, P. (1986). *Un interprète en quête de sens.* Paris: Ramsay.

Bion, W. R. (1979). *Éléments de psychanalyse.* Paris: PUF.

Bollas, C. (1996). *Les forces de la destinée.* Paris: Calmann Lévy.

Carvalho, R., Ginzburg, A., Lombardi, R., & Sanchez-Cardenas, M. (2009). *Matte Blanco: Une autre pensée psychanalytique. L'inconscient (a) logique.* Paris: L'Harmattan.

Ferro, A. (1997). *L'Enfant et le Psychanalyste.* Paris: Érès.

Ferro, A. (2009). *Psychanalystes en supervision* (Prefácio de D. Widlöcher). Toulouse: Érès.

Ferruta, A. (2002). Une interprétation qui construit le sujet: l'aventure du processus. In J.-J. Baranes, F. Sacco et al. *Inventer en psychanalyse* (pp. 49-66). Paris: Dunod.

Freud, S. (2010). Construction dans l'analyse. In S. Freud, *Œuvres complètes - Psychanalyse* (Jean Laplanche, Pierre Cotet & André Bourguignon, Dir., vol. XX, p. 65). Paris: PUF. (Publicado originalmente em 1937)

Gammill, J. (1986). Interventions et interprétations exploratoires chez l'enfant. *Journal de la psychanalyse de l'enfant*, (1), 33-48.

Gammill, J. (2000). Quelques considérations psychanalytiques sur le travail avec les parents et les enfants en traitement. In J. Gammill, *À partir de Melanie Klein* (pp. 233-248). Lyon: Césura. (Publicado originalmente em 1978; 1982)

Gammill, J. (2004). Aspects insuffisamment connus et reconnus de la penses de Melanie Klein. Leur influence sur mon travail. In *Seminário do Gerpen*. Paris: Groupe d'Etudes et de Recherches. Psychanalytiques pour le développement de l'Enfant et du Nourrisson.

Guignard, F. (1998). L'interprétation des configurations oedipiennes en analyse d'enfants. *Bulletin de la Fédération Européenne de Psychanalyse*, (50), 34-42. (Publicado originalmente em 1986)

Guignard, F. (2002). Apories de la transformation dans l'activité psychique du psychanalyste en exercice: taches aveugles et interprétations bouchons. *Revue française de psychanalyse*, *LXVI* (5), 1653-1659. (Numéro spécial congrès)

Israël, P. (1993). Interpréter l'interprétation, effets de style, création de sens. *Revue française de psychanalyse*, *LVII* (1), 55-65.

Israël, P. & Prat, R. (2007). *Actes qui parlent et interprétAction*. Conferência de 17 de janeiro de 2007, Association Grenobloise de Psychanalyse. (Correspondência pessoal)

Israël, P. & Prat R (2009). *De l'excitation sensorielle à l'organisation pulsionnelle.* Conferência na SPP, 4 de abril de 2009.

Klein, M. (1973). *Psychanalyse d'un enfant.* Paris: Sand & Tchou. (Publicado originalmente em 1961)

Laplanche, J., & Pontalis, J.-B. (1967). *Vocabulaire de la psychanalyse.* Paris: PUF.

Laplanche, J. (1987). *Nouveaux fondements pour la psychanalyse. La séduction originaire.* Paris: PUF.

McDougall, J., & Lebovici S. (1984). *Dialogue avec Sammy.* Paris: Payot.

M'Uzan, M. de (1994). *La Bouche de l'inconscient.* Paris: NRF.

Nacht, S. (1956). *La psychanalyse d'aujourd'hui ouvrage premier.* Paris: PUF.

Prat, R. (2006). Cures types et cures typiques en analyse d'enfant. *Revue française de psychanalyse, LXX* (5), 1491-1500. (Numéro spécial congrès)

Racker, H. (1997). *Etudes sur la technique psychanalytique: Transfert et contre-transfert* (Pièrre Leconte & Nadège Foucher, Trads.). Lyon: Césura. (Publicado originalmente em 1979)

Roussillon, R. (2005). La conversation psychanalytique: un divan en latence. *Revue française de psychanalyse, LXX* (2), 365-382.

Roussillon, R. (2008). *Le Jeu et l'Entre-je(u).* Paris: PUF.

Stern, D. (1989). *Le Monde interpersonnel du nourrisson.* Paris: PUF.

Widlöcher, D. (1981). L'interprétation entre guillemets. *Nouvelle revue de psychanalyse,* (23), 263-278.

Widlöcher, D. (1998). De l'empathie à la co-pensée. *Revue de psychothérapie psychanalytique de groupe,* (30), 9-15.

Winnicott, D. W. (2015). Le jeu du *Squiggle* (Jean-Baptiste Desveaux, Emily Galiana, Trads.). *Journal de la psychanalyse de l'enfant*, *5*(2), 29-36.

10. Ações interpretativas na clínica com crianças

Régine Prat

Tradução: Beatriz Tupinambá

Situarei o fio condutor da minha conferência, que define o substrato teórico em que me situo, concentrando-me principalmente na clínica. Abordarei algumas propostas técnicas resultantes da evolução da minha clínica ao longo dos anos que talvez sejam contestáveis – em todo caso discutíveis –, mas que continuo a desenvolver.

A partir do confronto com os dados de desenvolvimento proporcionados pelos trabalhos sobre a instituição dos primeiros vínculos e primeiros processos de pensamentos, principalmente a partir do conceito de sintonia (Stern, 1989), o trabalho analítico se ancora na inter-relação. "A interpretação precisará descobrir que tem corpo, precisará descobrir que é capaz de ação", afirma R. Roussillon (2008, p. 62).

A partir do conceito de InterpretAção proposto por Paul Israël (2009), nosso trabalho nos últimos anos situa-se nessa linha.[1]

1 Paul Israël, Régine Prat: "Interatividade no tratamento, interatividade fundadora da psique. Uma abordagem à psicanálise dos estados limites". Conferência

Trata-se de outra forma de construção, não mais de uma exposição *ex cathedra*, mas de uma construção a duas vozes, duas psiques, duas cabeças: "quimera" para M'Uzan (1994, p. 91); "construção interpretativa" por A. Ferruta (2002); "conversa psicanalítica" para R. Roussillon (2008); "copensamento" para Widlöcher (1998); "discussão analítica" para A. Ferro (1997, p. 86), sempre um trabalho a dois.

Portanto, ocorreu a mudança para modalidades interpretativas resultantes do copensamento. Pode-se notar que, para o próprio Freud, as "construções" estavam longe de representar todas as suas comunicações para o paciente. H. Racker (1979/1997) o qualifica de "diálogo franco" e nota, não sem humor: "As pessoas que ligam o conceito de 'técnica clássica' à predominância de monólogo do analisando, com poucas interpretações do analista, geralmente curtas, precisará concluir que, nesse aspecto, Freud não era um analista 'clássico'". Ele lembra que o silêncio do analista também é um agir.

A própria legitimidade da psicanálise de crianças e sua especificidade tem sido objeto de contestações de identidade, em que há o risco do analista de crianças perder sua identidade de analista. Assim, Florence Guignard lembrou, em palestra no fim de semana de Gerpen em homenagem a Joyce McDougall, que o seminário de psicanálise da infância iniciado por esta em Paris na década de 70, por razões institucionais, foi sendo "diminuído como dor de cabeça e, finalmente suprimido, com a afirmação, que escutamos deprimidos e aturdidos: "*a psicanálise de crianças* não existe" (Guignard, 2013). Observa-se que o debate em torno do trabalho com bebês baseia-se nas mesmas questões colocadas anteriormente para a psicanálise de crianças.

SPP, 4 de abril 2009, trabalho apresentado no seminário intitulado "Da excitação sensorial à organização pulsional".

A QUESTÃO CENTRAL DO DEBATE PARECE DIZER RESPEITO AO QUE SE MANTERÁ COMO MATERIAL DE TERAPIA.

Na análise de adultos neuróticos, o material se constitui de produções verbais do paciente, excluindo quaisquer outras, considerando-se tradicionalmente as ações como "passagens ao ato" (atuações).

No tratamento de crianças neuróticas, os analistas de criança integraram no material as produções do jogo simbólico da criança. O material enriqueceu-se com os atos simbolizados no jogo, isto é, "atos simbólicos" que passaram a ser utilizados para comunicação e elucidação do significado inconsciente, com objetivo de mudar o funcionamento psíquico do paciente.

No trabalho analítico com uma criança neurótica, o clássico "modelo do sonho" se reconverte em "modelo do jogo" (Israël & Prat, 2009), que representa exatamente o mesmo registro de funcionamento psíquico. Nosso modo de escutar e de intervir facilmente se converte de acordo com o mesmo modelo da análise de adultos neuróticos; a capacidade associativa da criança se revela no decorrer de seu jogo ou desenho, e o analista pode sentir-se suficientemente livre para escutar com base em sua capacidade de *rêverie*.

O trabalho com crianças mais doentes, autistas ou psicóticas, exige a ampliação do conceito de material para "atos não simbolizados". Assim, manifestações corporais ou comportamentos da criança muitas vezes constituirão parte essencial do que se trabalhará e interpretará.

Nas terapias pais-bebês levaremos em conta, como parte integrante do material, as interações do bebê e sua mãe, ou pai, em relação um ao outro. Esses atos têm um senso intenso de comunicação e constituirão grande parte do material das sessões de terapia. Proponho chamá-los de "atos relacionais" (Prat, 1998/2000b). De fato, ao observarmos uma mãe e seu bebê, vemos a mãe fazer coisas com ou para o bebê (alimentá-lo, trocá-lo, brincar), gestos, sons pouco "falantes", muitas onomatopeias, jeito de cantar. Hoje, conhecemos melhor as características prosódicas do "manhês" para a fala do bebê e do que ele faz. Vemos o corpo em jogo, o corpo em ação, de tudo que traduz bem o termo "interação".

A APLICAÇÃO RÍGIDA DE UM MODELO ANALÍTICO DE REFERÊNCIA EM QUE AS AÇÕES SEJAM EXCLUÍDAS DO CAMPO DO MATERIAL E CONSIDERADAS COMO "PASSAGENS AO ATO" (ATUAÇÕES) LEVARIA A CONSIDERAR ABSURDAS TANTO AS ANÁLISES DE CRIANÇA QUANTO AS TERAPIAS PAIS-BEBÊ.

Abordar esses tratamentos com instrumentos psicanalíticos clássicos conduziu evidentemente a um impasse, ou à exclusão de todo o campo da terapia analítica para as crianças mais jovens ou mais doentes, ou seja, aos que por motivo de desenvolvimento ou de impedimento patológico não teriam acesso à simbolização linguística ou que se baseie no desenho ou no jogo simbólico. Na análise de crianças, a evolução histórica ocorreu no sentido de levar em consideração os conflitos intrapsíquicos para sujeitos cada vez mais jovens e/ou cada vez mais doentes. Numa dialética entre clínica e teoria, isso permitiu abrir novos campos teóricos que por sua vez permitiram a abordagem terapêutica de novas questões clínicas, especialmente no campo das patologias "limites" adultas.

Abriremos outro campo clínico, o da clínica da ação, clínica da linguagem de ação, não mais da passagem ao ato, mas da passagem pelo ato, da clínica dos obstáculos à simbolização ou de seus problemas. Isso diz respeito à criança ou ao bebê, mas também ao analista em sua técnica interpretativa.

Nesta clínica, o objetivo não é mais a suspensão da repressão, mas a construção ou reconstrução do psiquismo e, em especial, das modalidades de simbolização ou "simbolizações plurais" (Baranes, 2012), que permitirão comunicar-se, relacionar-se com o outro por meio de símbolos.

Para encarar as dificuldades clínicas que enfrentamos, tanto com crianças como com adultos, devemos desconstruir algumas regras e prescrições técnicas da base da nossa formação que podem constituir uma deformação que obstrui nossas capacidades terapêuticas. O trabalho "nos limites" pressupõe o desenvolvimento de novos paradigmas técnicos, em especial a sensibilidade à linguagem não verbal e do seu uso como modelo interpretativo; o desenvolvimento de um modelo de intervenção e de presença mais ativo e não interferente; a ampliação da noção de enquadre ao envoltório e à função continente. Monique Cournut tinha formulado durante o Congresso de Bruxelas em 2002 que o analista confrontado com as mudanças de nosso tempo devia "aprender a fazer o que nas formações clássicas mais antigas aprendeu-se exatamente a não fazer" (citado por Prat, 2004a).

> *Com apoio em situações clínicas com crianças, examinarei essas ampliações técnicas em termos da natureza do material levado em consideração, do enquadre associado ao fora do enquadre na construção e desenvolvimento do processo terapêutico, do tipo e da forma do trabalho interpretativo bem como as condições que tornam relevante a interpretação da transferência. Continuarei as reflexões apresentadas em 2012 (RFP 2/2012) sob o título: "A roupa nova da interpretação", e*

> *continuado na conferência da IPA em Boston em 2015 sob o título: "Nós e o abuso do enquadre: quais as qualidades para o analista nos limites e que formação".*[2] *(Prat, 2015)*

Com mais de 40 anos de retrospectiva, hoje podemos observar melhor o quadro em sua totalidade. A clínica psicanalítica com bebês já percorreu um longo caminho e talvez tenha granjeado legitimidade. As críticas que recebeu nos anos 1980, agora parecem estar ligadas ao contexto histórico, e testemunhar uma forma de observar as inovações dessa clínica pelo prisma do conhecido e de rejeitá-las em nome do que se tornou uma ideia preconcebida.

Além da psicanálise de criança, da observação, da clínica dos bebês... está em questão toda uma abordagem da psicanálise e uma concepção da clínica.

Na prática analítica com adultos, é comum observar a diminuição dos tratamentos denominados padrão e o aumento de patologias limite, patologias narcísicas, estados operatórios, exigindo ajustes técnicos e a elaboração de um novo campo teórico. Parece-me que consigo assinalar a mesma evolução na prática dos analistas de criança, com o mesmo risco de discrepância entre a formação do analista e sua prática.

A reflexão sobre a avaliação do tipo de paciente suscetível de caber no enquadre definido pela psicanálise, isto é, a questão da indicação e da condição para análise, desloca-se para a avaliação

2 Painel coordenado por René Roussillon: "Mudanças na clínica, mudanças na análise, mudanças no analista: algumas propostas sobre os limites da análise e a análise dos limites".

do tipo de enquadre mais adequado para ajudar esse paciente – ou esse momento da sua evolução – a realizar um processo de transformação, de ligação e de simbolização. Os meios técnicos de análise que funcionam de acordo com o tratamento-padrão parecem ineficazes e, eu ousaria mesmo dizer, às vezes, contraindicados.

Se nossos colegas de outrora deviam escutar o "que não se pode dizer", e fossem ajudados a encontrar "as palavras para dizer"; nós, com muita frequência precisamos escutar o que não se pode dizer, nem pensar, e mesmo o que não se pode sentir. Ou seja, uma missão impossível sem a transformação fundamental das modalidades da nossa escuta. Todo nosso modelo teórico-clínico ancorado sobre sonho/recalcamento/representação se modificará. Não é mais a suspensão do recalcamento que funcionará nos tratamentos, mas a retomada do desenvolvimento da construção do vocabulário emocional.[3]

O substrato teórico, que não retomarei no momento, refere-se à ideia de que as vivências traumáticas iniciais, mas igualmente amplas, vivências estas qualitativamente não assimiláveis, que se pode definir como "traumatismos brancos",[4] não serão transformáveis, não simbolizáveis em elementos secundários e especialmente linguísticos. Eles permanecerão sob a forma de traços mnêmicos não reevocáveis, que como hoje sabemos serão integráveis em

3 Florence Guignard (2001) define como "conceitos de terceiro tipo": o par mentalização/desmentalização, os de campo analítico, as transformações e narrativas dialógicas do tratamento que "nos levam a um modo de escuta mais sutil e paradoxalmente mais exato do que o que visava restaurar o discurso manifesto do paciente"; ela pergunta: "Ainda hoje podemos avaliar a questão das 'dimensões do aparelho mental' utilizando o conceito único de representações?".

4 O branco do traumatismo: a estratégia defensiva da terra queimada. 44º Congresso da IPA RIO 2005. O branco do traumatismo: a estratégia defensiva da terra queimada Psyche, *Revista de Psicanálise*; n.17, jan.-jun. 2006.

estruturas cerebrais diferentes,[5] que, no entanto, se manifestarão na linguagem corporal e funcionarão sob forma de sintoma, de organização patológica da personalidade. Trata-se então de encontrar, nos tratamentos, as primeiras modalidades de expressão dos afetos, o vocabulário de sensações (Prat, 2016) que infiltram as somatizações, mas, igualmente de maneira mais básica, as manifestações corporais, as modalidades temporais, o ritmo e o movimento na forma de inscrever a relação com o outro.

Será nesse campo que centrarei minha temática, tentando propor algumas referências técnicas a partir de situações clínicas. Organizarei as questões em torno de 3 eixos, separando-os de maneira obrigatoriamente artificial:

- o material
- o enquadre
- a interpretação

O sentido do material: visível e invisível, verdadeiro e falso

Ampliar o material a todas as manifestações do paciente, incluindo as manifestações corporais, o que implica de modo correspondente que estamos ampliando nossas capacidades de escuta a tudo que não é dito, que não se mostra, mas que, no entanto, se deixa ver. Trata-se de desenvolver nossa escuta ao que está implícito, (o que alimenta nossa intuição clínica e que age a nosso favor a

5 O inconsciente não reprimido, "é estruturado em relação aos núcleos das amígdalas, enquanto o inconsciente dinâmico, resultante da repressão, se organizará após os dois anos de idade, quando as estruturas cerebrais do hipocampo atingirem a maturidade" (Mancia, 2007).

maior parte do tempo em todos os encontros humanos): refiro-me ao que propus como modelo da comunicação: a ópera do encontro (Prat, 2002).

Podemos dizer aqui que escutar é ver. Myriam David dizia que "a observação cuidadosa dos gestos da criança pequena era o equivalente da escuta das palavras do adulto" (Martino, 2009).

Baseado em sua experiência de observar as interações mãe-bebê, Stern (2003) desenvolveu acuidade extrema na compreensão dos "microdramas" desempenhados por dois protagonistas: o "momento presente" e "um mundo em um grão de areia". É uma pequena unidade de experiência vivida, contendo os dados essenciais sobre a pessoa, a essência de sua relação com o mundo e consigo mesma. Essa abordagem, cujo ponto de partida é fenomenológico,[6] tem por objetivo levar em conta o que Stern (2003) denomina "a face oculta da lua" quer dizer, o domínio do implícito.

É interessante conciliar a utilização que Stern (2004) faz do "momento presente" com a técnica recomendada por Bollas: "Em situações de limitação da psicanálise, em que o paciente não pode associar livremente, faça-o contar o que ele fez durante o dia", diz Bollas (p. 6).[7] Ressalto que se trata do que eles fizeram, não do que pensaram ou sentiram, mas que não é um convite ao funcionamento operatório. Com o pedido de descrição detalhada,

6 "A fenomenologia não se interessa e, de fato, exclui qualquer tentativa de explicar como essas coisas surgiram na mente ou foram moldadas por ela. Também não procura explorar a realidade externa que pode corresponder ao que está em nossas mentes. Só diz respeito ao aspecto das coisas quando elas surgem ou são oferecidas à nossa experiência" (Stern, 2003, p. 25).

7 The Christopher Bollas Conference On Free Association Sponsored By the Toronto Psychoanalytic Association Mt. Sinai Auditorium, sábado, 2 de outubro de 2004. Notas de Palestra de Leah Lucas: "Há limitações à psicanálise quando o paciente não consegue associar livremente. Faça-o contar o que fez durante o dia" (tradução pessoal).

fenomenológica, dos fatos surgirá "o mundo em um grão de areia", que poderá ser objeto de análise. Assim, solicitamos a descrição de uma cena que testemunharemos, e que revisitaremos com o paciente: veremos então os aspectos essenciais da pessoa e o estado de suas relações revelados pela e na relação transferencial, um "passado vivo e sentido no presente" (Stern, 2003, p. 24).[8] Isso leva a nos interessarmos pela questão do "como" as coisas chegam e não "por que" chegam.[9]

Bollas (1987) denomina "não-pensado conhecido" o que predetermina uma parte significativa de nossa existência e a psicanálise transformará o não pensado em pensado pela experiência e a interpretação da transferência e da contratransferência.[10] Nas experiências anteriores à linguagem "nos falta equipamento mental para pensar nossas experiências, elas são estocadas em categorias

8 Stern (2003, p. 241) próximo igualmente de Thomas Ogden (2016): "Somos a totalidade de nossa experiência de vida, enquanto vivemos o momento presente. O passado não está 'atrás de nós', está 'em nós'".

9 Interessei-me em encontrar uma ideia próxima em Ogden (2016, p. 10), "Tenho notado que a pergunta 'Por quê?' convida o doente a responder recorrendo aos aspectos mais conscientes da sua personalidade (enraizados em um processo secundário, em lógica de causa-e-efeito). Em contraposição, a pergunta 'Como se sentiu?' convida à descrição metafórica que normalmente implica em resposta muito mais rica, incitada por emoções, derivada de aspectos mais inconscientes da personalidade".

10 "Uma parte muito significativa da nossa existência é predeterminada por esse conhecido não-pensado, e a psicanálise transformará o não-pensado conhecido em pensamento, por meio da experiência e a interpretação da transferência e da contratransferência" em Bollas (1987, p. 9). "Essas memórias corporais conduzem lembranças da nossa existência mais inicial. É uma forma de conhecimento ainda a ser pensada e constitui parte do não-pensado conhecido" (Bollas, 1987, p. 46). (Tradução pessoal: A memória do corpo comunica-transporta memórias da nossa vida mais antiga. É uma forma de conhecimento que ainda precisa ser pensada e constitui uma parte do conhecido não pensado.)

de representação não verbal, o jogo da luz, o som da voz, compostas de unidades psicossomáticas".[11]

Essas "hipóteses psicanalíticas" sobre "a memória amnésica", "o inconsciente amencial" e aquelas de psicanalistas que se interessaram pela repetição de traumas precoces se encontram agora confirmadas pelos trabalhos dos neurobiologistas e os progressos dos exames de imagem cerebral.

O material não verbal

Olivier me ensinará a trabalhar arduamente sem linguagem nem material simbólico. É autista, 17 anos de idade no início do tratamento, 23 anos atualmente. Tem linguagem de uso apenas informativo na vida familiar e começa a desenvolver uma linguagem comigo.

Imóvel em sua poltrona à minha frente, como um bloco rígido, enfiado no seu casaco, quase catatônico; ele permanece com os punhos fechados, olhos fechados, pálpebras tensas, ou revira os olhos mostrando-me o branco dos olhos. Em um primeiro momento tento estabelecer contato tentando dar sentido de comunicação ao que observo de suas manifestações corporais, unicamente indicadas pela rigidez ou relaxamento corporal: comento essencialmente a novidade da situação, o seu terror da situação e de mim, desconhecida, portanto, perigosa.

---

11 Bollas (2013, p. 72): "Todos nós somos compostos de não-pensados conhecidos. Antes de adquirirmos linguagem, falta o equipamento mental para pensar a experiência que temos, nós as temos armazenadas em categorias representacionais – o jogo de luz, o som da voz que são compostos de unidades psicossomáticas. Com o tempo, essas podem se ligar umas às outras e formar a base da experiência emocional e da fantasia inconsciente. Geralmente ao se adquirir linguagem esses estados pré-verbais de self são transferidos para a ordem simbólica".

Mais tarde, comento os momentos de relaxamento em que ele se recosta no encosto da poltrona e se apoia no braço dela, como sinais de menos medo de mim. Posso dizer: "Agora que nos conhecemos um pouco mais, você pode se sentir bem no braço da poltrona, bem apoiado no encosto, para se sentir, relaxar." Nesse período, proponho que ele traga fotos e ele me traz todos os álbuns de fotos da família que nós olhamos e comentamos juntos, em grande proximidade física.

A marca de um contato se iniciará por uma série de bocejos, que comento como comunicação: "Você boceja e me faz bocejar também... é contagioso... e isso faz você bocejar novamente". Falo da possibilidade de encontrarmos aqui juntos um relaxamento e um contato. Depois ele adormece na sessão e posso falar sobre isso, e de como ele começa a ter confiança na situação e em mim, estar contente de se reencontrar e de reencontrar a sala familiar, uma esperança de se comunicar.

Mais recentemente ele pôde-me dizer que sentia frio nos pés, primeira comunicação pessoal que não era sobre aspectos materiais da vida: "a chaleira está quebrada"; "há um vazamento no banheiro...". O aquecimento dos seus pés na sessão adquire sentido de se aquecer no clima emocional da sessão, se reassegurando da continuidade da minha presença, e o fato que eu sou sempre eu, a mesma, inclusive quando não estou vestida igual, sempre presente para ele. Criança, ele se refugiou em um mundo imutável, feito de reflexos duros sobre superfícies metálicas para sobreviver às suas angústias de terror da raiva e dos gritos de sua mãe, verdadeiros trovões aterrorizantes e imprevisíveis. Ele me diz que tem náuseas e tontura no táxi que o traz, que dirige muito rápido. Mas a partir da minha pergunta, surge o fato de que ele não tem náuseas na volta. Essa descoberta o surpreende e interessa. Proponho a ideia de que quando estamos seguros de que nos reencontramos, nos sentimos mais sólidos.

Thérèse, que descrevi há 11 anos com "grave queimadura psíquica" (Prat, 2002), está estática, sem uma palavra, em manifesta hostilidade, não responde a nenhuma das minhas perguntas (Prat, 2004a). Ela se instala em um silêncio obstinado, fechada em um blusão que esconde a parte inferior do rosto, me dá as costas e esconde seus desenhos atrás dos braços (desenhos geométricos repetitivos, seu nome escrito em letras duplas). Meus comentários são acolhidos com um levantar de ombros, olhos erguidos para o céu e suspiros acabrunhantes. Mais do que seus conteúdos, é o "*timing*" que me parece operante, conforme a lista a seguir.

- Aprenderei a regular meu tempo de falar sobre o que ela me indica por meio de sinais corporais discretos como abertura mínima (casaco um pouco menos fechado, postura um pouco menos dobrada sobre sua folha, um rápido olhar em minha direção).
- Vou aprendendo a regular a distância física de maneira gradual: em minha poltrona, em silêncio, atrás de suas costas, quando ela se instala na mesa da parte de crianças da minha sala; depois, sempre atrás, mas com algumas manifestações da minha presença ou do meu pensamento; num banco mais perto da sua mesa, mas me situando corporalmente para trás; depois, mais próxima quando posso olhar e comentar o desenho que ela faz; enfim, após 18 meses de terapia, uma área de participação em algumas atividade do tipo *squiggle* (rabisco) do qual pôde resultar uma troca, que permitirá a elaboração de um pensamento comum.
- Minha maneira de falar é particular: frases mais curtas, menos exatas e inacabadas; "arredondo" os contornos de minha entonação, suprimindo tudo que poderia ser vivido

como incisivo ou intrusivo, usando entonações ascendentes "que valem a pena prestar atenção", mais do que entonações descendentes, "sinal de um isolamento em si, um fechamento" (Danon-Boileau, 2001). (Tive notícias recentes por sua mãe, a quem ela pôde dizer que eu lhe havia salvado a vida! Atualmente ela tem 26 anos de idade e uma vida mais harmoniosa.)

Separar o verdadeiro do falso

A criança chega para terapia com um diagnóstico ou um rótulo que frequentemente invadirá o terreno do que se mostra: agressividade, manipulação, perversão, problemas de atenção, agitação. O material "verdadeiro" é a busca do modo de "como ser com o outro", utilizando o único modo disponível: entrar, atacar, agarrar, tentar alcançar o objeto em seu sentido mais primitivo de "entrar em contato", distorcido em seu sentido concreto. Os jogos de bola, por exemplo, serão o terreno em que a criança se esforçará para nos abater, inventar regras para ganhar, desobedecer às regras, mudá-las para benefício próprio.

Interpretar a agressividade, a rivalidade, lembrar as regras, ou nos situar ao nível pulsional, a meu ver, conduz ao impasse, em que nos encontramos em um mundo do anterior, do sentido possível da destrutividade dirigida contra um objeto constituído. (Adiante darei algumas pistas para refletir como transformar esses jogos em uma experiência de adaptar e desenvolver a capacidade de começar a se relacionar.)

O material inserido pelo analista, o que J. Guillaumin (1994) nomeia como "parte silenciosa e contrabandeada da transferência", na maioria das vezes, desempenha um papel, não interpretado e, mesmo sem nosso total conhecimento, não apenas auxiliar, mas importante. O vivenciado pelo analista é o material do paciente.

Clara tem 14 anos de idade ao me consultar por um fracasso escolar generalizado e um quadro de inibição em todos os setores do desenvolvimento. Muito isolada afetivamente, tem poucos amigos. A família toda tem um funcionamento fóbico, com isolamento afetivo e social muito importante (Prat, 2004b).

Clara me obriga a enfrentar primeiro um problema contratransferencial de vazio e de aborrecimento: ela não faz qualquer associação, e me obriga a desenvolver estratégias para evitar questões às quais ela poderia responder minimamente por sim ou não. Sou tomada por um sono quase hipnótico, "me agarro" para resistir, multiplico as estratégias (café antes das sessões, mudança de posição de minha poltrona, beliscões…). Em uma sessão, ao me sentir caindo no sono enquanto falo, isto é, no meio da frase, com uma impressão vertiginosa, contra a qual não consigo lutar, de ser sugada para o vazio de um coma, sou invadida por uma vivência de pânico, pela ideia de um problema neurológico, de um tumor cerebral em que esse momento seria um primeiro sintoma. Na sessão de Clara, fico incapacitada, comatosa, como se uma placa de chumbo caísse sobre os meus pensamentos. Mas, milagrosamente me levanto para o próximo paciente, aliviada de me reencontrar. Após um curto período de férias, quando lhe pergunto o que ela fez, a sua resposta habitual: "nada", se completa com um novo elemento: "dormi". Ao retomarmos o detalhe, fico sabendo que ela dorme cerca de 20 horas por dia, acordando, como um bebê, só para comer. Se ela não tem atividades externas, cai na "vacância", no vazio. Eu absorvi a camada de chumbo que ela coloca em seu funcionamento psíquico, anestesiando toda a capacidade de pensar.

O enquadre "claustrum" *ou enquadre em movimento*

A formação que recebemos nos faz considerar o enquadre como um elemento determinante na instalação do processo analítico e a identificar as atuações como resistência, ataque ao enquadre ou mesmo indicação de reação terapêutica negativa. Mas devemos questionar a relativa facilidade que a manutenção do enquadre frequentemente representa para o analista.

Em problemáticas de dificuldade de simbolização e de precariedade de limites, precisaremos construir os limites a partir da experiência do encontro. Isso nos levará a distinguir enquadre de dispositivo:[12] dentro de técnica e de suas regras, o enquadre funcionará de acordo com a construção das suas funções e significado, como enquadre-continente das modalidades do vínculo paciente e analista.

Segundo Ogden, "'a manutenção do enquadre' em psicanálise não é um simples reflexo da obsessão rígida do analista, é também a preservação de um espaço importante de comunicação entre paciente e analista". Assim, *acting-out* e *acting-in* participarão do que ele denomina "diálogo analítico". "A tarefa do analista não é fazer o paciente deixar de cometer 'passagens ao ato' (atuações), mas garantir que o espaço analítico 'envolva' essas comunicações por meio de atuação" (Ogden, 2014, p. 156). Mais do que um ataque, o desrespeito ao enquadre reflete a desorganização do enquadre interno de funcionamento psíquico. De acordo com Bleger (1966): "Concluímos precipitadamente, ao passarmos nosso tempo falando de

---

12 Falla (2010), em sua excelente tese, distingue dispositivo de enquadre e propõe que: "O confronto com o dispositivo gera proto-emoções que se tornam disponíveis para ocasionar proto-representações e incitar a capacidade alfa do paciente para transformá-las em representação" (p. 58).

ataque do enquadre nos casos em que o paciente não concorda . . . o que está em questão nem sempre é um ataque, mas desorganização do próprio paciente".

Quando a terapeuta descreveu como "ataque ao enquadre" o fato de a criança deixar cair repetidamente o material de jogo da mesa, R. Roussillon propôs na supervisão: "talvez ele queira brincar de outra coisa".

O ataque ao enquadre: o significado do que acontece dentro do enquadre

Theo desenha uma espécie de círculo ao redor de si, chutando a bola que bate nas paredes uma após a outra. Isso me ajudará a entender, não sua oposição, não apenas que ele quer "brincar de outra coisa", mas especialmente sua incapacidade de brincar de qualquer coisa (no primeiro encontro comigo, ao lhe apresentar os brinquedos que separara, ele disse "que não joga jogos"). Com isso, ele nos diz que devemos encontrar-alcançar bordas, desenhando um círculo em torno de si, em que ele vivencia existência e solidez.

Moderando a desorganização do enquadre interno de funcionamento psíquico, a pesquisa fora de enquadre representa uma tentativa de comunicação, impossível de ser feita por outros meios e que ainda escapa à simbolização: estabelecer uma regra para usar apenas o que é fornecido no perímetro geográfico e temporal da sessão, resulta na exclusão de material utilizável que provém de fora e, possivelmente, restrição ao canal oficial, às comunicações, também oficiais.

O paradoxo do enquadre protetor, suscetível de se transformar em "*claustrum*", formulado por uma paciente adulta, pode nos esclarecer no tratamento de crianças. A sra. G. quer me dar um livro de presente. Ela está aterrorizada que eu recuse, pois ficaria desolada, disse, mas ela sabe que não posso aceitar, porque "bons analistas não aceitam presentes!". Por isso, estou amarrada aos duplos vínculos da sua infância: para ser "boa" eu deveria magoá-la e, inversamente, fazer-lhe bem significa que sou "má". Convido-a a me mostrar as imagens que ela queria especialmente me mostrar e que se revelarão como aspectos "disformes", que lhe pareciam totalmente incomunicáveis.

Assim, o uso de banheiros, tradicionalmente interpretado como colocar algo para fora e evacuar um sentido, pode, por exemplo, "mostrar" qual é a possibilidade ou dificuldade de usar um espaço íntimo, ou de tentar reintegrá-lo.

Trazer brinquedos de fora, muitas vezes interpretado como ataque ao material fornecido, resistência ao trabalho analítico proposto, pode produzir efeitos reais de apreensão que realmente nos mergulham na dimensão não elaborada, não elaborável. Por exemplo, a chegada de um gigantesco monstro-dinossauro como sinal "oficial" da paixão da criança pelos dinossauros, mas disfarçando os efeitos do terror.

Uma paciente, com um funcionamento que poderíamos chamar de operatório, me mostra um filme desconcertante, seu filho tem pesadelos que o fazem vagar em estado alucinatório, que a deixa esvaziada, sem pensar, sem qualquer possibilidade de ajudá-lo. Também lhe era impossível encontrar palavras para me contar isso, devido ao eco revivido desses mesmos estados de angústia e desamparo em sua infância.

Da mesma forma, trazer música para nos fazer escutar algo que, contrariando a intenção anunciada, não é compreensível para o adolescente, representa um pedido de ajuda na compreensão, mas igualmente na simbolização dos afetos em linguagem.

As cartas escritas durante as férias pelo paciente, para o qual sempre menciono essa possibilidade antes das férias, mas que classicamente o analista supostamente não deveria responder, representam também a esperança de abrir a frágil possibilidade de uma inter-relação. Portanto, não responder é devastador para todo o processo analítico e para o narcisismo do paciente.

Utilização do "fora do enquadre"

Classicamente, o analista era obrigado a nada dizer sobre coisas fortuitas ocorridas fora da sessão e sobre as quais o paciente também não fala. No entanto, precisaremos aprender a usar esses elementos (comentários antes de entrar, encontros fora das sessões, trocas telefônicas ou de e-mails, presentes...) como portadores de uma área de significado excluídos da análise: se não houver "palavras para dizê-lo", elas são possivelmente portadoras de verdade psíquica a ser mantida em segredo. Não falar disso coloca o analista, e a análise, em posição de cumplicidade com o mecanismo de clivagem do paciente. Na terapia de crianças, essa reintegração da cena externa também envolve trabalho regular com os pais e a utilização de alguns elementos (biográficos ou eventuais) que eles trazem, para fins de comunicação no trabalho da sessão (Prat, 2006).

Bem mais do que nas problemáticas neuróticas, trabalhar com os pais parece ser uma necessidade absoluta. O que é trazido nessas entrevistas, em alguns casos, pode constituir uma parte essencial do que será trabalhado com a criança. Aqui defendo o proposto por James Gammill (2000), de um trabalho realizado pelo analista da criança em reuniões regulares com os pais e sem a presença da criança (postura que está longe de ser um consenso entre os analistas de crianças e que frequentemente gera conflitos em nossos debates).

Esse enquadre permite esclarecer a experiência emocional dos pais sem confrontá-los com seu papel educativo devido à presença da criança. Isso permite um trabalho interpretativo direto com os pais sobre o que representa a parentalidade deles. Com situações limites, principalmente, precisamos lidar com "pais em 'representação branca', pois não poderão preencher esse branco sem ajuda. É a totalidade de suas capacidades de representação, ao menos na parte que diz respeito à representação de seu filho, que precisamos ajudá-los a reconstruir" (Prat, 2006, p. 1497). O analista relatará certos elementos para a criança, mas atuará como filtro e interface para protegê-lo de conteúdos fantasmáticos, possivelmente violentos, relativos ao mundo interno dos pais ou à sua história real. Trabalhar dessa maneira significa afastar-se do problema do sigilo e da confidencialidade, para trabalhar a identidade a partir da questão dos espaços de cada um. O enquadre em si vai acentuar os limites. Os espaços e tópicos que o analista compartilha com os pais, os que a criança compartilha com eles, os que são compartilháveis entre nós, os que são íntimos e incomunicáveis e permanecem no âmbito da sessão e/ou o espaço privado de cada um.

Isso também levará ao trabalho da diferenciação entre espaço interno e espaço externo: tanto com a criança quanto com seus pais, faço uma diferenciação sistemática em termos geográficos. Declaro à criança e a seus pais que eu digo o que penso aos pais e não o que a criança me disse; quando se trata, ao contrário, de comunicar algo dito pela criança, assinalo que essa questão foi discutida com ela e que ela deseja que eu compartilhe com eles, pais. Da mesma forma, faço esse trabalho sobre os limites com a criança na sessão, ou nas sessões que precedem e se seguem à entrevista com os pais.

O estabelecimento de contornos e das funções do trabalho de pensar são, portanto, concebidos como funções básicas para iniciar as modalidades de reconstrução dos limites, como um mapeamento para tratar a confusão.

O pensamento de cada pessoa lhe pertence, tem um contorno firme que o diferencia do que é atuado, e igualmente do pensamento do outro, e sua consequência é a possibilidade de trocar pensamentos, comunicar ou guardar para si mesmo.

Tanto na terapia pais-bebês, como no trabalho com os pais das crianças em terapia, não trataremos as personalidades dos pais nem possivelmente sua patologia individual, mas a parentalidade, para que o que oprime se afrouxe o suficiente para permitir uma mudança no quadro clínico e reduza as resistências da família. Isso permitirá estabelecer uma aliança de trabalho com os pais, que, da mesma forma, lhes permitirá reconstruir, por exemplo, a solidariedade parental, prejudicada no casal por projeções e críticas.

Podemos permitir aos pais fazerem conexões em duas direções, mostrando-lhes:

- as capacidades da criança de encontrar soluções: por exemplo, na queixa dos pais sobre o desinteresse escolar, falta de interesse e evasão aos valores do trabalho de persistência, tenacidade da família. É muito útil mostrar, por exemplo, que essa criança, em seu investimento em um esporte competitivo, reflete esses valores em um meio que lhe é próprio.
- o que os impede de "ver", de reconhecer esses valores: no caso, a educação rígida e exclusivamente intelectual, em que o mundo era classificado pelo pai do pai como "interessante" ou "nulo".

Assim como o campo da clínica psicanalítica é ocupado pela inflação de personalidades "limite", "*borderline*" ou "narcísicas", podemos falar de configurações familiares limítrofes.

Na minha prática, afirmar os pontos de diferença e formular as linhas de demarcação dos territórios tem a vantagem de conduzir a evidências para todos os protagonistas. Constituímos um verdadeiro mapeamento do que podemos compartilhar na família, com uns e outros, o que guardamos para nós e o que é terreno comum. A imagem de um trabalho de mapeamento é útil pois permite visualizar os contornos de cada um, pensar os limites e também visualizar os movimentos, psíquicos ou físicos, de uns em relação aos outros.

Na terapia de crianças, pode parecer paradoxal tratar a diferenciação propondo uma consulta aos pais sozinhos, o que pode ser entendido como violação do limite de intimidade da sessão de terapia. Nesse caso, muitas vezes esse trabalho que será essencial supõe ter constantemente em mente as linhas geográficas de confusão/desconfusão dos territórios psíquicos e físicos e usá-los como meio de comunicação com os protagonistas. Isso pressupõe também que o terapeuta tenha uma ideia clara dos contornos do campo em que trabalhará com os pais: ao fazer perguntas aos pais sobre suas próprias experiências, não interferiremos com suas neuroses individuais, mas nos preocuparemos com o vínculo. A questão do "como" é de grande ajuda e tem consequências muito importantes, por exemplo, sobre a questão da intrusividade: fazer perguntas específicas para reviver uma cena não é sentido como intrusivo e é muito diferente de colocar questões sobre um elemento biográfico ou motivação.

Modalidades interpretativas

Vamos ampliar o escopo das interpretações e considerar que tudo o que vem do analista faz parte da interpretação, ou seja:

- dá forma emocional: como um cantor ou ator interpreta o texto do outro e realça os sentidos emocionais.
- dá significado linguístico, traduzindo em idioma compreensível para o outro.

Essas modificações na abordagem clínica pressupõem que o analista aprenda e desenvolva a capacidade de incorporar um discurso e usar essa encarnação em seu estilo interpretativo.

Didier Anzieu (1970), em seu relato histórico sobre a interpretação, retoma o tema da bipolaridade, constante na maioria dos autores, ao diferenciar "investigação" de "interpretação", os dois componentes e os dois tempos do trabalho analítico. Mas, se a interpretação é o agente do processo analítico, seu propósito e efeito serão igualmente iniciar esse processo.

De acordo com D. Anzieu (1970, p. 783), a interpretação "apenas dá ao paciente uma representação de palavra, enquanto a representação patogênica reprimida e inconsciente é uma representação de coisa. *Resta ao paciente fazer essas duas representações coincidirem*". Ele define então o trabalho de "perlaboração" do paciente permitindo que a interpretação seja mutativa.

Exatamente para os pacientes que não têm capacidade suficiente de perlaboração para fazer comunicar os dois sistemas que a interpretação necessita de "roupas novas". Trata-se da questão de não considerar o *status* da interpretação de acordo com sua forma, mas de acordo com seu "efeito" sobre o psiquismo e sobre o processo: a forma torna-se então o meio para atingir o objetivo de transformação e já não é um critério relevante de diferenciação.

Proporei alguns exemplos organizando-os de forma progressiva, em uma escala (fictícia) de nível de mentalização e organização de um espaço psíquico interno tridimensional.

A terceiridade

Nas clínicas que nos interessam, a questão da forma torna-se decisiva, quanto mais terceirisada, secundarisada, linguística, menos relevante será em questões de problemáticas identitárias ou de momentos de identidade vacilante.

Identificar, receber e aceitar uma interpretação supõe uma operação complexa tanto no plano emocional quanto no cognitivo: ouvir o que outro, que não seja ela própria, diz a respeito de algo que diz respeito ao interior da pessoa implica capacidades de introjeção em conexão com o reconhecimento do *status* de alteridade do outro e seu corolário, a capacidade de suportar a separação incluída na percepção da alteridade. A interpretação, em sua terceira posição, desperta ao mesmo tempo as angústias persecutórias de intrusão e ansiedades de separação. Isso requer que o sujeito que a recebe tenha um psiquismo com contornos suficientemente definidos, uma identidade relativamente estável. D. Widlöcher (1981) denominou "interpretações entre aspas" as formulações que marcam a diferença dos planos manifesto e latente, entre analista e paciente, por exemplo, por meio do uso do condicional.

Precisaremos inventar uma forma de comunicação com o paciente que se adapte ao seu próprio modo de se expressar e de funcionamento psíquico, isto é, usando suas próprias modalidades de simbolização, de maneira que ele possa absorver uma proposta que lhe parece familiar e não estranha nem estrangeira. Diminuir a intrusividade para evitar "entrar" por arrombamento no material, traduzindo-o, interpretando. É melhor "estar" lá desde o início.

Thomas recebe todas as "boas" interpretações de conteúdo com: "Não, não tem nada a ver". Na última sessão antes das férias de verão, ele desenha um carro protegido com reservas de água. Ao final da sessão, quando ele termina de desenhar, a terapeuta diz: "Seria bom fazermos reservas para as férias". Como sempre, ele responde, sem olhar para ela: "Não é nada disso, não tem nada a ver". É possível pensar que para esse menino frágil, com referências muito incertas de identidade, que vive em um mundo interior desumanizado, em guerra e cheio de violência, a única maneira de proteger-se da intrusão de uma interpretação vivida como muito "pontiaguda", é deixá-la fora dele.

Ao nos interessarmos pelos detalhes do desenho conforme ele está sendo realizado, comentando a inventividade do personagem que construiu esse carro prevendo reservas de água, concentrando-se nos arranjos técnicos de conforto para se sentir bem neste carro, em que ele previu cadeiras que se transformam em camas, a possibilidade de convidar amigos, intervimos no mesmo nível, reduzindo o efeito traumático da percepção de uma realidade em que o analista está separado do paciente. Paciente e analista compartilham um objeto novo de interesse comum: o desenho e a situação que ele descreve, sobre os quais ambos podem formular hipóteses.

Solicitar o interesse da criança aos pequenos detalhes da sua produção abre a possibilidade de *insight* e o confronto entre conteúdo manifesto e conteúdo latente. O desenho então não é tratado como um sonho cujo conteúdo acabado é interpretado, mas como uma narrativa em construção.

O modo de intervir da terapeuta de Thomas se modificou bastante e ela se diz muito mais presente e participante sem necessariamente passar pela linguagem. Ela me diz ter aprendido a desenvolver uma linguagem corporal, demonstrando a atenção por meio de gestos, de onomatopeias. A criança, então, começa a brincar de forma muito diferente, sentando-se ao lado ou na frente da terapeuta e não mais caída no chão. Ela sente que ele começa realmente a brincar, cuidando para lhe mostrar e fazê-la entender. A interpretação repetiu o trauma originado da relação com uma mãe intrusiva e um pai imprevisível. Na maneira de os analistas falarem entre si na França, "interpretar" frequentemente é substituído por "pontuar", cujo significado de ato intrusivo violento é tão claro que, na gíria da prisão, os "ponteiros" são prisioneiros condenados por agressão sexual contra crianças.

Diminuir a vivência de separação

A formulação em "a gente/nós" formula um universal e diminui a experiência de separação: é a formação da empatia e da identificação.

Gramaticalmente, em francês, esse pronome pessoal indefinido "*on*" é a terceira pessoa do singular, e a concordância verbal se faz no singular; mas o significado indica também que "há vários" dentro de "*on*"; em francês, esse plural-singular é a ilustração gramatical da formulação da pele comum. A gente (muitas pessoas) sente o mesmo, não apenas o terapeuta e o paciente, mas é também um referente mais amplo, uma qualidade do humano que liga a todos em uma comunidade de sentimentos compartilháveis. Por exemplo, dizer: "Quando um novo bebê chega, a gente se sente largado" ou "a gente fica com raiva quando sente que não pode mais confiar em ninguém", significa: "Entendo o que você diz pois se eu fosse você, me sentiria assim, e todos os outros também, você pode reconhecer-se como parte de uma comunidade humana em que seus sentimentos podem ser compreendidos e compartilhados".

A interpretação da "trilha sonora"

O uso da "onomatopeia" (que em sua etimologia grega significa "criação de palavras") ocupará um lugar intermediário entre representação de palavra e representação de coisa, pois o som da palavra criada imita a coisa.

O "boom", "crack", "bing", "splash", "pfuit" etc. fazem uma espécie de trilha sonora acompanhando, com grande proximidade, o desdobramento da ação. O efeito da separação, bem como da intrusão, se reduz. É estar quase dentro da ação, as palavras chegam, em um segundo tempo, propondo uma forma de linguagem. Essas interpretações onomatopeicas falam de ansiedades muito primitivas (ruptura, despedaçamento, queda, explosão, afogamento, desaparecimento...) e propõem uma criação intermediária entre o som e a palavra. Em minha opinião, elas têm status de interpretação em si mesmas, tanto no estabelecimento do processo analítico e da relação transferencial, como de um novo significado emergindo do elo entre latente e manifesto. Assim, "ai", "aie", "oulala", "snif", "oops", "wow", "grr", "beurk", "miam-miam"... marcam uma progressão introduzindo um tom afetivo: dão forma sonora a uma experiência que já constitui um esboço de sentimento. As onomatopeias permitem sair do paradoxo da "angústia inominável": como falar delas, nomeá-las, se por definição elas não têm nome?

Damien, 6 anos de idade, em nosso primeiro encontro, não presta atenção ao que acontece ao seu redor e manuseia a casa de bonecas de forma desorganizada, movendo a mobília como se fosse ao acaso. Como por acaso também, o bebê cai da mesinha em que a casa está instalada. Observadora silenciosa da brincadeira até então, eu digo: "boom". Ele nada manifesta, continuando a atividade de movimentação sem objetivo dos personagens. Outro personagem, instalado em pé, cai. Mais uma vez pontuo: "boom!". Ele me olha um pouco intrigado.

O próximo personagem também cai da mesa ao lado do bebê. Eu digo: "ai, ai, ai, a mamãe também caiu". Ele então instala o personagem-pai no telhado da casa e o faz cair dessa altura. Novamente, meu comentário onomatopeico: "boom... caiu de cabeça".

Então, ele coloca a casa de cabeça para baixo e deixa cair todos os personagens de cabeça, dessa vez com intenção óbvia, na bagunça dos móveis. Cada vez que eu pontuo "bing", "crack" e no final do que é, obviamente, uma série digo: "Todos caíram na cabeça! Tudo está de cabeça para baixo! É a casa de cabeça para baixo".

Obviamente isso o interessa muito. Ele continua organizando a desorganização, retomando os personagens para fazê-los cair de várias posições, aproveitando o comentário: "é a casa de cabeça para baixo". O bebê permaneceu aparentemente esquecido no chão o desde o começo, e vários objetos caíram em cima ele. Eu digo "ai, ai, ai, coitadinho", indicando que ninguém cuida desse bebê. "Como vamos ajudá-lo nessa casa de cabeça para baixo?".

Damien se vira para mim... e cai do banquinho. Repito exatamente nos mesmos termos, com a mesma entonação: "ai, ai, ai, como vamos ajudá-lo, então?". Agora é ele quem está na posição do bebê abandonado após o nascimento da irmãzinha, que ele tentou evacuar e esquecer na primeira parte da sequência da brincadeira.

Damien não me parecia capaz de suportar uma interpretação externa que aumentasse sua vivência de abandono e absoluta solidão. Mas a sequência gradativa desses comentários onomatopeicos possibilitou conscientizar sua experiência de desamparo, ligando "cair" e "abandonar": ele é o bebê abandonado a ser ajudado nesse início de psicoterapia. É também o começo da reconstrução histórica que mostra o abandono vivenciado no nascimento da irmã mais nova.

Essa forma dada às interpretações permitirá uma experiência de compartilhamento e constituição de uma função continente que possibilitará um espaço tridimensional.

A interpretAção (Israël, 1993) condensa o que pertence ao registro da ação com a função interpretativa que realiza, colocando os aspectos gestuais e agindo a serviço da capacidade defeituosa de representação que assim será reconstruída e ampliada.

Segundo Piera Aulagnier, "as ações de palavra ... estão mais próximas das representações pictográficas, mais próximas das primeiras representações corporais de coisa" (Aulagnier, 1986, p. 343). Ogden (2014, p. 155) avalia que "a ação interpretativa, ou seja, uma ação que não seja criação de símbolos verbais como meio de interpretação ... equivale à ideia de oferecer um espaço de continência".

Encarnar um personagem atencioso, atraente e confiável, à disposição do paciente, que mostra por meio da sua ação que, antes de mais nada, a função terapêutica é estar atento às necessidades, compreendê-las e tentar se adaptar a elas será o mais próximo possível da etimologia da palavra, "estar perto do outro", olhar para ele, apoiá-lo e ajudá-lo.

Dessa forma, refazemos o processo de sintonia das primeiras relações mãe-bebê em que a atenção ocupa o lugar central e acompanha, envolve o bebê, sem que ele precise ser ativo nem pedir. A partir dessa experiência de compartilhamento, ele construirá a confiança em si próprio e no mundo. Da mesma forma, ajudaremos as crianças em terapia a reconstruir sua confiança em si e no outro. Jamais coloco meu narcisismo em jogo quando se trata de pegar o material, guardá-lo, colocar fita adesiva, segurar as folhas a serem coladas, tesouras ou dar lápis de cor. Dessa forma, cria-se uma experiência de parceria no cuidado, que permitirá então a concepção e interiorização de um modelo de cuidado que enriqueça ou corrija imagos parentais congeladas.

Muitas vezes, a partir desse trabalho, a criança pode imaginar-se cuidando de si própria, o que passa pelo pedido de ter um animal de estimação, cachorro, gato, que significa desenvolver a capacidade de cuidar de outro, e de outro bebê em crescimento, como parte de si mesmo que ele também pode cuidar.

Jogos de adaptação

Jogos de bola, que já mencionei acima, muitas vezes dão aos terapeutas a impressão de se transformarem em terapeutas psicomotores ou monitores de *playground*. Mas, ao contrário, são jogos valiosos de adaptação pois permitem reconstruir uma função defeituosa de continência.

Tudo o que é possível ver em Noëlle (7 anos de idade) parece desencarnado, falso. A inibição domina as sessões, mas em casa e na escola predomina a raiva explosiva e sem motivo. Ela nada pode dizer a respeito em sessões bem entediantes, em que a parte mais animada é ocupada por jogos de bola. Nessa "brincadeira" dominam formas agressivas de contato comigo: ela joga a bola para bater em mim (é uma bola de espuma muito flexível, que provavelmente não machuca e que cada criança tem em sua caixa de material).

"Despisto" a violência propondo outras formas de contato e personifico a bola emprestando-lhe sentimentos: ela está com raiva de mim (a bola, não Noëlle), ela pretende me machucar, esconder-se debaixo do divã para monitorar o que acontece ou tem intenção de ficar escondida durante as férias.

Ao devolver a bola, faço-o sempre muito gentilmente: não saio da cadeira e não me esforço para pegá-la quando Noëlle a lança para me fazer "perder".

Quando ela não consegue pegar, peço desculpas e comento que meu jeito de jogar não lhe permitiu recuperar a bola (muito alto, ou não suficientemente muito perto etc.). E conto nossas realizações comuns dessa adaptação recíproca (enquanto demonstro certa amnésia, meio simulada, para a contagem de ganho e perda). Sua brincadeira evoluirá em paralelo no sentido de explorar nuances e variações: ela tenta pegar a bola de costas, de lado, de olhos fechados, subindo em um banquinho, variando a distância entre nós.

O modo agressivo é desviado para um jogo que destaca outros significados na ação. O modo binário de ganhar/perder é contornado para nuances de modalidades de adaptação. Noëlle não tem qualquer representação possível para sua agressividade e raiva por ser incapaz de entrar em contato, muito menos representação de palavra. Criar essa linguagem comum de troca e de gestos com ela, como uma "ação que fala" (Israël & Prat, 2007) terá valor mutativo e permitirá a passagem para representações da linguagem.

Mais tarde, Noëlle faz uma bola de papel que colore desenhando "linhas coloridas" marrons e pretas, que ela declara "linhas irritadas". Comento, no jogo, essa raiva de não poder fazer o que se quer, nem de ter certeza de se encontrar novamente. Em seguida, ela adicionará um novo envelope de papel em que tentará unir todas as cores, criando uma nova paleta para emoções diferenciadas e nuançadas.

Jogos de adaptação psíquica podem ser construídos a partir de jogos de "forca" ou outros, como "jogo da velha". Esses jogos, sem interesse em si mesmos, só existem como jogos terapêuticos no uso que fazemos deles, o que permitirá uma elaboração e a saída de um mundo binário. Isso é enriquecido por uma função mais psíquica em que explicito a maneira de "pensar o que o outro pensou". Esclareço minhas associações, com o que a criança pensou, dando uma palavra para adivinhar, por exemplo, que me fez pensar em outra palavra etc. A partir dessa mesma perspectiva, fui capaz de inventar essa brincadeira de "esconde-esconde da imaginação" (Prat, 2000a).

As regras de esconde-esconde são simples. Ovídio encontra um esconderijo mental, sem sair da cadeira, pode dizer "é isso!", sem se trair. Em seguida, procuro "onde ele está", e ele me dá indicações usando "quente" e "frio", por exemplo. Quando o encontro ou quando "desisto de procurar", invertemos e ele é quem vai me procurar. Ele parece desconfiar muito do interesse dessa brincadeira, mas finalmente decide tentar. Pensou por longo tempo, para, afinal, esconder-se mentalmente sob a mesa que tinha sido seu primeiro esconderijo verdadeiro. Depois de algumas tentativas e erros, encontrei rapidamente o esconderijo. Na minha vez, escondo-me embaixo do divã. Dou-lhe muitas indicações, e acabo contando onde estou escondida, sem lhe dar tempo de "desistir de procurar". Esse detalhe aparente é de fato muito importante para estabelecer um clima de brincadeira em que a questão de ganhar ou perder é irrelevante. O objetivo do jogo constitui-se no interesse por seus próprios mecanismos de pensamento e os do outro. Ele está atordoado e gagueja: "Mas... você não tem o direito!". Pergunto por que não, e ele me dá a resposta no tom impaciente que se usa com uma criança mal-humorada que não quer entender as coisas mais óbvias: "Mas... porque não-é-pos-sí-vel".

Respondo então como se revelasse um segredo: "Não é possível na vida real! Mas na imaginação, sim!". Dou-lhe alguns exemplos: "Eu poderia me esconder no alto da estante e até mesmo nos livros, debaixo das almofadas do sofá ou até mesmo na minha bolsa! Na realidade, claro, não é possível, mas na imaginação, posso fazer tudo!". Consigo ver em seu rosto o impacto das minhas explicações. Do espanto e bloqueio do pensamento inicial, ele muda para o interesse. Obviamente leva um tempo para imaginar as várias possibilidades de esconderijo que desvendei para ele.

Assim, ele me dá a impressão de uma abertura quase concreta de espaço psíquico: abre-se um mundo cheio de possibilidades que ele não suspeitava. Ele tentará explorar algumas possibilidades, primeiro usando os esconderijos que mencionei e, depois ousando encontrar novos. Aguardo a sessão seguinte com impaciência e curiosidade, temendo que esse espaço mal aberto já tenha se fechado. Ele chega muito animado, senta-se firmemente na poltrona à minha frente anunciando que quer retomar o jogo. Obviamente, pensou durante a semana e tem ideias: vai se esconder embaixo do tapete, em meus armários, no meu computador e atrás da pequena mesa ao lado da sua poltrona.

Não interpreto sua curiosidade sobre o meu interior. Estamos muito perto das férias de verão e era grande o risco de que ele considerasse como intrusão persecutória em seus pensamentos. Não interpreto o elo transferencial "de verdade", mas "na imaginação", isto é, no espaço da brincadeira. Escondo-me em sua caixa lúdica, e comento: "Será prático, esperarei aqui em silêncio até a próxima sessão". Quando é possível (isto é, dentro dos limites das minhas capacidades de pensar), encontro esconderijos relacionados aos seus. Então, depois de ele se esconder atrás do quadro, escondo-me "dentro" da paisagem de uma das pinturas.

Isso me dá a impressão de, pela primeira vez, ver as pinturas do meu consultório, no que elas representam. E são pinturas muito notáveis. Realizadas em técnica hiper-realista, podem ser confundidas com o que não são. Algumas podem ser confundidas com fotos: acima do divã, uma torrente de montanha corre por uma floresta de pinheiros sob um pôr do sol; na pequena parede que separa as duas partes da sala, uma pintura evocando uma imagem em preto e branco representa uma lagoa em uma floresta; acima da mesa da parte de crianças, um grupo de rinocerontes com asa-delta rudimentares de madeira e papel voa com prazer sobre uma paisagem grandiosa, como em uma foto inviável. Finalmente, a pintura atrás da qual Ovídio se escondeu é um cadeado enferrujado *trompe-l'oeil*, em tamanho real, sobre um pedaço de porta de celeiro. A perspectiva de poder se esconder na pintura leva Ovídio a se perguntar o que está por trás dessa porta, por que ela está trancada?

Todas as suas perguntas giram em torno de verdadeiro e falso: É um cadeado de verdade? Um pedaço verdadeiro de porta? Podemos abri-la? Ele precisa tocá-lo, convencer-se de que não. Fica muito perplexo de eu não poder responder sobre a natureza exata da porta. Ele finalmente acha que é a porta de um castelo. Essas pinturas o ocuparão até as férias e ele passará um bom tempo as observando e descrevendo com espanto. Tenho a impressão de que pode deixar a brincadeira, um espaço intermediário em que podemos representar pensamentos, como representamos coisas imaginárias em uma imagem ou pintura. Abre-se um mundo de "talvez"; parece que não há mais urgência de obter uma resposta inequívoca e ele consegue tolerar que a porta talvez seja uma porta de celeiro, talvez uma porta de castelo, talvez velha, talvez recente, e que talvez não exista, a não ser na imaginação do pintor. Na sessão que antecede a nossa longa separação para as férias de verão, escondo-me no seu bolso, e digo isso que assim "ele pode me levar a todos os lugares com ele nas férias".

A teatralização: uma forma de simbolização da brincadeira e do corpo na construção da simbolização

Uma paleta de palavras-coisa e palavras-ações com infinitas variações.

Théo tem 5 anos e emerge de uma problemática autista e de um retraimento significativo. Constrói limites externos, explora diferentes modos de continente para diferentes tipos de temas. A linguagem que aparece nos conta sobre a mesma problemática nas relações: o que se mantém muito restrito, constrange ou solta na relação transferencial. Que parte Théo pode ter como sujeito autônomo? Quando ele retorna para a sala de terapia após ir ao banheiro, sua terapeuta pede que ele feche a porta. Ele responde em tom novo e confiante: "fecha você"! A terapeuta reprime uma resposta educativa que acaba se transformando em submissão ao que ele pede. Seu desconforto indica uma defesa contra o sentimento de controle de Théo e um protesto contra ser usada e cancelada em sua alteridade. Uma interpretação da posição onipotente de Théo seria inapropriada e, na melhor das hipóteses, sem efeito. Por outro lado, o mal-estar da terapeuta ao sentir-se usada, se trouxesse esse significado para a brincadeira de forma dramatizada, elucidaria a postura ditatorial de Théo naquele momento. Assim, se ela fechasse a porta dizendo "está bem, chefe!", por exemplo, transformaria a ação executada em representação: um "como se" em que a ação se transforma em interpretação.

Algumas expressões teatrais, "Está bom, chefe!", "Às suas ordens!", saudações militares etc., permitem introduzir uma dimensão de faz de conta na tirania evidente dessas crianças, o que manifesta, especialmente, a necessidade de fabricar um continente apertado para si, como defesa contra a confusão.

Joyce McDougall conta que, quando Sammy bateu forte em sua cabeça com um pedaço de madeira, ela, sob o impacto da dor, queria bater nele. Ela transforma essa primeira reação em um insulto, "*scallywag*" (malandro), associado a fazer de conta que dá um tapa na bunda dele. "Um *scallywag*" (Voyou citado por McDougall & Lebovici, 1984), diz ela, "é alguém que quer se aproximar dos outros, mas tem muito medo".

Tenho todo um vocabulário de insultos, em grande parte retirado do vocabulário do capitão Haddock: "Seu bastardo *bachibouzouk*, você vai parar com isso imediatamente!" etc. "*Scrogneugneu*" também é um dos meus favoritos (o que me levou a ser chamada de "Mrs. Grossegneugneu" por um dos meus pequenos pacientes, para espanto de seus pais). Como o "*scallywag*" de Joyce McDougall, eles têm a vantagem de serem praticamente desconhecidos para as crianças, o que cria um elemento de surpresa e abre a possibilidade de outro campo de expressão da raiva, e uma troca a respeito do que é sentir raiva.

Eu também uso uma variedade de vocabulário mímico, bater com o pé, apontar com o dedo e uso representações exageradas de raiva; e não paro de me surpreender, porque preciso explicar e mostrar, em supervisões aos colegas mais jovens que é uma ação terapêutica quando mostramos que estamos com raiva. Terapêutico não é obviamente o fato de sentir raiva, mas de mostrá-la de forma claramente identificável e comunicável, isto é, simbolizá-la, dar-lhe um sentido de vocabulário, de palavra para dizer o que se sente, e assim abrir o campo das emoções compartilhadas, mesmo as violentas que, tratadas assim, não serão destrutivas.

Em conclusão

É possível supor que pacientes confrontados em sua infância com uma mãe cuja atenção foi captada fora da relação (por patologia pessoal, um estado depressivo, o nascimento de um novo bebê...) viveram uma experiência de pouca sintonia e pouco condicionamento emocional que dificultou sua capacidade de representar e compreender o mundo psíquico interno, tanto o seu quanto o do outro. Esses pacientes não conseguem atingir um nível suficiente de transformação simbólica de suas experiências emocionais primárias e o tratamento precisará basear-se no trajeto do desenvolvimento. O terapeuta aprenderá a reconhecer e usar todos os registros da linguagem incorporados no corpo, tanto para reconhecer as manifestações do paciente, como para comunicar suas próprias interpretações.

Para isso, devemos aprender abordagens que não fazem parte da formação "padrão" dos psicanalistas e que incluam a formação em linguagem corporal: qualidades pessoais de cada pessoa por meio de música, dança, teatro ou técnicas específicas como psicodrama, técnicas corporais. No meu caso, aprendi muito na formação com a observação de bebê na família de acordo com o método de Esther Bick (1902-1983), tanto no desenvolvimento da atenção à linguagem corporal, como na atenção aos aspectos contratransferenciais corporais e psíquicos e na maneira de intervir sem interferir que Esther Bick colocou como regra fundamental: em minha opinião correspondem exatamente ao que Freud não denominou de "neutralidade", mas de "abstinência".

Referências

Anzieu, D. (1970). Éléments d'une théorie de l'interprétation. *Revue Française de Psychanalyse, 84*(5).

Aulagnier, P. (1986). *Un interprète en quête de sens*. Paris: Ramsay.

Baranes, J. J. (2012). *Langages et mémoire du corps en psychanalyse*. Toulouse: Ères.

Bick, E. (2002). Notes on infant observation in psycho-analytic training. In A. Briggs, & D. Meltzer (Eds.), *Surviving space: papers on infant observation*. London: Karnac Books. (Publicado originalmente em 1964)

Bleger, J. (1966). Psychanalyse du cadre psychanalytique. In R. Kaës et al. (Eds.), *Crise, rupture et dépassement*. Malakoff: Dunod.

Bollas, C. (1987). A Sombra do Objeto – *Psicanálise do Não-Pensado Conhecido*. New York: Columbia University Press.

Bollas, C. (2013). *Catch Them Before They Fall: The Psychoanalysis of Breakdown*. Nova York: Routledge.

Danon-Boileau, L. (2001). Figurabilité et intonation. *RFP, 65*(4), 1107-1109.

Falla, W. (2010). *Cadre groupal et mondes emboîtés en formation d'adultes ou de jeunes adultes* [Tese de doutorado em Psicologia Clínica]. Nanterre: Univ. Paris X.

Ferro, A. (1996). *Antonino Ferro em São Paulo: Seminários*. M. O. de A. F. França & M. Petricciani (Orgs.). Sociedade Brasileira de Psicanálise de São Paulo. São Paulo: Acervo Psicanalítico.

Ferro, A. (1997). *L'Enfant et le Psychanalyste*. Paris: Érès.

Ferro, A. (2009). *Psychanalystes en supervision* (préface de D. Widlöcher). Toulouse: Érès.

Ferruta, A. (2002). Une interprétation qui construit le sujet: L'aventure du processus psychanalytique. In J. J. Baranes & F. Sacco, *Inventer en psychanalyse*. Paris: Dunod.

Gammill, J. (2000). Quelques considérations psychanalytiques sur le travail avec les parents les enfants en traitement. In *A partir de Mélanie Klein*. Lyon: Césura.

Guignard, F. (2001). Le couple mentalisation/démentalisation: un concept de troisième type. *Revue Française de Psychosomatique*, (20), 115-135.

Guignard, F., & McDougall, J. (2013). Une conteuse de l'inconscient. Conférence GERPEN 3 février.

Guillaumin, J. (1994). Les contrebandiers du transfert. *Revue Française de Psychanalyse*, *58*(5), 1481-1520.

Israël, P. (1993). Interpréter l'interprétation, effets de style, création de sens. *Revue Française de Psychanalyse, 57*(1), 55-66.

Israël, P., & Prat, R. (2007). *Ações que falam e interpretAção*. 17 jan. Conferência da Associação Grenobloise de Psicanálise.

Israël, P., & Prat, R. (2009). *Modèle du Rêve, Modèle du Jeu: une approche de la psychanalyse des états limites,* 46ème Congrés IPA, Chicago, 2009.

M'Uzan, M. De (1994). *La bouche de l'inconscient*. Paris: NRF.

Mancia, M. (2007). Mémoire implicite et inconscient précoce non refoulé: leur rôle dans le transfert et dans le rêve. *RFP*, 71, 369-388.

Martino, B. (2009). *Loczy une maison pour grandir* [Filme]. Paris: Association Pikler Loczy de France.

McDougall, J., & Lebovici, S. (1984). *Dialogue avec Sammy*. Paris: Payot.

Ogden, T. H. (2016). *Reclaiming Unlived Life: Experiences in Psychoanalysis*. Londres: Routledge.

Ogden, T. (2014). *Les sujets de l'analyse*. Paris: Ithaque.

Prat, R., & Israël, P. (2009). *Modèle du Rêve, Modèle du Jeu: une approche de la psychanalyse des états limites* [Apresentação de trabalho]. 46º Congresso IPA, Chicago.

Prat, R., & Israël, P. (2011). Aux limites d'être: points de vue développemental et métapsychologique, perspectives thérapeutiques. *Revue Française de Psychanalyse, 75*(2), 483-500.

Prat, R. (2000a). Cache-cache d'imagination: Une modalité technique d'ouverture d'un espace psychique en thérapie d'enfant. *Psychiatrie de l'enfant, 43*(2), 437-471.

Prat, R. (2000b). Le temps de voir, le temps de penser: thérapies mère-bébé et observation. In S. M. Perez, *L'autonomie des bébés Meyzieu* (pp. 192-222). Césura. (Publicado originalmente em 1998)

Prat, R. (2002). Un rythme à deux: opéra de la séance, opéra de la vie. *Revue Française de Psychanalyse, 66*(5), 1613-1618.

Prat, R. (2004a). Apprendre à jouer, apprendre à penser: un travail à deux. *Revue Française de Psychanalyse, 68*(1), 171-188.

Prat, R. (2004b). Abécédaire de l'empathie chez l'analyste: repérages cliniques dans la séance. *Revue Belge de Psychanalyse Automne* (n. 45).

Prat, R. (2006). Cures-types et cures typiques en analyse d'enfant (p. 1491-1500). *Revue Française de Psychanalyse* (Vol. 70, n. 5, spécial congrès).

Prat, R. (2015). Destins traumatiques du pré-sexuel infantile: quelques données de la recherche intéressant la psychanalyse inédit atelier. In *75ème CPLF*: A análise de traumas precoces com risco de pluridisciplinaridade.

Prat, R. (2016). "Se sentir bien" ou "voir rouge": la sensation comme généalogie de l'affect. *Revue Française de Psychanalyse 80*(4), 1024-1037.

Prat, R. (2002). Un rythme à deux: opéra de la séance, opéra de la vie. *Revue Française de Psychanalyse, 66*(5), 1613-1618.

Racker, H. (1997). *Études sur la technique psychanalytique Transfert et contre-transfert.* Césura. (Estudios sobre tecnica psicoanalitica, Heinrich Racker) Buenos Aires: Paidós. (Publicado originalmente em 1979)

Roussillon R. (2005). *La conversation psychanalytique: un divan en latence. Revue Française de Psychanalyse, 70*(2), 365-382.

Roussillon, R. (2008). *Le jeu et l'entre jeu.* Paris: PUF.

Stern, D. (1989). *Le monde interpersonnel du nourrisson.* Paris: PUF.

Stern, D. (2003). *Le moment présent en psychothérapie: Un monde dans un grain de sable.* Odile Jacob.

Stern, D. (2004). *The present moment in psychoterapy and everyday life.* New York: W. W. Norton & Company.

Widlöcher, D. (1981). L'interprétation entre guillemets. *Nouvelle Revue de Psychanalyse,* (23).

Widlöcher, D. (1998). De l'empathie à la co-pensée. *Revue de Psychothérapie Psychanalytique de Groupe,* (30).

11. O monstro do beleléu: cenas filmadas da clínica 0 a 3 e intervenções nas relações iniciais pais-bebê

Maria Cecília Pereira da Silva

Mariângela Mendes de Almeida

Fundada em setembro de 2005, a Clínica 0 a 3 – Intervenção nas Relações iniciais pais-bebê do Centro de Atendimento Psicanalítico da Sociedade Brasileira de Psicanálise de São Paulo (SBPSP) tem o propósito de atender conjuntamente pais e bebês e crianças pequenas de até 3 anos de idade que apresentem transtornos indicativos de dificuldades no vínculo, distúrbios do sono, alimentação/amamentação, extrema agitação ou irritabilidade, atraso na fala ou dificuldade no relacionamento social, utilizando-se dos referenciais das consultas terapêuticas ou da intervenção nas relações iniciais.

Os atendimentos são realizados por dois psicanalistas, no próprio Centro de Atendimento da SBPSP. As sessões são filmadas com a autorização dos pais e posteriormente discutidas em reunião mensal da Clínica 0 a 3. Isto nos permitiu aqui transcrever e comentar detalhadamente vinhetas que ilustram a construção de nosso trabalho.

É proposto à família que sejam realizados alguns encontros, que podem ser ampliados conforme a necessidade de cada caso.

Em geral, são realizadas cerca de quatro sessões semanais, quinzenais ou, até mesmo, mensais. Os atendimentos se dão em torno da queixa trazida pelos pais em relação ao bebê ou à criança, e procura-se manter esse foco nas sessões.

Neste trabalho, vamos relatar trechos das primeiras seis sessões, ilustrando como vamos elaborando nosso pensar em dupla e transmitindo *in loco* para os pais e para a criança, simultaneamente, nossas construções a partir das comunicações verbais e não verbais manifestas na cena clínica.

Um pouco da história e primeira sessão

Essa família nos foi encaminhada pela avó materna, que é da área de saúde pediátrica e mora em outro estado, local de origem também dos pais. "Beto ainda não consegue lidar com a necessidade de fazer cocô no banheiro, ele prende as fezes", escreve a mãe na ficha de inscrição do Centro de Atendimento Psicanalítico da SBPSP.

Na primeira consulta, fomos conhecendo um pouco da história dos pais (Mario, 39 anos de idade, e Meire, 40), de Beto (3 anos e 10 meses de idade) e da queixa trazida por eles. Os pais são pessoas muito afetivas, cuidadosas e dedicadas ao filho. Beto é um garoto que chega um tanto retraído, mas ao mesmo tempo muito esperto e cuidadoso no manuseio dos brinquedos.

Os pais se conheceram no cursinho e saíram de casa bem jovens para cursar a mesma faculdade na área de ciências exatas em uma cidade do interior. Retornaram a São Paulo quando se casaram, e Beto nasceu depois de 10 anos.

A mãe nos conta: "Eu engravidei duas vezes antes; e perdi duas vezes. A minha gravidez foi de risco. Tenho um útero complicado, tinha que fazer muito repouso, ainda assim ele nasceu prematuro, ficou um pouco na UTI...".

É muito interessante ressaltar que Beto, no início de todas as consultas, vai buscar os dois bebês que estão na casinha. Nós não pudemos deixar de fazer referência aos bebês/irmãos que a mãe havia perdido.

Em função da gravidez de risco, ela havia ficado de repouso em casa três meses e esteve internada em repouso absoluto por dois meses antes da chegada do bebê. Ele nasceu de 34 semanas e ficou três semanas na UTI.

> M. C. – *Ele era muito pequenininho...*
>
> Mãe – *Ele era muito pequenininho. Eu colocava ele no peito, a gente fez canguru. Ele (o pai) fez também canguru porque nessa época que eu fiquei internada ele dormia lá, então, ele conseguia fazer o canguru da noite e aí depois eu que ficava. Depois que eu fui para casa eu ia de manhã cedo, ficava o dia inteiro lá, porque eu ficava com ele, estava tirando leite na sala de tirar leite... eu acho que foi mais ou menos uma semana, dez dias. Aí ele já teve alta para ir para casa.*

Beto tinha baixa imunidade quando bebê e demandou muitos cuidados parentais. Houve um cuidado com o crescimento e ele estava bem gordinho quando apresentou dificuldades motoras, o que levou os pais a uma fisioterapeuta. Chamava a atenção o contraste entre algumas habilidades e o descompasso na integração evolutiva comum.

> Mãe – *Uma época ele era atirado, de pequenininho ele logo começou a subir essas escadas domésticas,*

vazadas. Ele fez uma época fisioterapia motora porque, com esse negócio dele ter nascido prematuro, ele ganhou peso muito rápido... o movimento não acompanhou. Então ele não sentou na época de seis meses, foi um pouquinho depois, sentar, engatinhar.

Beto foi para o berçário com 8 meses de idade e ficou por um ano sem dificuldades de adaptação, depois foi para uma pré-escola em que ficou quase dois anos e aos 3 anos de idade foi para a escola atual, que não gostava muito no início, mas agora já fez novos amigos.

Durante essa sessão, fomos escutando os pais e observando as brincadeiras e o jeito de ser de Beto. Ele é um menino curioso, esperto, cuidadoso, explora, cria explicações e soluções. Fala muito bem.

Procuramos investigar a queixa e eles relatam que tiraram a fralda do dia aos 2 anos e 8 meses de idade e, logo em seguida, da noite, sem demonstrar dificuldades com o xixi, que aparecem, entretanto, com o cocô.

M. C. – *E o que está preocupando vocês agora com o Beto?*

Mãe – *Não é uma questão de preocupar. Ele ainda não regularizou o fazer cocô, ele sabe, ele consegue, só que não é sempre, não é toda vez, ele prende muito. Um dia isso vai normalizar porque você nunca viu um adolescente, um adulto, enfim, que faça isso voluntariamente de prender. Uma hora acaba normalizando, mas como está demorando, e é muito sofrimento toda vez que ele fica mais de três dias sem fazer, a pediatra colocou que após três dias sem fazer tem que tomar remédio. Não é que ele não tenha vontade. A gente até entrou com um pouco de laxante, porque a alimentação dele não é muito rica em fibras, nem frutas, nem líquido, o que acaba agravando o problema. Então, eu pedi para ela receitar um laxante que pudesse usar com criança e a pediatra dele é bem conservadora, então é uma dose pequenininha, para ajudar aos poucos, só para ele se acostumar. Eu não sei o que ele não gosta, o que o incomoda de ir ao banheiro. Não sei se alguma vez doeu, no começo ele falava que doía, que ele achava que ia doer e tinha medo. Estava gerando muito* stress, *muito sofrimento para todo mundo, porque quando a gente sai, vai numa festa, vai em qualquer coisa fora e ele está com vontade, fica mais irritado. Ele não brinca, não aproveita, se esconde. Começa a atrapalhar o cotidiano, a vida social, então eu falei: está na hora de procurar uma ajuda porque eu acho que tem algum fator emocional ligado que não é só uma questão de melhorar o intestino dele. Realmente o intestino dele não ajuda também, nem a alimentação...*

M. – (dirigindo-se à criança e retomando conversa anterior) *Engraçado que você falou para gente que não tem nada muito difícil para você. Você responde, já sei, já gostei, já fiz. É difícil Beto sentir que alguma coisa é difícil? Tem coisa que é difícil para você, Beto? O que é difícil?*

Mãe – *Engraçado, ele não fala que é difícil, mas ele tem medo de fazer algumas coisas que ele se sente inseguro. Subir em alguns brinquedos. A gente começou a querer procurar uma ajuda porque no meio do ano passado a gente ficava assim: "Ah! Daqui a pouco melhora". Era*

> *uma questão que a gente via que existia, mas conversando na escola, com outros pais, eles falavam: "Ah! É porque ele está dentro do tempo". Não achei que precisava fazer alguma coisa, eu achava que estava dentro do processo, durante algum tempo, até o meio do ano passado, o cocô escapava ou ele fazia mesmo na cueca. Ele não queria ir para o banheiro, a gente chamava porque via que ele queria fazer e começava a se abaixar, se esconder, enfim, você sabe que ele está querendo ir ao banheiro, mas aí você fala "vamos, não quer ir?", você pega para ir, aí ele chora, esperneia porque não quer mesmo.*

Durante essa consulta, Beto brincou todo o tempo na casinha. Explorou, arrumou e colocou todo mundo para dormir: pais, avós, crianças, cachorros e patos. Surpreendeu-nos como ele cuida de todos (indicando que cuidou de possíveis preocupações maternas/parentais?).

Explorou o banheiro da casinha e pudemos conversar um pouco sobre sua dificuldade e necessidade de guardar toda a comida que ele come para ele. Beto enfatiza que gosta muito de comer farofa, destacando assim suas preferências, assinalando o que é dele, incluindo seu próprio tempo para ir ao banheiro.

Depois, todos acordam e ficam a postos, durinhos, olhando tudo, e aguardando sua vez para descer a escada e se preparar para ir ao aeroporto. Equilibra a bicicleta e nos pareceu que Beto se sente carregando muitas coisas para um menino que só tem 4 anos de idade.

Ao final, pudemos falar que ele é um filho muito desejado, muito esperado, muito cuidado e que parece que ele foi respondendo muito bem apesar de ter nascido pequenininho e desencadeado tantos cuidados e preocupações (tentativa de abordar os traumatismos parentais). E que agora parece que fazer ou não o cocô é a primeira coisa que se apresenta um pouco como um espaço dele. É como se ele dissesse: "Esse é meu, eu vou fazer no meu tempo, ninguém se mete na minha vida. A farofa fica só para mim na minha barriguinha".

Quando dissemos que estava na hora de terminar, os pais nos surpreendem ao dizer que Beto tem que guardar os brinquedos porque senão vem o monstro do "beleléu" e os leva embora.

Segunda sessão: hipóteses ao redor do sintoma clínico

Após a primeira consulta levantamos algumas hipóteses para investigar nos próximos encontros, conforme a lista a seguir.

- Que peso era esse que Beto vinha carregando? Uma possível depressão materna ou hiperexigências parentais quanto aos aspectos infantis em desenvolvimento, tanto no bebê quanto nos pais, poderia ter dificultado a dependência inicial do bebê?
- Quando a mãe descreve a alimentação de Beto com suas preferências por um único alimento, como farofa ou melancia, chamou nossa atenção se ele não estava manifestando seus desejos subjetivos também por meio de uma alimentação seletiva.
- Diante da prematuridade de Beto, esses pais teriam ficado tão traumatizados que não podiam ver suas competências e apostar nelas? Como se ficassem antecipando patologias e não respeitassem sua subjetividade e considerassem o menino que ele é?

- Quem era esse monstro do beleléu? Some com os brinquedos como o cocô desaparece no vaso? Ameaça com o terror da separação o que não se comporta e não se controla?
- Assim como brinquedos mal-arrumados, bebês não tão bem implantados, sustentados ou protegidos também vão para o beleléu?

Nesta segunda sessão, estavam presentes a mãe e a criança, o pai não compareceu. Beto reencontra os brinquedos e se recorda do nosso primeiro encontro. Surge a brincadeira de médico. A brincadeira do beleléu. Beto lembra de tudo, conecta rapidamente. Ele mostra na brincadeira como pode estar cheio das projeções parentais.

> M. C. – *Quando a gente acabou a nossa história aquele dia, a gente guardou tudo e a mamãe tinha falado que se não guardasse tudo quem que iria aparecer?*
>
> Beto – *O beleléu.*
>
> M. C. – *O beleléu...*
>
> Beto – *Que ele gosta muito de brinquedo. Ele é muito sapequinha. Por isso que ele gosta de pegar brinquedo. Só porque ele é sapeca.*
>
> M. – *É interessante que tem que guardar tudo, mas ele* [o Beto] *ficou com tudo guardado na cabecinha dele... Os patos aqui, a história do fantasminha aqui.*
>
> Mãe – *Essa história do fantasma ele lembrou quando a gente chegou ali na sala. A gente estava vindo, eu falei da casinha, do helicóptero e tal e ele falou daquele brinquedo das bolinhas. Isso antes da gente chegar...*

M. C. – *O fantasma tem alguma coisa a ver com o beleléu? O beleléu é parecido com o fantasma? Como que é?*

Beto – *É que o beleléu, ele é muito sapeca por isso que ele gosta de pegar brinquedo.*

M. C. – *Sei. Mas ele não dá medo que nem o fantasma?*

Beto – *Não dá, mas é que eles são parecidos.*

M. C. – *Aahhhh...*

Mãe – *São parecidos, filho?*

M. – *Tem alguma coisa de parecido, mas o beleléu... aqui ele pode continuar sem precisar ficar tudo guardado, ele pode aparecer e a gente conversar do beleléu também? Pode?*

Beto – *Só se ele não pegar o meu brinquedo.*

M. C. – *Ele que se comporte. Mas se ele quiser vir aqui conversar com a gente não pode estragar nossa casinha, né?*

Beto – *É, senão a gente vai ficar triste.*

M. C. – *É verdade. Mas você vê que ele não passeou por aqui porque está tudo aí, não está?*

Beto – *Sim. Só está faltando aquele bonequinho com a perna machucada.*

M. C. – *Ah, é verdade! É que a C. tirou o machucado dele... ele já sarou, olha. Esse aqui que estava dodói.*

[Então pegamos o hospital de Playmobil, e Beto brinca de cuidar dos machucados.]

M. C. – *Sabe, M., eu esqueci de te contar que hoje o Beto chegou me contando que ele tem um dodói no dente* [na primeira sessão ele disse que tinha um dodói no pipi].

M. – *É? Cadê?*

Beto – *Está aqui, eu pulei no sofá da minha avó e tinha almofada atrapalhando...*

M. – *Você pulou e bateu?*

Beto – *É. Pu! Bati a cara no chão e bati meu dente junto.*

M. C. – *E ficou preto o dente... É, ele estava preocupado com o dentinho.*

M. – *É... E agora você está cuidando do dodói de todo mundo. A gente também se encontra aqui para cuidar de alguns dodóis que estão incomodando vocês... Que a mamãe, o papai e o Beto estavam preocupados... Beto, e você estava reparando em tudo o que você já tinha visto que estava faltando e a gente estava reparando também aqui na falta do papai hoje.*

Mãe – *Ah, é porque o papai hoje não dá. Não dava para vir, né, filho? Aí só veio a mamãe e o Beto.*

Beto – *Por que não dava para o meu pai vir, hein?... E aí ele tem que abrir a boquinha para ver o que tem... Faz de conta que alguém estava doente* [mexendo nos bonecos].

M. C. – *Pois é. Quem que é que está doente dessa vez?*

Beto – *Quem tá doente e colocou esse gesso? Eu já sei quem está doente. Era o bebê.*

M. C. – *Ah.*

Mãe – *Como chama o bebê? Nossa que bebê tão pequenininho, filho. Coitadinho que ele já tem que pôr gesso. É uma botinha de gesso…*

Beto – *Não tá cabendo.*

M. C. – *É porque ele é muito pequenininho, oh. Experimenta nesse aqui.*

[M. C. entrega outro boneco.]

Beto – *Ele estava dodói.*

M. – *Desde pequenininho ele já tinha que ter um cuidado, né? Às vezes é difícil cuidar desses bebês tão pequenininhos que a gente não sabe o que precisam, se o tamanho é esse, se é pequeno, se é grande, como é que a gente se preocupa… Como você falou que foi com o Beto, né, Meire, quando ele nasceu antes do tempo um pouquinho. Você tinha tido aqueles outros bebezinhos machucados…*

Mãe – *É.*

Beto – *Quando eu era nenê eu tive que tomar um… eu tive que fazer uma vacina…*

M. – *Você tomou vacina para ajudar a ficar forte, né?*

Mãe – *Ele tomou várias vacinas.*

M. – *E você sabia que a mamãe estava um pouquinho preocupada, a mamãe e o papai?*

Beto – *Aqui nessa casa nem tem televisão.* [Risos]

M. C. – *Ah… Mas quando você fica assim um pouco preocupado assim você gosta de ver televisão?*

Beto – *Olha o osso do cachorro, ele vai até comer. Ele vai até lá pegar o ossinho. Esse é assim ou assim?*

M. C. – *Assim como você estava fazendo. . . . E você tinha contado um pouquinho pra gente, Meire, que quando ele nasceu você teve um pouco de depressão... Como que foi?*

Mãe – *Foi no pós-parto. Já estava em casa . . .*

[Enquanto a mãe fala, Beto vai querendo saber o que são as coisas da casinha.]

M. – *Beto, a gente está vendo também que você era um bebezinho, e é um menino agora. É que a gente estava falando de você bebê, quando nasceu, e que a mamãe ficou um pouquinho triste, e agora ele é grande e muito curioso, né? Eu fico imaginando que quando a mamãe estava triste, o Beto também queria saber o que é isso, o que é isso? O que está acontecendo? Como é que eu posso ajudar?*

Mãe – *Aí ele era muito pequenininho... Aí não sei se você vai lembrar?*

Beto – *E o que é isso, o que é isso?*

Mãe – *Isso aí eu acho que é para botar o nenê muito pequenininho* **que nem** *você nasceu, você nasceu tão pequenininho que teve que ficar dentro desse... parece uma caixinha, né?* [Nem Beto talvez nascesse... mas nasceu, ficou em uma caixinha e não em outra caixa maior... como teria sido a "caixinha" dos outros bebês perdidos? Caixões no espaço interno materno/parental? Levados pelo monstro do bebeléu? Caixas e monstros ameaçadores e controladores para o imaginário parental e para o sintoma emergente na retenção esfincteriana, mas sapecas e exploradores para o lúdico da criança no espaço analítico.]

Beto – *E o que é isso, o que é isso?*

Mãe – *É para o nenê muito pequenininho, muito novinho.*

Beto – *E quando eu nasci eu estava bem novinho.*

M. C. – *Você morou aí dentro um pouquinho ó.*

Mãe – *Mas foram poucos dias, né, filho?*

M. C. – *Um pouquinho.*

M. – *Foram nesses dias que você se sentiu mais triste?*

Mãe – *Ah não, porque essa época ele estava na UTI, foi depois, foi em casa. Porque ele estava na UTI e era uma correria. Não dava para parar para pensar em nada.*

M. C. – *Não dava tempo pra pensar em muita coisa.*

Mãe – *Só dorme, levanta, fica o dia inteiro no hospital. Tirar leite, fazer os horários de canguru . . .*

M. C. – *E durou muito tempo, você lembra?*

Mãe – *Para mim uma eternidade. Enquanto durou, três, quatro meses talvez. Eu não tinha muito horário certo, ele estava em casa, tinha que dar de mamar direitinho. O que ajudou mais ainda foi quando eu fui com ele passar uns dias com meus pais.*

M. – *É a* batchan*?* [Avó em japonês. A avó foi quem indicou a clínica para a família.]

Mãe – *É...*

Beto – *Que é a minha avó...*

Mãe – *Não sei também se porque eu ficava muito sozinha em casa, era eu e ele, meu marido trabalhando. Não tinha muita companhia, tinha uma pessoa que me ajudava com as coisas de casa...*

M. – *É como a gente está aqui hoje, né, você, o Beto... E o Beto tem que perguntar tudo para a mamãe...*

Beto – *E o que é isso?*

Mãe – *Naquele tempo ele não falava, só chorava...*

M. C. – *Mas era só você para dar conta de tudo.*

Mãe – *É, e eu ficava muito cansada porque ele acordava de madrugada, eu tinha que acordar também de madrugada como ele nasceu com baixo peso, mesmo ele dormindo eu tinha que dar de mamar. Ou ele mamava dormindo, ou eu acordava ele. E trocar fralda, aquela coisa. E como eu tinha ficado muito tempo de repouso, eu saí assim de um estado muito devagar para um estado muito acelerado.* [Interessante a semelhança com as descontinuidades de Beto.]

M. C. – *É mesmo. Porque você também fez o repouso antes dele nascer. Quanto tempo você ficou?*

Mãe – *Cinco meses... Eu fiquei três meses em casa e dois meses internada...* [depois do nascimento]. *O fim do dia era o horário terrível, o pior, que era quando a moça ia embora, meu marido ainda não tinha chegado porque ele sempre chegava mais tarde, quer dizer continua chegando tarde... E é verdade que o Beto tinha cólica, chorava... Enfim, foi uma época muito...*

M. C. – *Sobrecarregada para você...*

Mãe – *Alternou um pouco a semana que a minha mãe ficava... Só que ela... era outra dinâmica. Perto da casa da minha mãe tem muita coisa que dava para sair com ele, passear de carrinho... Tem parques, além de ser mais quente que já anima mais, pelo menos para mim, mais calor.* [Meire nos anuncia aqui o contato com o cuidado materno, com um entorno continente parental seja aqui, seja lá, que traz, ao mesmo tempo, aconchego, liberdade e calor.]

Beto – *O que é isso? O que é isso?*

M. C. – *O que parece, Beto?*

Beto – *Parece um banquinho.*

M. C. – *Isso mesmo. Você pergunta, mas você também sabe muita coisa...*

Mãe – *É...*

M. – *Beto, e você sempre foi assim uma criança bem curiosa que gosta de saber de tudo, perguntar? Desde bebezinho?*
[Beto faz que sim.]

M. – *Ele devia ser um bebezinho bem ativo, mesmo nascendo um pouquinho antes. Era assim? Ou você estava mais preocupada porque ele ainda era pequenininho?*

Mãe – *Ah, no comecinho ele era bem pequenininho, nos primeiros três, quatro meses ele era abaixo do peso, do tamanho. E a gente tinha essa preocupação de alimentar, de cuidar da saúde porque era mais vulnerável a doenças, viroses, enfim, tinha que evitar lugares fechados, de cuidar, preservá-lo mais assim. E ele nasceu naquela época da gripe suína, no ano da gripe suína da primeira vez, então... E o meu marido teve a gripe, pegou a gripe na época que ele veio para casa, então era uma neura assim de lavar a mão, álcool gel em todo canto, a gente usava aquelas máscaras para chegar perto dele. Todo mundo que ia em casa tinha que pôr a máscara, minha sogra, minha mãe, empregada. Ele fez fisioterapia, nossa... um monte de coisa. Então, com cinco, seis meses ele estava um pouco atrasado no desenvolvimento motor. De sentar, de ficar durinho, então ele fez fisioterapia. Depois teve que fazer fisioterapia respiratória porque no inverno, quando ele fez um ano, ele vivia com problema de rinite, porque nós temos também...*

Beto – *Olha isso!* [Montando as peças de hospital na cena da casinha.]

Mãe – *Aí ele ficava muito entupido, não conseguia dormir. Era um terror assim essa parte.*

M. – *Sabe que eu estava pensando, Beto, que todos esses cuidados que você montou, todos os cuidados com o problema de saúde, a mamãe está contando que também tiveram com você quando você era pequeno.*

Mãe – *Ah é, logo que ele nasceu. Nessa época quando ele fez um ano...*

M. C. – *Eu estava pensando também se não tem um lado seu, mãe, que fica muito preocupado se o desenvolvimento dele não vai indo certinho.*

Mãe – *Sim.*

M. C. – *Então, agora com a história do cocô, é alguma coisa que você também já está preocupada que isso possa virar uma coisa séria?*

Mãe – *É, . . . porque já faz um ano, né?*

Mãe – *Foi muito tranquilo o xixi. Agora o cocô, que quando ele usava fralda, ele sempre fez direitinho, todo dia, no máximo um dia sem fazer quando tinha alguma coisa, algum problema, teve também diarreia uma ou outra vez, que também não foi nada assim... Super direitinho o cocô dele. Aí eu não achava que ia ser dessa forma . . . até agora não regularizou. Está melhor porque a gente entrou com laxante, com fibras, então está melhor, mas ainda não está assim estável. Tem semanas que ele fica duas semanas indo bem para ir ao banheiro sozinho, avisa que quer, até vai sozinho fazer, às vezes ele vai, senta, não faz...*

M. – *Como foi o banheirinho esses dias Beto? Você foi ao banheirinho? . . .*

Mãe – *Quando que você fez cocô, filho? Você lembra?*

Beto – *Tem que tirar isso daqui para ele deitar...*

Mãe – *Senão atrapalha.*

M. C.– *Essa conversa eu não estava gostando muito, né?*

Beto – *Eu acho que isso aqui é de médico.* [Falando do material que está brincando e ao mesmo tempo denotando muita sintonia com nossa conversa.]

M. – *Estamos falando de muita coisa de médico, de cuidado...*

Beto – *Dá para tirar isso daqui?*

M. C. – *É que você também tinha dito e eu fiquei pensando o que será que você queria dizer? Você falou que era bom vir conversar porque poderia ter alguma outra coisa emocional envolvida nessa questão. Você falou alguma coisa assim... Acho que foi a sua mãe que tinha sugerido, porque talvez tivesse algum aspecto emocional junto...*

Mãe – *Isso. É porque na verdade eu penso que a questão dele fazer ou não fazer, enfim, de lidar com o cocô, é muito mais emocional do que falar assim que é uma questão de alimentação dele . . . Vamos dar um pouco de laxante para as fezes ficarem mais fáceis de sair. E assim foi. Só que logo que a gente introduziu isso, eu acho que facilitou tanto, que o efeito não foi dele ir continuamente ao banheiro fazer, era o contrário, ele fazia mais força para segurar. Antes ele fazia força a cada dois, três dias, porque não evacua todo dia na alimentação normal dele. Com o laxante, como facilitava e queria sair, tinha mais problemas, porque ele não queria deixar sair. Ele queria deixar sair, queria segurar.*

M. C. – *Porque também, às vezes, dá muita aflição quando o cocô fica mole, né, Beto? Que parece que vai sair, sair, sair...*

Mãe – *Não, mas não chegava a ficar tão mole de escorrer assim de diarreia. Ficava fácil para sair numa boa, sem doer. Não sei, talvez alguma vez que ficou mais ressecado e doeu e traumatizou, acha que toda vez vai doer...*

M. – *Está difícil sair aqui também alguma coisa...* [Beto tentava tirar um boneco do carrinho.] *Ele está tentando muito que alguma coisa saia, ele quer que saia.*

M. C. – *Mas eu achei muito legal que ele falou aquela hora, vocês viram? Ele falou assim: tem que ser a mamãe e a vovó. A mamãe e a* batchan, *e você contou de como foi mais fácil e mais possível para você aguentar todas as tristezas quando a mamãe estava por perto, quando a sua mãe estava...*

Beto – *Tem que ser a vovó ou a tia!*

Mãe – *Ah, eu acho que, na verdade, falam da depressão pós-parto, mas eu acho que na verdade é cansaço porque qual pessoa que fica noites e noites sem dormir que não fica com alguma depressão ou, enfim, com alguma...*

M. C. – *Exaustão.*

Mãe – *Exaustão... não sei até que ponto realmente foi, a gente acabou falando que era depressão pós-parto, eu até tomei um pouquinho de antidepressivo que ajudava a estimular o leite, que tinha esse efeito também . . .*

M. – *Mas talvez o que a gente está querendo dizer, do que a C. perguntou e eu estou pensando também, é que talvez você se obriga, se sobrecarrega de ter que dar conta, de dificuldades que são naturais, são comuns, achando que você tem que dar conta sozinha, tem que garantir que ele não vá ter problema, tem que garantir que o cocô saia na hora certa, do jeito certo. Quando você tem uma pessoa junto com você para falar, olha, existem problemas, é possível acontecer, você se sente mais amolecida também, né? Não tão dura com você mesma de que as coisas têm que sair do jeito certo no horário certo.*

Mãe – *É, porque isso começou a causar um certo* stress *na dinâmica, o fato de o cocô ficar preso. Ele fica irritado, não quer comer, a gente não sai. Porque quando ele fica com vontade e não quer ir ao banheiro, fazer e resolver, aí ele começa a se esconder, aí ele implica com tudo, e fica assim...*

M. C. – *Enfezado.*

Mãe – *Enfezado, exatamente...*

[Beto consegue tirar o boneco do carro de polícia.]

M. – *Olha só, conseguiu!*

Mãe – *Então, começou sim a atrapalhar porque, às vezes, você quer sair, e não consegue, você sempre se atrasa porque ele quer ir ao banheiro, mas não vai. Sai, não sai, quer botar a roupa e fica tudo complicado, porque está irritado com tudo e aí você vai nos lugares, aí ele não brinca porque se esconde, se isola...*

M. – *Muito diferente do que está aqui com a gente. Bem controlado, organizado...* [Beto chama mesmo muita atenção por ser um menininho muito bem comportado, muito crescido para sua idade, controlado, apesar de naturalmente esperto.]

Mãe – *É. Mas quando ele está nessa situação... Que é o normal dele, mas aí ele começa a sair do normal porque ele começa a ficar irritado com aquilo incomodando e aí o negócio quer sair e ele quer segurar... Então, a gente vê que ele está querendo fazer cocô porque ele começa a se esconder nos cantos. Ele para de brincar, ou fala que quer brincar, mas ele fica mais vendo..., vai atrás do sofá, atrás da cortina, embaixo da mesa. Ele começa a se esconder em algum cantinho...*

M. C. – *E a mamãe está querendo te ajudar, você está vendo, Beto? Ela quer te ajudar para você não ficar... não perder os passeios com o papai e com a mamãe, para você brincar...*

Mãe – *As festinhas, ir ao parque... Para poder sair, fazer as coisas. Aí que começa a virar um problema, porque enquanto está em casa, você fala assim, vamos dar um tempo, esperar o tempo dele. E também tem outro lado assim, também quando a minha mãe, quando alguém está perto e fala e vê, aí ocorre o contrário assim, porque a gente é muito suscetível ao que mãe fala. Não sei se vocês têm filhos, mas é uma coisa que a minha fala: "Ah, palavra de mãe tem muito peso". Então, assim... para eu tomar cuidado em relação ao que eu falo para o Beto ou perto dele...*

Beto – *Isso pode ser uma peruca...*

Mãe – *Uma peruca, meu anjo? O que ela* [avó materna] *fala para mim também conta muito. Ela insistiu tanto, ela pesquisou, que pegou o telefone do Centro, e me deu: "Olha, o telefone em São Paulo é esse, você liga lá?". Ela já tinha visto o procedimento: "Você vai lá, você vai ter que fazer uma inscrição e depois eles vão te ligar". Ela sabia tudo, ela fez isso pra mim como quem diz vai lá. Agora outra questão que ela quer que eu faça é que eu leve ele numa gastropediatra especialista em constipação de criança, porque também como ela é da área, ela vai assim ativando o...*

M. – *Ela é gastro?*

Mãe – *Não, ela é clínica geral...*

M. C. – *Então, tem mais um olhar de cuidar em cima dele...*

Mãe – *É... tiveram algumas situações que a gente passou por esse* stress *dele em hotéis, que a gente vai bastante com os meus pais, pra gente poder ficar junto, com a minha irmã também que tem filhos pequenos. E teve algumas vezes que ela presenciou o* stress *que é quando ele está três, quatro dias sem fazer cocô e eu falo: "Agora não dá mais, eu vou ter que colocar um remédio", tipo um supositório para ele fazer porque aí ele faz. Só que assim, é tudo estressante porque ele não quer colocar, não deixa colocar, e tem que alguém segurar e botar à força. Agora, graças a Deus já faz várias semanas que a gente não precisa chegar nesse ponto, mas porque está com laxante, porque está com fibra, e porque a gente conversa e ele já melhorou muito em relação, tanto que tem vezes que ele vai espontaneamente, mas não está ainda uma coisa assim...*

M. C. – *Rotina?*

Mãe – *Exatamente, acontece durante umas duas semanas, aí essa semana já não aconteceu assim tão tranquilo. Aí não sei se foi porque o meu marido viajou, ficou fora. Porque também eu reparo, que ele vai mais tranquilamente com outras pessoas do que comigo. Ou com o pai, ou com a minha mãe que ele deixa sair mais facilmente do que comigo, ou com a empregada quase dá muito, ele gosta muito de ficar com ela, de brincar e tal. Então não sei assim o que é... Se tem alguma coisa...*

M. C. – *Tem alguma coisa, né, Beto, tem alguma coisa nessa barriguinha aí, né?*

Mãe – *De emocional, enfim... Mas assim, porque com esses laxantes e tal, ele melhora o funcionamento, mas só que a questão que eu fiquei pensando e mais surpresa quando a gente começou a dar que realmente facilitou, que movimentou mais que ele fez muito mais força para segurar do que para deixar sair... E minha mãe falou: "Aumenta a dose, aumenta a dose. Você vai dar até ficar praticamente líquido, uma diarreia, ele não vai ter nem que fazer força que vai sair contra a vontade dele". Mas aí eu não sei, eu fico com medo do efeito contrário. Ter muito mais problema, fazer força para segurar e daquilo sair apesar do esforço dele, assim não sei...*

M. – *Mas tem tanta gente dizendo como essa barriguinha tem que funcionar, né, Beto?*

Mãe – *E ele mesmo já sabe...*

M. – *Essa barriguinha que guarda farofa, lembra que você contou para a gente... Tem muita gente falando como essa barriguinha tem que funcionar...*

Mãe – *Se a gente dá um suco ele fala: "Ah, isso é bom para o meu cocô"... Então não é uma questão de não saber, ele entende, né. Ele sabe o que é. Só que tem algum fator emocional que está além do racional...*

M. – *Mas você não acha que isso pode acontecer, Meire, assim de tanta gente que fala como essa barriguinha tem que funcionar, que horas, que tem que ser desse jeito, de outro...*

Mãe – *Começa, ah, você tem que desencanar um pouco e deixar acontecer...*

M. C. – *Eu também acho que você pode acreditar que ele está bem, que apesar de todo o esforço que vocês tiveram que fazer de fisioterapia, de leitinho para ele engordar, de tudo, ele se desenvolveu bem...*

Mãe – *Não. Assim de saúde ele está bem. Isso com certeza...*

M. C. – *Tem alguma coisa que ele está dizendo que ele vai fazer do jeito dele. E que talvez a gente tenha que confiar que vai dar certo.*

Mãe – *Eu também, sou dessa opinião, mas eu só fico preocupada, incomodada quando isso começa a atrapalhar as outras atividades que a gente tem no dia a dia e acaba gerando um* stress *prejudicial para o Beto.*

M. C. – *Vamos guardar? Está na hora da gente falar tchau. Vamos começar a guardar tudo agora?*

Mãe – *Senão o beleléu... Que será que ele vai fazer? Não vai sobrar nem nada para a gente aqui na próxima vez.*

Beto – *Ah, não vai guardar.*

Mãe – *Beto, assim não, filho...*

M. C. – *Você não quer ir embora, Beto? Não quero ir embora hoje...*

[Beto vai para o colo da mãe de bico.]

M. – *Eu que quero mostrar quando eu quero pôr para dentro, pôr para fora, né? Difícil quando as pessoas ficam falando como que eu tenho que funcionar. A hora que eu tenho que pôr para fora, que tem que pôr para dentro...*

Mãe – *É. Ele tem essa dificuldade com a questão do horário, quando a gente fala: "Ah, agora tem que parar de brincar, agora está na hora de sair, agora tem que ir para escola..."*

M. C. – *Posso começar a guardar, Beto?*

Beto – *Nãaaooo!*

M. C. – *É que está na hora. A gente vai combinar de você vir de novo.*

M.– *A gente está entendendo o que você está querendo dizer, quando você quer guardar ou não, né?*

Mãe – *Você quer ficar mais? Era isso, meu anjo? Mas ó, tem que guardar os brinquedos para depois poder brincar de novo? Senão o beleléu leva tudo embora...*

M. – *Se o beleléu leva embora o que a gente não guarda, deve ser difícil soltar...*

Mãe – *Ah. Aí não dá, né filho...*

M. – *Se a gente... isso que você falou dele reter, né... Será que também ele não fica confuso? O que acontece com as coisas que a gente solta, o que acontece com as coisas que a gente guarda...*

Beto – *Está caindo da escada...*

Terceira sessão: gelecas e melecas, experimentando bagunças em espaço protegido

Nesta sessão, estavam presentes a mãe e a criança. Beto chega feliz falando das amigas que fizeram muita bagunça com seus brinquedos. A mãe nos conta que está conseguindo se separar do filho, deixando-o brincar na casa dos amigos. Com todo o cuidado e esforço interno, ela começa a confiar que ele pode ficar bem, longe dela (como o cocô pode sair de Beto sem problemas).

O que nos chamou a atenção nessa consulta é que os dois estão diferentes, algo no vínculo se transformou e a mãe está mais disponível para brincar de faz de conta. Beto a introduz e a convida para brincar várias vezes nessa sessão e ela aceita. Mas quando Beto pega a geleca e convida a mãe a brincar, no início ela mostra todo seu nojo, mas aos poucos, pudemos sinalizar o quanto ela estava podendo sustentar "os cocôs" e entrar na brincadeira (ela estava menos dura). Falamos e brincamos de xixi e de cocô. Beto explora e brinca com a geleca.

> M. C. – *Aí que gostoso, né, fazendo meleca... Faz assim* [mostro como tirar a geleca das mãos] *que ela sai da sua mão... A gente está falando de cocô, de papa, de comida, e a gente veio brincar com uma coisa bem molinha, né?*
>
> [Beto coloca a geleca na mão da mãe.]
>
> M. C. – *Você quer mostrar para a mamãe?*
>
> Mãe – *Aí credo, filho, que esquisito isso... É geladinho, né?*
>
> M. – *Os dois estão mais à vontade para essas baguncinhas de meleca . . .*

Mãe – *É uma novidade... Pega, pega filho. Vai cair, olha, olha...*

[Beto deixa a geleca escorrer pela mesa.]

M. – *Descobriu o relóginho da meleca.*

Mãe – *Olha lá, vai de novo, vai de novo... É esse negócio do tempo, eles têm que aprender esse negócio do* time *porque eu vejo o sorvete, perceber onde vai pingar e a gente fica aflito. Olha vai pingar pra cá. Porque ele pega aquele de casquinha e ele só vai de um lado e o outro lado fica lá. Eu acho que também pra tomar sorvete ele já está bem melhor, não se lambuza muito não. Principalmente picolé, que está mais acostumado, tem mais prática. Aí, como ele tem o primo quase da mesma idade e eles tomam juntos, mas o primo dele ainda se lambuza demais, nem toma o sorvete direito.*

Beto – *Ele fala assim, ele lambe um pouquinho e fala assim não quero mais...*

M. – *Eu acho que o Beto contou hoje pra gente que é gostoso um pouquinho de baguncinha também. As crianças estão na idade da bagunça. Você quando criança era parecida com o Beto?*

Mãe – *Olha, não sei, não consigo lembrar da época da idade dele agora. Mas eu acho que a gente não fazia... Era uma bagunça diferente. Algumas bagunças a gente fazia em casa, eu gostava de pegar as cadeiras e virava tudo de cabeça para baixo, fazia esse negócio de cabana, de circuito com cobertores, as almofadas...*

M. – *Sabia, Beto, que a mamãe também gostava de fazer baguncinha?*

M. C. – *Fazer cabana...*

Mãe – *Cabana era o máximo. Às vezes a gente conseguia fazer com lençol, podia dormir lá dentro... Às vezes na casa dos amigos, eu lembro uma vez a gente fez uma cabana com lençol e dormimos lá. Em casa a gente nunca dormiu dentro. Mas dormir no chão, achava o maior barato . . .*

Beto – *Pra brincar de comidinha precisa de massinha, né?*

M. C. – *É verdade, a gente pode fazer comidinha, mas também a gente pode brincar de banheirinho de massinha, né? . . .*

M. – *Agora você que está experimentando, né, Beto? A hora que cai, a hora que sai...*

Beto – *Isso gruda, mas sai.*

Mãe – *Sai?*

Beto – *Sai.*

Mãe – *Tem certeza?*

Beto – *Tenho.*

M. C. – *Você já descobriu que uma hora gruda, uma hora desgruda, né?*

Beto – *Isso, eu gosto de mexer.* [Beto está com as duas mãos envolvidas na geleca.]

M. C. – *Ah, gostou...*

M. – *É bom ver quando vai cair! Às vezes, talvez ele sinta que quando a gente fica falando "vai cair, cuidado", ele tem que fazer um tipo de controle que é diferente do brincar, do explorar, do poder descobrir se gruda, se vai... Como o cocô mesmo...*

Beto – *Parece um xixizinho.* [Risos.]

M. C. – *Também parece xixi, né? Parece cocô e xixi.*

M. – *Essas coisas que saem de dentro da gente...*

Mãe – *Duro, mole... Catarro...*

Beto – *Até que parece sangue. Parece gelatina.*

M. C. – *Parece também gelatina...*

Beto – *Pode tirar da minha mão?* [Pede ajuda para M. C.]

M. C. – *Tirou. Saiu tudo? Deixa eu ver...* [M. C. ajuda a tirar a geleca da mão de Beto.] *Gruda e desgruda, né?*

[Beto continua brincando de deixar a geleca escorrer para fora da mesa e a pega antes de chegar ao chão.]

Beto – *É legal mexer.*

Mãe – *É legal mexer com isso? Você achou filho?... Ih, esse caiu.*

Beto – *Ah, peguei. Isso gruda.*

M. C. – *E você acha meio chato quando vai ao banheiro e faz cocô e o cocô vai embora, Beto? Não dá para pegar de volta... Esse dá para pegar de volta, né?*

Beto – *Esse cocô dá.*

Mãe – *Esse cocô dá?!*

Beto – *Essa gelatina dá.*

Mãe – *Sabe que o xixi eles acham superlegal fazer porque aponta para lá, aponta para cá...*

M. C. – *Mas xixi também a gente faz um monte de vezes, né? A gente sabe que ele volta de novo. O cocô vai embora...*

[Beto continua muito interessado em sua brincadeira com a geleca.]

M. C. – *Olha só que legal. Ele está radiante. Pegou de novo, Beto... Pegou...*

Mãe – *Espera quase chegar lá no chão... Bem lá embaixo...*

Mãe – *Ai, filho, porque se grudar na blusa não sei se depois sai...*

Beto – *Quer carregar?* [Beto oferece um pouco de geleca para mãe.]

Mãe – *Você quer me dar isso?!...*

M. C. – *Você quer incluir a mamãe também nessa brincadeira, né?*

Beto – *Quer?* [Mãe faz que sim, e Beto coloca a geleca em sua mão. A mãe parece aflita ao tocar a geleca.]

M. – *Acho que ele quer ter a certeza de que essas coisas para mamãe também podem ser de brincar e não coisas que às vezes ficam preocupando se está sujo, se não está sujo...*

M. C. – *Que pode fazer meleca...*

Mãe – *Quer dividir, filho?*

Beto – *Quer brincar de cair no chão?*

Mãe – *Oh, brinca de cair na minha mão, ó...*

M. – *Olha, a mamãe está segurando...*

Mãe – *A hora que ele estica fica quase transparente, filho...*

M. C. – *Ooohhhh...*

[Geleca caindo na mão da mãe.]

M. – *Pode contar com a mamãe para suas baguncinhas...*

Beto – *Eu não conto pra ninguém as minhas bagunças.*

Mãe – *Ah, você não conta... Você conta sim.*

M. – *A mamãe está falando que pode ter um pouco de baguncinha.*

Mãe – *Ai, ai, essas bagunças que sujam muito a gente faz mais lá no* camping, *né, filho? Pintar, de lambuzar tudo. Mas até que aqui você também faz, né?*

M. C. – *Na escola deve ter muita meleca.*

Mãe – *Ele gosta de* glitter, *de espalhar no desenho... Aí a mão fica uma beleza. Até a sua mão ainda está um pouco de* glitter, *né, filho?*

[Beto enrola a geleca no punho.]

M. Cecília – *Olha, agora virou uma pulseira. Virou outra coisa, Beto.*

[Beto brinca e canta lá, lá, lá.] . . .

Mãe – *Beto, cuidado com seu tênis. Não exagera...*

Beto – *A gente fez uma meleca...*

Mãe – *Olha o tamanho da sua meleca aqui no chão...*

Quarta sessão: A família transgeracional

Nesta sessão estavam presentes os pais, a avó materna e a criança. Novamente Beto se recorda de tudo e a queixa inicial já não é tão presente. Os pais contam que ele fez cocô direitinho, a cada três dias, com o incentivo deles.

Pudemos apontar como ele está podendo crescer, se separar, afinal é um menino grande. A avó materna pôde se apresentar, falar de suas preocupações, se assegurar de que seu neto estava em boas mãos e manifestar sua vontade de que eles continuassem sendo acompanhados.

> Pai – . . . *Uma coisa que você falou para o papai outro dia, né, filho, que não podia nem entrar no banheiro nem espiar ele que quando ele acabasse ele ia chamar . . .*
>
> M. C. – *Viu, Beto, que o papai contou? Que você foi sozinho ao banheiro... E falou para ficar lá sozinho que depois chamava.*
>
> Mãe – *É. Quando ele está com vontade é assim, não pode entrar. Não entra aqui, não entra que vai ver o meu cocô! Espera.*
>
> Pai – *Mas ele chama pra...*
>
> Mãe – *Para limpar e tudo. Ainda que uma vez você chegou lá, ele já tinha jogado, porque ele faz no pinico, já tinha jogado no vaso. Ele mesmo. Nem deu para ver direito se tinha feito muito ou pouco e como tava...*
>
> M. – *Beto, então será que isso de segurar é você querer dizer: "Esse cocozinho é uma coisa minha que eu também quero pensar quando eu quero soltar, quando eu*

quero segurar. É bom que vocês acompanhem, mas eu também quero fazer do meu jeito, na minha hora, no meu reloginho".

[Beto presta atenção.]

M. C. – *É, Beto, você acha que é? Esse pedaço é só meu, né?*

M. – *Ou tem que ser um pouquinho meu também, não dá para ser só para os outros, o relógio dos outros. Ele está criando um espaço dele também quando ele quer segurar. Será? O que vocês acham? A vovó também tem participado dessas histórias que a gente sabe...*

Avó – *Como assim? Eu devo entrar na história porque eu sou muito presente na vida dele...*

M. – *Claro! A senhora já entrou na verdade. Ele já falou da senhora...*

M. C. – *A senhora participa sempre aqui. Sempre tem alguma coisa da vovó...*

M. – *Até na vinda deles, não é? A senhora não participou da vinda?*

Avó – *É verdade, é verdade... Realmente, eu fiquei pensando... o que acontece... a primeira coisa que pensei... depois, outra coisa tem. Seria alguma coisa dele, que sai, só que isso surpreende, e não quer deixar ir embora... Então, isso é uma outra coisa que eu consegui pensar. Fora isso, precisa pensar um pouco mais, não sei, deve ser isso que vocês estão falando... Essa coisa de ele ser dono daquela parte, uma coisa fisiológica que ele não está conseguindo lidar bem com isso... Esse outro modo de enxergar que é o que vocês acabaram de comentar...*

M. – *A vovó falou uma coisa que a gente conversou bastante aqui também, né? Isso de uma certa preocupação com o que vai embora. Que quando você faz o cocozinho ele vai embora, né, Beto? Difícil se separar de alguma coisa da gente, né?...*

Pai – *Mas eu acho que tem uma coisa que é diferente que eu acho que vale a pena avaliar. O fato é que quando a Meire faz curso, fim de semana sim, fim de semana não, aí eu fico com ele no final de semana sim...*

Mãe – *Fica todos, mas é que quando eu tenho curso, fica sozinho.*

Pai – *E geralmente ele vai ao banheiro sozinho. Tem alguma coisa quando vem alguém em casa diferente ou quando a gente está todo mundo junto que ele segura. Quando a gente viaja, ele segura.*

Mãe – *É, quando está em festa, ele segura, na rua...*

Pai – *Quando tem mais gente, ele prende. Ele segura mais...*

Mãe – *Ops! Pronto... Agora esse negócio de prender e soltar, agora você falou, eu pensei por um outro lado, que a gente tem encontrado muito com os pais dos amigos dele da escola, às vezes a gente pensa, é filho único, a gente fica mais em cima, segurando mais, mas a gente sabe que tem outros que não ficam assim tão cercados, eu não estou trabalhando, então eu fico muito com ele, levo e busco das atividades que ele tem para fazer fora... já melhoramos um pouco... eu levo, busco e deixo, não fico lá o tempo todo...*

M. C. – *Tem um processo também de você ir se separando dele.*

Mãe – *É. A gente deixa ele fazer algumas coisas sozinho. Tem mães que deixam, por exemplo, em festa de aniversário, a criança sozinha na festa, tem os adultos e tal, mas não fica ninguém com a criança... Nenhum responsável... Isso a gente não faz ainda...*

M. – *Beto, você viu que interessante? Porque o Beto está treinando para soltar o cocô e a mamãe está falando que eles também estão treinando prender e soltar.*

Mãe – *É...*

M. – *Que também não está fácil para vocês...*

M. C. – *Ahan, porque esse filho foi muito querido, é um filho que foi muito esperado, a mamãe ficou de repouso, depois ficou cuidando lá no hospital para ele crescer, depois deu muito leitinho para ele ficar gorducho, não foi, Beto? Um nenê muito querido, então a gente cuida muito, né?*

Mãe – *É porque tem pai que na própria festa não fica do lado da criança, fica sentado na mesa e diz a gente está aqui...*

Mãe – *E as crianças ficam no bufê e quando precisa vem na mesa, fala com a mãe, quer ir ao banheiro, quer não sei o que, quer comida... Mas não fica ali o tempo todo ah vai cair, vai bater já...*

M. C. – *Então, mas a gente estava pensando que ele come sozinho, ele anda sozinho, ele faz xixi sozinho, a última coisa que falta é ele fazer o cocô sozinho e ir à casa dos amigos sozinho. Não é?...*

Mãe – *Ele para porque ele quer um pouco esse mimo, esse dengo...*

M. C. – *Esse dengo. Ser um pouco grande e ser um pouco nenê.*

Mãe – *É. Às vezes fala assim: "Ah, tô muito cansado", e quer colo...*

M. C. – *Ah... O que você está achando dessa conversa? A gente está falando tanta coisa de você... Está falando de quando você era pequenininho, de como você cresceu, como a mamãe cuida de você, a vovó, o papai...*

[Beto ergue o carro de polícia com o cachorro.]

M. C. – *Nossa, esse cachorro é muito forte, Beto... Ele está carregando o carro...*

Mãe – *Filho, ele não vai soltar, não? Jesus, meu Deus!*

M. C.– *Você está gostando dessa conversa da gente falar de você, que já poder crescer, fazer coisas de menino grande, né, Beto? Mamãe está descobrindo que você não precisa mais de babador, de mamadeira...*

M. C. – *Então, mas com o cocô também pode ser assim, né? Você também pode apostar que ele é capaz, que ele vai conseguir...*

[Beto equilibra o carro de polícia no telhado da casinha e se anima.]

M. – *Olha que equilibrado que ficou, Beto!...*

Pai – *Teve uma vez que eu fui ligar para a Meire, estava muito barulho no salão, eu pedi para uma mãe ficar com ele, e fui fora do salão para ligar para a Meire, quando eu voltei ele tinha metido o dedo no ventilador, tinha quase cortado o dedo. Sangrando. Então, assim, eu me sinto responsável e eu não gosto de passar essa responsabilidade para ninguém, não gosto, não me sinto confortável com isso. A própria avó pode confirmar, assim, que eu sou um chato, em relação às recomendações. Eu fico reclamando, pego no pé... E eu me sinto assim mesmo...*

M. C. – *Então, por isso que é difícil soltar um pouco e ao mesmo tempo ter liberdade, mas aqui ele testou o equilíbrio das coisas, né, Beto? Aí caiu tudo, desmontou, mas você pediu para a C. ajudar, não foi?... Quando você não consegue você pede ajuda, não é? Você consegue, né?*

[Beto faz que sim.]

M. – *A gente vê que vocês são uma família bem preocupada em ter tudo bem planejado, bem programado. E o Beto talvez esteja também tentando ver como é que ele vai juntar esse planejamento com experiência, exploração, descobertas, né?*

Mãe – *Eu acho que ele não está muito preocupado com planejamento, por enquanto.*

M. – *É, mas segurar o cocô tem um pouquinho dessa qualidade, né?*

M. C. – *É.*

M. – *Quando será que eu vou fazer, quando eu vou ter vontade de fazer?*

Quinta sessão: domesticando o monstrinho

Nesta sessão estavam presentes a mãe e a criança. Beto trouxe o desenho de um monstrinho.

Beto – *Tinha bebê.*

M. – *Tinha bebê? Você já encontrou o bebê, o pato...*

Mãe – *Bem que você falou que tinham dois bebês e eu só lembrava de um. Ele falou, tinham dois...*

M. – *Foram dois bebês. Quando a gente brincou a gente também falou dos bebês aqui...*

Beto – *Também tinha dois ursinhos.* [Localiza e diferencia os dois.]

M. C. – *Isso mesmo. Você também tem um ursinho que dorme com você?*

[Beto faz que sim.]

M. C. – *Você tem um cachorro e um ursinho que dormem com você... Duas coisas.*

M. – *Um em cada lugar, né? Cada bebê tem um bichinho que ajuda a acalmar, ficar tranquilo...*

Beto – *Que bagunça nessa casa, uma bagunça! Eu acho que eu vou arrumar a casa... Tem que encaixar aqui... Que eu ponho a musiquinha sempre aqui...*

Mãe – *Você também gosta de uma musiquinha para dormir...*

Beto – *É que eu sonho com coisa mau, daí depois eu preciso de musiquinha senão eu sempre sonho com uma coisa mal...*

M. C. – *É... Daí a musiquinha leva embora o mal também? Aí a coisa mau deixa você...*

M. – *Tem que mandar embora então o sonho mau, Beto?*

Beto – *O que é isso? Tinha mesmo um de trocar...*

M. C. – *De trocar o nenê... Você sabe tudo de nenê, né, Beto?*

Beto – *Eu sei o que tem dentro da gente.*

M. C. – *Dentro da gente?*

Beto – *Eu acho que essa moeda é de um de vocês.*

M. C. – *É de gente grande isso, né? Ô Beto, então você quer dizer que você sabe que os nenês vêm de dentro da gente?*

Mãe – *Quer ir ao banheiro?*

M. C. – *O que você veio pedir para mamãe aqui?*

Mãe – *O que foi, filho? Quer ir ao banheiro? Sim?*

M. – *Tem coisa que fica dentro da gente e que tem hora que sai, né? Mas ele falou de ficar dentro da gente, dos bebês ficarem dentro da gente que ele sabe... E a mamãe pensou no cocô que tem que sair.*

Mãe – *É porque já são cinco dias, né, Beto? E ultimamente eu acho que teve uma recaída porque a gente teve que levar...* [ao banheiro.]

M. – *E por que você achou que ele indo aí perto de você ele estava falando de cocô?*

Mãe – *Porque ele fica meio... dá uma travada, para de brincar, ele para...*

M. – *Mas ele também estava falando de nenê dentro da gente, será que alguma coisa estava ligando isso a você? Ele foi pertinho de você quando falou dos nenês dentro da gente, na mamãe. Você estava preocupado e foi pertinho da mamãe, Beto? Você ficou mesmo com uma carinha assim... "o que eu faço agora?"... Aí você veio tentar brincar com as suas coisas, né?...*

Mãe – *Ele realmente fica prendendo e aí ele está mesmo num certo jogo de poder mesmo. Eu que mando, eu que mando... E comigo também ele fica nessa queda de força, não sei se isso acaba interferindo. Porque, várias vezes, acho que mistura um pouco de birra, de manha querendo, "eu quero, eu quero, vou ficar chorando e esperneando até você me dar o que eu quero". Às vezes sorvete, quer doce quando não é hora de doce, ou quer mais doce do que deveria, aí fica falando "eu vou ficar chorando até você buscar o meu sorvete", aí não dou essas coisas, é claro...*

M. – *Só uma coisinha que eu acho legal a gente comentar, que o Beto estava fazendo aqui na casinha também uma situação de banheiro. Foi interessante que você, Beto, estava preocupado em arrumar as coisas, fazer tudo certinho que o menino até esqueceu se ele tinha vontade de fazer cocô ou não, o que ele estava sentindo, porque ele ficou tão preocupado em pôr tudo certinho, o papel higiênico no lugar, o que tinha desencaixado, né, Beto? Você reparou? A mamãe também estava falando que ela também está muito preocupada com o cocô, se põe o líquido, o remedinho, de que jeito, vocês estão tentando arrumar muita coisa, né? E as vontades, onde será que ficam?*

M. C. – *Ela está contando que as vontades ficam assim, mamãe põe o carro em tal lugar, mamãe vai buscar meu sorvete, né? Aí eu choro muito até ganhar o que eu quero. Não é, Beto?...*

M. C. – *Foi legal sua festa, Beto? Você gostou de fazer 4 anos? Não tem mais mamadeira, não tem chupeta, não tem mais fralda, não tem mais nada de nenê, Beto?*

Beto – *Ainda tem um pouco de chupeta. Uma chupeta verde.*

M. C. – *E tem também o seu cachorrinho, né?*

M. – *É que os nenezinhos cresceram rápido, viraram meninos que andam de bicicleta.* [Associando ao brincar de Beto na casinha.] *Só que ele falou que o menino de bicicleta ficava tentando se equilibrar lá em cima e eu fiquei pensando, mas dá para brincar quando a gente fica tentando se equilibrar? E o Beto está falando: "Eu quero brincar, eu quero fazer um pouquinho de bagunça, eu quero escolher o que eu quero". Tem a birrinha dessa idade, mas eu acho que ele está tentando dizer "eu quero um pouco poder escolher as coisas..."*

Beto – *Não tem televisão nessa casa?*

M. – *É que tem bastante coisa, né, Beto?*

Beto – *Tudo espalhado.*

M. – *Uma baguncinha, né?*

[Beto vai até a mãe novamente.]

Mãe – *Você quer a TV, filho? O que você quer, meu anjo?*

M. – *Ele está te chamando para brincar... Quer vir brincar aqui?*

Mãe – *Eu acho que ele está querendo ir ao banheiro.*

M. – *Banheiro?*

M. C. – *Você quer que a mamãe vá com você?*

Mãe – *Você quer que a mamãe vá junto no banheiro?*

Beto – *Não.*

[Mãe se aproxima para brincar na casinha.]

Mãe – *Nossa, quanta coisa... Tem até um computador, filho? E isso, o que é?*

M. C. – *Será que a mamãe acha a televisão aí, Beto?*

Mãe – *Aqui. Será que não é isso aqui? Parece uma televisão, filho? Olha isso aqui que legal...*

Beto – *A televisão é isso...? Mas não tem onde colocar a televisão.*

M. C. – *Será que não tem nenhum lugarzinho nessa casa?*

Beto – *Ah, já sei...*

M. C. – *Ah, vai ficar no quarto das crianças.*

Mãe – *Em cima da mesa. Está bom. E cadê o pessoal, não estou vendo ninguém, essa casa está vazia. Saiu todo mundo para trabalhar, para estudar? Um bercinho do nenê. Cadê o nenê? Que legal...*

Beto – *Um de roupa rosa e um de roupa azul... Um é menino e outro é menina.*

M. C. – *Que gostoso ter a mamãe pertinho de você, né? Parece que ele está falando que ele não quer só uma mãe que organize o dia, ele quer uma mamãe que brinque.*

M. – *Dá para a mamãe ficar junto na baguncinha e na ordem. Nos dois. . .*

Mãe – *E se você passar um lençol? Esse aqui ó, por exemplo...*

Beto – *Sim. Mas depois é difícil para arrumar viu. Ou o tapete...*

M. – *Não pode bagunçar muito senão fica difícil de arrumar...*

M. C. – *Tudo o que é de cuidar ele sabe muito, né? Como que cuida das roupas, como que cuida da casa.*

M. – *Em casa o Beto gosta de ajudar também?*

Mãe – *Gosta. Ajudar a fazer tudo, na cozinha, na roupa, na limpeza, tudo, né, filho? Ajuda a fazer bolo, fazer omelete, a tirar a roupa para pendurar, a colocar a roupa na máquina. Varrer, adora varrer, limpar com escovinha, ou com rodinho, com paninho. Tudo isso você adora. O que foi, meu anjo?*

[Beto abraça a mãe.]

M. – *Daí é um jeito de ficar bem perto da mamãe nessa hora.*

Mãe – *Não só da mamãe, ajuda a mamãe, ajuda a babá, ajuda a* batchan, *ajuda o papai...*

M. C. – *O que você queria mostrar para mamãe quando você chamou ela para sentar bem pertinho?...*

...

M. – *O que você achou, Meire, que ele te chamou?*

Mãe – *Eu ainda acho que é porque ele quer ir ao banheiro mesmo... Ele fica assim querendo segurar alguma coisa...*

M. – *Bem, na hora que a gente estava falando de baguncinha...*

Mãe – *Também porque eu não gosto de arrumar nada sozinha. A bagunça...*

M. – *Mas se você autoriza, também dá pra ficar junto na bagunça...*

Mãe – *Não sei se porque agora é férias, mas às vezes ele fica mais grudado assim. Não pode desgrudar um instante, não pode ir ao banheiro, não posso comer, não posso escovar o dente, tenho que ficar ali. A gente está assistindo um filme junto, tocou o telefone, eu vou atender, não pode. Tem que ficar do ladinho, né, filho? Alguns momentos. Agora está normal, está brincando, a gente está perto também, mas tem momentos que tem que ficar assim, grudado.*

M. – *E aí, fazer cocô é também deixar alguma coisa desgrudar, ou desgrudar um pouquinho da mamãe...*

M. C. – *Eu estava pensando que talvez para o Beto, diante de muita coisa nova, que talvez ele fique um pouco inseguro e aí ele segura mais, fica mais grudado com você, e com mais dificuldade de se soltar...*

M. – *Claro. Até porque as férias seria o momento em que ele talvez pudesse ficar mais livre, mais em casa, mais com vocês... Mas aí ele está tendo que enfrentar um trabalho...*

Mãe – *É, meio...*

M. C. – *Um desafio novo para ele. O circo* [nova atividade] *é muito legal, mas também deve ter sido um desafio para ele.*

Beto – *Isso é mais uma luz.* [Fala do varal.]

Mãe – *É, mas ele gostou muito, no circo ele ficou bem. Em geral ele está acostumado com isso de se adaptar a novos ambientes, ele frequenta vários diferentes... É claro, no primeiro dia eu fico um pouco mais, fico junto até ele ficar bem. E ele ficou bem e ele gostou...*

M. C. – *Bem, tem um Beto que ficou bem, mas tem um outro Beto que talvez tenha sentido e que aparece nessa braveza de querer te controlar, controlar a vaga, controlar o sorvete, segurar o cocô um pouquinho, né, Beto? Para você talvez tenha sido um pouquinho demais esse outro lado. Ao mesmo tempo, também, ele fez 4 anos, ele cresceu, tirou a mamadeira, tem um monte de coisas ao mesmo tempo, né, Beto?*

Beto – *Eu só guardei a chupeta.*

M. – *Você só guardou a chupeta.*

Mãe – *Está lá, mas ele nunca usa. Ele só sabe que está lá...*

M. C. – *Você tem ela guardadinha.*

Beto – *Eu gosto de chupar mais a chupeta.*

Mãe – *Você gosta de chupar a chupeta, filho?*

M. C. – *Mais do que a mamadeira? É isso, Beto?*

Beto – *Eu não tenho mamadeira.*

M. C. – *Não tem mais mamadeira. Você sente saudade dela ou não?*

Beto – *Sim.*

M. – *É bom saber que dá para chupar alguma coisinha quando você precisa?*

M. C. – *Tem uma chupeta escondida, está guardada, você que guardou Beto?*

Beto – *A mamadeira precisava jogar fora mesmo.*

M. – *Tem esse medo, parece, de coisas que tem que jogar fora mesmo, que vão embora.*

Mãe – *Ele tem muita dificuldade de se desfazer de qualquer coisa. Mesmo das coisas que ele não usa mais, mas tudo que você fala que é dele, não quer dar nenhum brinquedo, nenhuma roupa, nenhum nada… ele não dá nada. Se perguntar para ele se pode dar, muitas vezes ele fala: "Não quero mais isso, eu quero outro", então tem que dar um pouco do velho para poder caber o novo. Senão não tem lugar, em casa é pequenininho.*

[Beto vai novamente abraçar a mãe.]

M. – *Um lugarzinho dentro que vai crescendo aos poucos e vai dizendo agora posso, agora já é hora e às vezes dá a impressão de que o Beto tem que fazer as coisas muito rápido.*

[Beto dá beijinhos na mãe.]

M. C. – *Nossa quanto que você gosta dessa mamãe, Beto… Você está cuidando dessa mamãe, hein?*

Mãe – *O que foi, filho? Deu soninho?*

M. C. – *Ele chegou falando dos bebês, depois vai fazer carinho na mamãe, não dá para não pensar que é como se ele soubesse que a mamãe já perdeu alguns bebês, que a mamãe cuidou muito dele para ele crescer, parece até que ele sabe todas as histórias, hein, Beto? Tanto carinho para essa mamãe, hein...*

M. – *E aí, cada vez que se separa, que vai fazer uma coisinha que é mais dele, ser independente, pode soar um pouquinho como "tá se separando de novo"... É outro que está se separando de você, que está indo embora, talvez isso apareça como uma sensação para ele e para você também.*

Mãe – *É, a gente sente às vezes, né? Esse negócio de soltar, deixar fazer as coisas sozinho, ... a gente nunca deixa ele solto lá dentro sozinho, ah, vai sozinho no parquinho... E tem muitas outras crianças da idade dele, próxima dele, que ficam. Mas a gente não se sente seguro, confortável de deixar ele solto porque alguma coisa acontece. Até porque a gente já viu acontecer com os outros também. Enfim, essa é uma coisa que a gente sabe que tem que ir regulando um pouco mais...*

Mãe – *Filho, um menininho dormindo no vaso, o que aconteceu ali?*

Beto – *Ahn?*

Mãe – *Aquele ali que estava no banheiro, ele parece que dormiu... Deitou...*

M. C. – *A mamãe está entrando na história agora, hein, Beto?*

Mãe – *Que às vezes tem alguém que faz assim, né?*

M. – *Ah é? Ele fica lá relaxado?*

Mãe – *Ele fica. Deita de costas, esquece que está ali para fazer outra coisa, né, anjinho?*

M. – *Mas então não é um lugar tão tenso assim?*

Mãe – *Não. Não é tenso, só que às vezes quer fazer não sai... Várias vezes acontece isso. Né, filhote?*

[Beto se recolhe novamente no colo da mãe.] . . .

M. C. – *Você acha, Beto, que se você for usar o banheiro sozinho, fazer as coisas sozinho, a mamãe vai ficar muito triste que você está crescendo, virando um menino grande? Será, Beto? A gente está aqui falando disso... Será que a mamãe vai ficar triste? Porque é a única coisa de nenê que ainda tem no Beto, né? Que ele precisa da ajuda da mamãe para fazer o cocô... O resto tudo você já está grande, né, Beto?*

Mãe – *Aí ele fala que quando você ficar grande e não precisar mais, o que a gente vai fazer, filho? O que a gente pode fazer?*

Beto – *Dá a chupeta.*

M. – *Dá a chupeta para quem, Beto?*

Beto – *Dá a chupeta para outra criança.*

M. – *Mas isso que a gente está falando, talvez você precise ainda guardar um pouquinho de coisinhas de nenê, a chupeta, o cocô que não sai...*

M. C. – *O cachorrinho e o ursinho...*

Mãe – *Mas ele não é tão apegado assim ao cachorrinho e ao ursinho. Ele fica lá, mas assim, quando a gente viaja, eu não levo e não tem nenhum problema assim... Tanto que, assim, um fica em casa, o outro no* camping, *então como a gente vai menos, às vezes ele fica esquecido lá, ele dorme sem, às vezes ele lembra...*

[Beto está quase embaixo da mesa para ficar perto da mãe.]

M. C. – *Está muito apertado aí, né, Beto? Você está querendo ficar muito pertinho da mamãe.*

M. – *Parece um jeitinho de nenê procurando até abocanhar um pouquinho da mamãe aí misturado com beijinhos. Parece um nenezinho mamando na mamãe um pouquinho...*

Mãe – *O que foi, o que deu em você. Ah, você está fazendo cócegas, filho.* [Beto dá beijinhos na mão da mãe.]

M. C. – *Você sabia que você mamou muito na sua mãe quando você era bebezinho?*

M. – *Porque para a gente às vezes é difícil ver esses dois lados, né? Que a C. estava dizendo de ainda ser um pouquinho pequeno, de guardar as coisinhas de pequeno, a gente estava falando também da chupeta, do falar de bebê aqui, ao mesmo tempo ele é grandão, ele já cresceu.*

Mãe – *É, essas coisas...*

M. – *Ele tem a atenção que um bebê tem só que para uma criança maior, né? . . . Ao mesmo tempo ele vai descobrindo o que é do relógio dele, da hora dele . . .*

Mãe – *A gente ficava um pouco na dúvida justamente disso, de quanto que a mamadeira prendia ele nessa fase de bebê, e o quanto que sair da mamadeira ajudaria ele a amadurecer também essa parte do cocô, né? Não sei se uma coisa contrabalança, se uma coisa puxa para trás ou empurra para frente.*

M. – *Mas o que move o sair da mamadeira? Será que é a regra ou é acompanhar qual é o momento dele? A impressão que dá é que para vocês a regra vem um pouco antes. A preocupação com a regra.*

Mãe – *É que na verdade a gente já deixou bastante tempo assim...*

Beto – *Como dá para abrir a boca? Como dá para abrir a boca?*

M. – *Como dá para abrir a boca do cachorrinho? Você estava brincando... faz de conta que ele está abrindo...*

Beto – *Não dá.*

M. –*Às vezes tem que ser só o que é de verdade? Não dá para fazer de conta?... É interessante, você viu, Meire? O Beto tem uma possibilidade de brincar, de fantasiar, de fazer de conta muito grande, mas às vezes ele parece que não confia nisso. E ele fica preso no que é o real, tem que abrir a boca de verdade, tem que fazer bem arrumadinho o banheiro, que parece que é uma coisa que também acontece com você quando você fala: "Ele não gosta do ursinho e do cachorrinho" e talvez a gente esteja falando disso para significar o poder ser um pouco criança ainda. Fica uma preocupação com o concreto, tanto para ele quanto para você.*

Mãe – *O problema é que pelo lado dele, ele também é um pouco acomodado, se deixar ele fica. Desde pequenininho lá na UTI, para aprender a mamar... Ele fica na mamadeira mais, não sei, talvez uns dois, três anos. Ô filho, por que você ficou embaixo da cadeira?* [Referindo-se ao encolhimento do filho.] *Às vezes eu acho que ele precisa de um empurrãozinho, por comodismo eu acho, não por falta de maturidade, ou de capacidade de fazer. Para ele sair da sonda alimentar, também foi assim. Vamos tirar e ver no que dá, às vezes tem que dar um empurrãozinho para ele andar. E ele consegue andar, senão ele fica meio estagnado, acomodado. E claro, tem que ver de não fazer antes da hora. No momento certo, a gente deixa um pouco para ver se vai sozinho, tanto que esse negócio do cocô ficou um ano nisso antes da gente procurar ajuda, porque todo mundo: "Não, uma hora isso vai regularizar. Porque todo mundo um dia vai ficar adulto desse jeito"...*

M. – *E quando você fala, penso muito em algumas mães de bebê prematuro, a gente sabe que para você isso foi uma preocupação, a gente não sabe o grau, mas eu penso em algumas mães de crianças até talvez mais prematurinhas que o Beto, uma preocupação muito grande mesmo, né? De precisar de vários instrumentos, precisar de facilitadores, da criança não ter ainda aquela competência, capacidade de fazer ainda muitas coisas. E a impressão de que você me dá quando fala do Beto é essa, como se vocês tivessem que cuidar como se o Beto ainda fosse como uma criança um pouquinho prematura para algumas coisas, que vocês tivessem que fazer todo esse caminho por ele muitas vezes, planejar, cuidar para que ele não fosse ter problemas na frente. Não sei se a sua vivência com ele prematuro foi assim... Ou a vivência até de ter perdido os bebês te deixou preocupada...*

Mãe – *Mesmo esse negócio do cocô eu penso assim, vamos deixar...*

Beto – *Cheiro de geleca... Parece cocô de bezerro.*

M. – *De bezerro, bezerro é pequenininho, cocô de pequenininho?...*

M. C. – *O do bezerro é esse? A vaca faz um cocô bem grandão, um cocôzão, né?*

Beto – *Verdão.*

M. C. – *Verdão, isso mesmo.*

M. – *Mas tem o cocô de filhote também, o cocôzão virou um cocô de filhote. E a gente está falando do cocô do Beto também.*

Beto – *Por isso tem que brincar com a geleca. Está caindo na cadeira.*

M. C. – *Ih, está caindo...*

Mãe – *Caindo no chão...*

Beto – *Desgrudei.*

M. – *Você estava falando também, né, Meire, das preocupações...*

Mãe – *É porque em relação ao cocô, a gente fica assim meio que contando os dias e agora já saímos um pouco do que eu estou acostumada, porque a gente dava três dias, se não fez, colocava o remédio. Era assim, agora passaram quatro dias, hoje é o quinto. Eu falo, tem que fazer hoje, às vezes eu penso: "Não vou pôr, não vou fazer". Tem gente que eu sei que fica dez dias sem fazer e vai para o hospital, a gente nunca teve que levá-lo para o hospital por causa disso, mas às vezes eu fico pensando, deixo acontecer sem forçar, não vou colocar o remédio e vamos ver o que acontece. Eu fico assim vou deixar, mas, por um lado, será que depois não é pior? Então não sei, realmente hoje já é mesmo o quinto dia, já falei, não pode passar de hoje. Mas eu não sei até quando eu consigo deixar, ou se eu consigo. Não fiz nenhuma vez, a gente acaba usando o remédio alguma hora.*

M. C. – *Eu acho que a gente está tentando pensar com você num nível interno de ideias, de sentimentos, que talvez isso você tenha que cuidar com uma certa atenção para a coisa não ficar séria... Será que você não se antecipa um pouco no teu jeito de olhar para ele, de pensar sobre ele, como se ele ainda fosse um menininho que precisasse de todos esses cuidados? Por exemplo, quando a gente estava falando disso, você lembrou do parquinho do* camping, *talvez ali seja uma experiência de você acompanhar, mas também de você poder ver o quanto ele consegue explorar o lugar sem esse excesso...*

Beto – [Pedindo base para a geleca, para suas produções internas constituindo forma?] *Mãe, fica com a mão embaixo... Mais embaixo. Olha, eu vou soltar.*

M. C. – *Ih, escapou da mão da mamãe.*

Mãe – *E agora? Você quer que eu pegue?*

Beto – *Sim. É muito fácil de pegar. Me dá aqui.*

Beto ajuda a desgrudar a geleca da mão da mãe batendo sua mão na geleca que estava na mesa, alternando necessidade de acolhimento com a possibilidade de diferenciação e dependência relativa.

Mãe – *Pronto, soltou, filho.*

M. C. – *Será que dá pra pensar em outras situações com mais confiança de como ele é um menininho grande, como ele está falando tudo, como ele sabe se comunicar, mesmo do ponto de vista motor, que foi uma preocupação inicial, mas como ele está ágil, sobe na cadeira, desce, se mexe... hoje ele brincou de ser cachorrinho...*

M. – *Como ele pode te pedir na hora que ele precisa... Hoje ele demonstrou isso várias vezes, te chamou para vir brincar, agora põe a mão, segura... porque talvez um bebê pequenininho mais frágil não consiga chamar e pedir, mas ele agora pode chamar e pedir. Pode te dar uma dica de quando ele quer que vocês entrem.*

Beto brinca de esconder a moeda na geleca.

M. C. – *Pode enterrar. Ela vai sumir aí dentro e depois ela pode sair que nem um cocô.*

Mãe – *Sai junto com o cocô. Algumas coisas que vão inteiras saem junto, né, filho?*

Beto – *O sangue às vezes... Saiu aqui por baixo.*

Mãe – *O milho...*

Beto – *Tarahn! A moeda está melecada.*

Mãe – *Está começando a cair.*

M. C. – *É um pouco essa ideia que a gente estava tentando pensar com você, de você também confiar que você é uma boa mãe, que você deu todas as condições importantes para ele crescer e se desenvolver, e que ele está indo bem. Às vezes ele fica um pouco inseguro porque é um circo novo, são amigos novos na escola de música, tem umas novidades, mas... ele tem muitas competências, né, Beto? A moeda entra na geleca e sai na geleca, né, Beto?*

Beto – *Ichi, a moeda grudou.*

M. C. – *Ih, ela não quer desgrudar. Aí saiu, pronto. A geleca cai, é fácil juntar de novo, né, Beto?*

Beto – *Mesmo quando ela está fácil de tirar . . .*

Beto – *Põe a mão embaixo.* [Para a mãe.]

M. C. – *Segura, mamãe.*

Mãe – *Aqui está bom?*

Beto – *Sim. Está caindo...*

Mãe – *Você quer que caia na minha mão? Com moeda e tudo? Está cobrindo o meu dedo. Porque ela anda, ela se espalha . . .*

M. C. – *Eu queria saber a história desse desenho aqui, Beto. Você falou que é um monstrinho de papel?*

Beto faz que sim.

M. C. – *E ele é seu amigo? Esse não é o monstrinho bravo?*

[Beto faz que não.]

Mãe – *Por quê? Explica de onde você tirou essa ideia do monstrinho?*

Beto – *Começa com su...*

Mãe – *Fala direito, filho. Vai. É o Sulley.*

M. – *Esse é o Sulley. O que o Sulley faz?*

Mãe – *É do filme* Universidade Monstro *que a gente foi ver. Do* Monstros S.A., *que foi o primeiro, e agora saiu o* Universidade Monstro *e a gente foi ver...*

M. C. – *Então esse monstrinho é legal, ele é amigo da gente?*

Mãe – *É ele é um monstrinho bonzinho, né, filho?...*

M. – *Esse monstro não assusta tanto quanto o beleléu, Beto?*

Mãe – *Ele faz um rugido ...*

Beto – *Eu fiz cocô...*

Mãe – *Fez ou quer fazer?*

Beto – *Fiz.*

Mãe – *Então vem.*

Beto – *Eu fiz.*

Mãe – *Vamos, filho, vem.*

M. C. – *Quem sabe ele lê a história do fantasma lá no banheiro e sai o restinho ...*

Nós nos despedimos e eles vão ao banheiro. As movimentações internas e intersubjetivas mobilizadas por nossas conversas na sessão parecem ter facilitado o fluxo de matéria modulável e com tendências a enrijecimento e controle protetivo, para transitar entre dentro e fora, tanto psíquica quanto somaticamente.

Sexta sessão: aprendendo a nadar em águas profundas, a partir da sustentação do passo a passo em parcerias

Estavam presentes os pais e a criança. Nesta sessão, conhecemos a história do pai e de como ele se tornou independente aos 13 anos.

Ele fala da rigidez do próprio pai e que graças à sua mãe conseguiu estudar. A mãe conta como toma e tomava ao pé da letra as palavras da própria mãe e que aos poucos, junto com sua irmã, foi descobrindo novas formas de ser mulher.

Mas as funções parentais também seguem suas regras, e encontrar esse espaço terapêutico parece ser uma forma de poder flexibilizar essas regras e de se sentirem acompanhados nessa construção do ser pai e ser mãe.

> Mãe – . . . *A gente precisa achar um equilíbrio de não deixar ele destruir muita coisa achando que "Ah, está tudo bem porque depois é só trocar". Essa semana ele... deixou cair, não sei como aconteceu, mas caiu um monte de cola no sofá, cola branca no sofá novo . . . essa é uma das coisas que eu fico muito cuidando, controlando as brincadeiras, o que ele pode ou não fazer em casa. Não faz isso, não faz aquilo, não chega perto da janela . . . A gente não vai esperar acontecer para daí ele aprender que não pode . . .*
>
> M. – *É que talvez seja diferente ele ter a experiência de acontecer alguma coisa. E como que a gente vai lidar? Se o sofá fica cheio de cola fica difícil brincar no sofá, não fica, Beto?*
>
> [Beto faz que sim.]
>
> M. – *Também ele pode ir percebendo isso. Quando vocês chegaram acho que tinha uma ideia de "será que ele vai ter problema com o cocô?", "ele está começando a mostrar alguma coisa", "a gente está preocupado que isso cause um problema mais tarde". Essa antecipação que você está falando é o que nos preocupava também.*

Agora você está dizendo, se acontecer alguma coisa, a gente vai lidar. É muito diferente do que vocês falaram no início: "A gente está preocupado que vá acontecer". Agora vocês falaram: "Está assim, e se acontecer a gente vai lidar". Essa mudança a gente repara que está acontecendo tanto em vocês quanto nele.

Mãe – *É. Mas esse deixar acontecer… É isso que eu ainda fico assim… até onde a gente pode deixar acontecer?*

Beto – *Como vai fazer isso pra frente?* [Interessante a sintonia com o tema do ir pra frente na brincadeira com um objeto modulável.]

M. C. – *Você quer mudar? Acho que esse aqui não mexe mais, Beto… Então… mas sabe como você estava falando que você demorou para acertar direitinho a dose do remédio? Às vezes, a gente é assim, a gente vai experimentando para mais, para menos e a gente acha a medida. E isso não é que você fez errado, não é que você provocou alguma coisa ruim pra vidinha dele, de vocês três ou do Beto. É uma coisa que faz parte da vida da gente ir achando a medida. E eu acho que é disso que a gente está falando, que um pouco você vai achando um lugarzinho que pode brincar se a cola escapar, né, Beto?… A gente tem que ir ajudando um pouco a mediar, um pouco mais e um pouco menos. Tem lugar que pode fazer uma baguncinha, né? Com meleca, com cola, com tinta, tem geleca na sua casa também?*

Beto – *Sim …*

M. – *Acho que vocês estão trazendo um pouco desse jeitinho, até o cocô está mais molinho, ele está sentindo quando vem, vai ao banheiro, não precisa se controlar tanto . . .*

Beto – *O que tem aqui dentro?* . . . [Curiosidade com o interno mobilizada pelo lúdico e pelo reflexo psíquico de nosso diálogo sobre um corpo mais livre e interações menos controladas.]

Beto – *Eu acho que é uma bolinha...*

M. – *O Beto sempre falou para a gente aqui que quando ele fica com as outras crianças ele se diverte porque ele sente que pode fazer um pouquinho de baguncinha também, né?*

M. C. – *Também tem companhia, né? De criança...*

M – *Ficar junto...*

Beto – *Tem outro berço . . . Como eu vou encaixar?*

M. C. – *Ichi, desmonta tudo essas coisas, né, Beto? Você é tão cuidadoso. Mas esse brinquedo é assim mesmo... Ele monta e desmonta, não tem problema. Então, mas eu estava pensando de como é importante para ele ter amigos. Isso é um sinal muito legal, que ele tem os amigos, ele consegue inventar brincadeiras, se entreter, esperar o tempo do amigo para brincar . . .*

M. – *É superinteressante isso do Beto sempre ir direto para os bebês, eu acho que é como se ele buscasse uma companhia também aqui em contato com outros bebês, a gente falou dos outros bebês... Falar disso, que é uma coisa difícil, também talvez tenha ajudado a arejar um pouco as situações que precisavam ser um pouquinho mais protegidas. E acho que para o Beto também sentir que ele não é a única criança, que todos os olhares não estão voltados só para ele e que as crianças também têm motivo próprio não só os cuidados dos adultos com cada uma, acho que ajuda a relaxar um pouquinho. Que ele gosta de se sentir cuidado, mas ele gosta de fazer uma turminha dos pequenos também . . .*

Mãe – *Ele gosta muito de brincar de médico também.*

M. C. – *É um jeito de a gente processar tudo o que a gente viveu quando era bebezinho, né, Beto? A gente brinca como quando ele era pequenininho que teve tanto médico no entorno dele, né?*

Mãe – *Eu acho que ele continua indo muito em médico... É gastro, já fui no oftalmo, já fui no otorrino, agora minha mãe disse para levar no dermato por causa dessa cicatriz do rosto que está demorando...*

M. C. – *O que tem no rosto, deixe eu ver, Beto, o que tem no seu rosto? O que aconteceu aqui quando você era pequenininho, caiu...*

Mãe – *Foi esse ano . . . Minha mãe acha que pode virar queloide.*

Pai – *Ele caiu no chão e na época ele não usava a mão para parar, agora está começando a usar. Pof, meteu a cara no chão, cortou, fez um corte . . .*

M. C. – *Mas essa vovó também é muito preocupada, né? Eu estou vendo que a sua mamãe tem de quem puxar... Agora eu estou entendendo, viu, Beto?*

Mãe – *Minha mãe é demais, ele coçou o olho, ela: "Ah, ele está com alergia" . . .*

M. C. – *Essa vovó vê tudo.*

M. – *É uma coisa que a gente pensou: será que quando a mamãe* batchan *fica preocupada aí a mamãe Meire e papai Mario também ficam preocupados?*

Mãe – *É, fica, porque ela é muito insistente, né. Ela não fala uma vez e pronto.*

M. – *Se é alguma coisa que vocês têm que fazer, ficam preocupados se vocês estão sendo bons pais, se vocês estão cuidando...*

Mãe – *Na verdade ela fica preocupada assim se o Beto não vai ter sequelas e consequências por causa disso... é muito ruim você ter um queloide no meio do rosto...*

M. – *Mas vocês estavam preocupados?...*

Beto – [Para a mãe] *Por que você está perguntando de tudo?*

Pai – *É que ela esqueceu. Quer ver se você lembra.*

M. C. – *Eu não vou ser igual à minha mamãe que a mamãe fala e aí eu concordo com tudo. Né, Beto? Você não! Que história é essa? Chega de perguntas... Chega de se meter na minha vida, né? É, a mamãe não consegue falar isso com a mamãe dela. É difícil para você, né? É importante que você possa ir achando o seu jeito do que é importante para o seu filhinho, o que você acha que pode te ajudar, senão fica essa vozinha sempre como o monstro do beleléu que pode aparecer em alguma hora. Como se você não pudesse confiar no seu olhar, o que você prioriza que é importante para cuidar dele.*

Mãe – *É.*

M. C. – *Então você também pode descobrir o que é legal para ser mamãe, o que é legal para cuidar, o Mario te ajuda nisso. Também tem uma coisa talvez um pouco idealizada que é o lugar da mãe médica.*

Mãe – *Eu acho que é mais com o lado mãe porque, quando ela fala, o que vale para mim vale para ela, mas eu acho que é verdade essa história de que praga de mãe pega, de que a palavra da mãe tem muita força, então ela fala isso para mim porque às vezes eu fico no momento brava e falo alguma coisa para o Beto, aí ela fala "cuidado com o que você fala porque ele é muito apegado, ele leva muito em conta o que você fala, e no momento que você fala 'ah você é isso, você é aquilo', ele fica com aquilo"... Daí eu penso para eu me controlar um pouco em relação ao que eu falo mesmo quando estou brava com ele, mas também o que ela fala assim para mim, por mais que você não queira pensar, deixar isso de lado, aquilo realmente fica.*

M. – *Mas vocês também estão regulando o que vocês vão considerar importante, o que vocês vão conhecer com o Beto, uma experiência gradativa, passo a passo. Também tudo isso que a gente está falando do cocô, de regular o cocô, acho que vocês também querem aproveitar dessa mãe tão presente, tão carinhosa, ela veio aqui, ela está querendo que o Beto se desenvolva e ao mesmo tempo vocês têm que dizer onde dá para entrar, onde não dá para entrar...*

Mãe – *Tem certas coisas que a gente tem muita certeza, muita firmeza, mas tem outras que ficam: "Ah, mas será?". Tem coisas que você só vai saber com o tempo. Aí você sempre fica assim com esse lado de querer evitar, de não pecar pela omissão. Se você não percebeu não tinha como agir antes...*

M. – *E para o Mario como é que é essa situação?*

Pai – *Eu acho que é só uma situação, não tem uma regra. Até pela presença mais constante dos pais, mais intensa dos pais da Meire em relação ao Beto, a incidência de situações que ela vai dar um tipo de sugestão é maior, não tem jeito. Tem algumas coisas que são exageradas mesmo... Como ela não percebe que é exagerado, você falar que é exagerado não adianta nada, é como se você dissesse que não está dando bola. Acho que tem que ir administrando cada situação...*

M. – *E os teus pais como são?*

Pai – *Meu pai... Em relação aos meus pais foi complicado durante algum tempo. O meu pai, não faz muito tempo, foi logo que o Beto nasceu, ele teve um derrame. E daí minha mãe voltou a ficar com ele.*

M. C. – *Eles tinham se separado?*

Pai – *Foi pouco tempo, e daí ela ficou um pouquinho logo que o Beto nasceu.*

Beto – *Dentro desse dá?* [Explorando os espaços da casa e os brinquedos.]

M. – *Ah, você está descobrindo mais coisa, a gente está descobrindo mais coisa nova também aqui. Na história do papai, de como era com o papai e a mamãe dele, o papai e a mamãe da mamãe. O Beto está descobrindo outros lados da casa e a gente também outros lados da família.*

Pai – *Enfim, minha mãe acabou ficando muito dedicada ao meu pai, porque ele começou a ter um derrame atrás do outro, teve uns três. Acabou não tendo muita alternativa, ela teve que ficar com meu pai, então a gente só se fala por telefone.*

M. – *Então, foi um momento importante para você como pai no momento que o Beto estava nascendo e o seu pai estava numa situação mais debilitada, eles tiveram que se ajudar entre si, mas você acabou tendo que ser um pai com seus recursos...*

Pai – *Eles não moram aqui, eu com 13 anos saí de casa e fui estudar, fui para a marinha. Então essa relação de dependência não teve muito tempo...*

M. – *Desde os 13...*

Pai – *A faculdade eu também fiz fora . . .*

M. C. – *Depois da marinha você foi para a aeronáutica...*

Mãe – *Mas aí ele não virou militar, não... Mas teve uma experiência militar...*

Pai – *Mas aí foi uma brincadeira. Passar férias, o primeiro ano do serviço militar do ITA não tem nada a ver com o serviço militar. Era diversão na verdade, não era bem serviço militar.*

M. C. – *E como que foi para você sair de casa com 13 anos?*

Pai – *Traumático, para todo mundo é assim.*

M. – *Quase uma criança, né? 13 anos...*

Pai – *Eu fui porque todos os meus amigos estavam indo... E tinha muita gente que tentava entrar numa escola militar na época ou escola técnica e eu tinha vários amigos que foram para escola militar novinhos, e eu passei na mesma época em que o meu irmão estava fazendo concurso para o ITA e foi para o ITA, também se formou lá. Meu irmão foi . . . Meu pai começou a trabalhar com 11 anos de idade. Só que meu pai é uma história bem interessante, ele é filho de uma família que tem terras, produz uva para fazer vinho, azeite, mas era uma família complicada, ele, o filho mais velho... E quando ele fez 11 anos, a mãe dele mandou ele para a cidade para trabalhar, tirou de casa. Tirou ele da escola, ele só tem até a quarta série. E ele foi trabalhar com o tio dele. Trabalhar de serviços braçais numa mercearia. Pegava saco de batata, e daí esse tio dele veio para o Brasil e trouxe ele junto. Ele já tinha uns 14 anos. Aí ele trabalhava com o tio dele aqui no Brasil. A mesma coisa, mercearia, mas daí o tio dele ganhou uma grande herança. Aí fechou a mercearia e meu pai ficou desempregado.*

M. C. – *Daí ele não cuidou mais do seu pai?*

Pai – *Nunca cuidou... Era empregado dele. E daí o meu pai começou a trabalhar na noite. Quando a gente, eu e meu irmão, éramos crianças, ele sempre dizia que tinha que estudar só até a quarta série, no máximo até a oitava série e começar a trabalhar. Foi assim que ele aprendeu, então, com 11 anos, eu sei que são 11 anos porque com 11 anos a gente começou a trabalhar com ele . . . Como eu tinha passado na marinha, todo mundo indo para a marinha, "ah eu vou para a marinha também" e fui. Ele até tentou me convencer a não ir, ficar com ele no restaurante... Daí eu fui para a marinha. Mas, como eu estava dizendo, acho que para qualquer pessoa com essa idade que vai para uma escola militar, é complicado.*

M. – *Mas sabe que eu estava pensando no Beto, em vocês, que esse aspecto da disciplina, do cuidado, de fazer as coisas certas, representou para vocês o cuidado de pais, você nesse momento que não estava com seus pais, que foi para a marinha, é um cuidado ainda para uma criança, um cuidado de pais, são pais cuidando, é uma organização que funciona como se fossem seus pais naquele momento. É sua casa, são seus pais, são suas regras, eu estava pensando como para vocês isso de, ao mesmo tempo vocês serem muito afetivos, muito carinhosos (a gente sempre desde o começo sentiu isso de como vocês são próximos do Beto), mas que tem um lado que vocês valorizam muito que são as regras, são as coisas funcionarem bem, essa antecipação que a Meire estava falando. Eu estava pensando que para vocês, quando crianças, esses aspectos foram muito valorizados, como sendo aquilo que fazem os pais serem pais.*

Pai – *Mas aí tem um lado que eu acho que a gente tem que dar uma compensada na minha sogra. Porque ela não consegue, tudo o que ele quer ela dá...*

Mãe – *Acho que tenta compensar um pouco.*

Pai – *E aí... ele acaba perdendo a referência.*

Mãe – *As dificuldades que nós passamos, nós, filhos, com ela, e agora meus pais têm uma situação bem melhor financeira, então dá tudo, compra, tudo, paga tudo, tudo pode . . .*

M. – *Então, acho que tudo isso que a gente está falando, vocês estão vivendo um momento de tentar regular um jeito que consiga não deixar tudo acontecer sem regra e um jeito que as regras não sejam tão redutoras, né, um jeito que as regras não prendam tanto. Nesse momento que a gente está terminando, talvez a gente possa pensar nesse momento de vocês, que vocês já flexibilizaram muita coisa, que o cocô já está bem melhor, mas eu acho que vocês estão vivendo esse momento de regular o que dá para seguir, o que é que os outros acham importante e o que é o jeito de vocês. O que vocês acham se a gente continuar acompanhando isso, se vocês estão tranquilos, o que vocês gostariam de fazer? . . . Hoje apareceram coisas importantes que de certa forma se relacionam. Agora também, por outro lado, vocês estão bem mais tranquilos em relação ao que trouxe vocês aqui.*

Mãe – *Em relação ao que trouxe, começou a entrar no eixo, ainda não está, assim, normalizado. Mas eu acho que a gente podia continuar fazendo uma vez por mês essas conversas, porque, lógico, a criança vai crescendo, as questões vão mudando...*

M. C. – *E você* [pai] *agora falou de quanto que é difícil vocês serem pai e mãe do Beto, quando estão com a vovó.*

Pai – *Eu penso assim, eu também não posso tirar o prazer deles de estar...*

Mãe – *De serem avós e...*

Pai – *É um gerenciar as situações do dia a dia.*

M. – *Eu acho que vocês querem os pais perto agora que vocês estão tendo a oportunidade, que é uma coisa que você não teve na sua vida.*

Pai – *Isso. É importante para eles.*

Mãe – *É importante para eles. Todo mundo fala dessa convivência de netos com avós, é muito bom.*

Pai – *Eu acho que foi muito importante para mim . . .*

M. C. – *Hoje a gente conheceu toda a história do papai, do vovô, a gente conheceu um monte de coisa, né? . . . Mas sabe, acho interessante, Mario, que apesar de ter sido traumático, como você falou com todas as letras, parece que você conseguiu transformar isso.*

Pai – *É, eu acho que eu tive sorte.*

M. C. – *Tem competências, né? Você consegue transformar.*

Mãe – *E eu acho que sua mãe que ajudou muito também. Tudo o que ele conseguiu, estudar... Faculdade.*

Pai – *Foi tudo persistência da minha mãe. Porque meu pai era totalmente contra.*

Mãe – *A sua mãe e sua tia que deram o suporte . . .*

Pai – *É engraçado, fui aprender a nadar na marinha. Um sargento para ensinar a nadar, não era eu sozinho, tinha um monte de gente que não sabia nadar. Levava para o meio da praia e falava: "Nadar é assim, você pega, bate os braços, bate as pernas. Todo mundo entendeu? Todo mundo na água!". Essa era a aula de natação. Depois de alguns meses que eu percebi que eu não ia aprender a nadar eu pedi ajuda para um amigo que era da equipe de triátlon que entrou junto comigo, e ele me ensinou a nadar direitinho.*

M. – *Isso mesmo, que vai de pouco a pouco, vendo a experiência de cada um.*

M. C. – *É muito interessante os paralelos que a gente pode fazer dessa história com a história do Beto, hein? Beto, então vamos falar tchau?*

Nós nos despedimos e Beto foi ao banheiro da sala de espera do consultório.

O Beleléu, de monstro à abertura em figurabilidade: considerações finais

Acompanhamos com Beto e sua família, incluindo pais, avó e gerações anteriores, a presença psíquica de interações e funcionamentos retentivos interferindo no trânsito e na harmonia entre as competências de um garoto desde bebê e funções parentais interferidas por cautelosa proteção diante de sofrimentos e vulnerabilidades emocionais.

A imagem do monstro do Beleléu que leva embora os brinquedos não guardados, aparece e reaparece, ao longo das sessões, ora como terror não metabolizado diante de sofridas perdas e desamparos, patrulhando a necessidade de ordem e contenção no discurso parental, ora como personagem sapeca que dá figurabilidade à possibilidade de entremear o lúdico e o narrativo na tentativa de elaboração de terrores arcaicos que permeiam o desenvolvimento da criança.

Carregando o que não é organizado, o "monstro" ameaçava levar embora, para o "beleléu" (para a morte, o desaparecimento, o sumiço, o fracasso) os elementos lúdicos, representacionais ainda que incipientes, espalhados livremente nas relações. Já associado a um monstrinho amistoso desenhado ao final, pôde o Beleléu ser um dos eixos em rede de sentidos para demonstração de funcionamentos psíquicos singulares e diferenciados entre a criança e o infantil em seus pais.

Pretendemos ter demonstrado detalhadamente, ao longo do percurso das manifestações ao vivo entre pais e criança e nossas intervenções acompanhantes, nossos trilhos psíquicos e construções em dupla de trabalho, bem como a maneira pela qual essa experiência vai sendo irradiada para as interações em cena.

No intercâmbio construído no espaço analítico, facilitamos que aspectos "prematuros" desamparados, ao invés de se sentirem lançados ao mar aberto face a face com monstros talvez abissais, aprendam a nadar na sustentação parceira de um olhar e escuta continente com reconhecimento das competências e resiliências familiares.

Tal trabalho conjunto permitiu o desdobramento de um pedido de desobstrução de vias de passagem para internalizações de recursos psíquicos e vias para o desenvolvimento, em vez da continuação de um impulso enrijecido e cristalizador para a pseudo autonomia.

Essa abordagem facilita a visualização e a transmissão de um cuidado na base e em momentos iniciais, para aspectos que merecem atenção ao longo de vários momentos da vida para nos mantermos conectados, em relações de parceria, com nossa natureza aprendiz e maleável em fluxo livre e possibilidades de transformação.

12. Transitando por Consultas Terapêuticas em um atendimento de intervenção precoce[1]

Magaly Miranda Marconato Callia

Investigamos a história relacional de um bebê, sua mãe e família, a partir de um *setting* profissional denominado por Winnicott (1955/1993) como "Consultas Terapêuticas".

Oferecemos "*holding*" a esta família por meio das possibilidades transferenciais e contratransferenciais da dupla de psicoterapeutas e de mais uma colega terapeuta observadora que filmava nosso atendimento. Realizamos um trabalho dentro da área da psicanálise aplicada, utilizando de nossa formação como observadoras psicanalíticas de relações mãe-bebê-família, método Esther Bick (1948), o qual julgo ter facilitado muito nossa intervenção junto a esta bebê e sua família.

Conheci este método psicanalítico de observação no início dos anos 1980 ao passar pelo Curso de Estudos Observacionais da Tavistock Clinic em Londres, onde realizei minha primeira

1 Trabalho apresentado no evento "O viver criativo com o olhar de D. W. Winnicott", Universidade de São Paulo (USP), em 16/10/99, e publicado em Ferreira (2007).

observação de bebê. Na condição de discípula, tive a oportunidade de perceber a amplitude deste método junto a pessoas que propuseram difundi-lo e expandi-lo em várias partes do mundo como Gianna Willians, Martha Harris e Margareth Rustin. Este também tem sido o caso de Marisa Melega e outros profissionais aqui do Brasil que têm investigado a observação da relação mãe-bebê-família como uma metodologia útil não somente no ensino da formação psicanalítica, mas cuja contribuição pode se fazer sentir no campo da pesquisa e da psicoprofilaxia.

É dentro deste contexto de aplicação que se insere nosso trabalho, pois foi na tentativa de usufruir de nossa familiaridade com o lugar de observadoras psicanalíticas, associado às suas mais recentes propostas, que pudemos realizar um atendimento bem-sucedido nos moldes de "Consultas Terapêuticas".

Um dos principais objetivos destas consultas é o de se dirigir especificamente ao sintoma do bebê, dentro de uma visão ampliada da perspectiva interacional entre o bebê e sua família.

Optamos pela técnica de Consultas Terapêuticas visando explorar e ampliar o sintoma relatado pelos pais da bebê, uma vez que traziam uma demanda específica de atendimento, lembrando assim várias formulações de Winnicott quando se refere ao valor da consulta terapêutica:

> *Existe uma vasta demanda clínica por psicoterapia que não se acha relacionada de maneira alguma à oferta de psicanalistas e, portanto, se houver um tipo de caso que pode ser ajudado por uma ou três visitas a um psicanalista isso amplia imensamente o valor social do analista e ajuda a justificar sua necessidade de efetuar análise em plena escala, a fim de aprender seu ofício. (Winnicott, 1965/1994, p. 244)*

Esclarece, ainda, que a formação dos profissionais envolvidos é muito importante para que a tarefa seja realizada.

> *Se estiver iniciando uma análise, não adoto o procedimento aqui descrito. Apesar de enfatizar que o terapeuta, a fim de preparar-se para realizar este trabalho, deve tornar-se inteiramente familiarizado com a técnica psicanalítica clássica e levar até o "amargo" um certo número de análises conduzidas com base em sessões diárias, continuadas através dos anos. Só desta maneira é que o analista aprende o que tem que ser aprendido dos pacientes e só desta maneira é que ele domina a técnica de reter interpretações que têm validade sem importância imediata ou urgente. (Winnicott, 1965/1994, p. 244)*

Para ele, uma análise em plena escala nem sempre é melhor que Consultas Terapêuticas, deixa isso claro quando se refere a questão específica do sintoma: "O tratamento pela psicanálise amiúde deixa a sintomatologia intocada durante um período de tempo... Em outras palavras, há casos em que uma mudança rápida é preferencial a uma cura psicanalítica, ainda que se preferisse a última" (Winnicott, 1965/1994, p. 244).

Também tem sido essa a proposta do Dr. Lebovici (1993) em relação a realizar um atendimento de intervenção precoce junto a bebês e crianças pequenas, utilizando o referencial de Winnicott (1965/1994) de Consultas Terapêuticas. A experiência se dá a partir da demanda dos pais em relação a um sintoma específico do bebê que estará de alguma forma atrapalhando seu desenvolvimento ou evidenciando uma dificuldade de interação com seus pais. Neste sentido, ele também admite não estar trabalhando com a psicanálise nos moldes clássicos, trata-se de focar o sintoma na tentativa de transformá-lo, ou seja, nem sempre os pais saem mudados, sendo a relação, a interação que muda e não os pais ou o bebê.

Foi por meio do contexto interacional, sustentado pelas consultas terapêuticas e permeado por toda uma postura de observação de relação mãe-bebê-família, que pudemos realizar nossa tarefa. Esta complementariedade de recursos abriu um "espaço potencial" assim conceitualizado por Winnicott,[2] que possibilitou que os pais falassem sobre eles mesmos, de suas famílias, de seu passado e da repetição de suas condutas nos autorizando como observadoras-terapeutas; compreender as motivações conscientes e inconscientes de seus comportamentos. Pudemos nos identificar alternadamente com diferentes parcerias da interação, traduzindo em gestos ou palavras de valor metafórico, o que havíamos percebido neste esforço identificatório.

Transitando no universo da Consulta Terapêutica, guiadas pelo método psicanalítico de E. Bick (1964), nos vimos dentro de um contexto de observação "pluridimensional" (Lebovici, 1983), que nos permitiu observar: os sintomas do bebê e sua modalidade de funcionamento; os fenômenos de interação que caracterizam a relação bebê-mãe-família; as características do entorno dos cuidados maternos; as personalidades da mãe, do pai, de sua família em seu conjunto e finalmente a dimensão sociocultural.

---

2 "Essa terceira área foi contrastada com a realidade psíquica interna, ou pessoal, e com o mundo real em que o indivíduo vive, que pode ser objetivamente percebido. Localizei essa importante área da experiência no espaço potencial existente entre o indivíduo e o meio ambiente, aquilo que, de início, tanto une quanto separa o bebê e mãe, quando o amor desta, demonstrando ou tornando-se manifesto como fidedignidade humana, na verdade fornece ao bebê sentimento de confiança no fator ambiental" (Winnicott, 1971, p. 142).

Winnicott sugere ainda, a fim de obter o máximo de uma primeira entrevista psicoterapêutica, que:

> *o terapeuta precisa ter muito cuidado em não complicar a situação. Precisam ser ditas e feitas toda a sorte de coisas que simplesmente pertencem ao fato de o terapeuta ser humano, não sem se dar ares de importância profissional e estar, apesar disso, ciente da "sacralidade" da ocasião. Não existem instruções técnicas nítidas a serem dadas ao terapeuta, uma vez que ele deve ficar livre para adotar qualquer técnica que seja apropriada ao caso. O princípio básico é o fornecimento de um* setting *humano e, embora o terapeuta fique livre para ser ele próprio, que ele não distorça o curso dos acontecimentos por fazer ou não fazer coisas por causa de sua própria ansiedade ou culpa, ou sua própria necessidade de alcançar sucesso. (Winnicott, 1965/1994, pp. 244-247)*

O piquenique é do paciente, e até mesmo o tempo quem faz é o paciente. Momento sagrado para Winnicott (1975, p. 88) seria "a capacidade de nos surpreender", fala deste momento podendo ser presentificado durante as consultas terapêuticas, acrescentando que estes momentos são ou não usados. "Se desperdiçados, a crença da criança em ser entendida é estilhaçada. Por outro lado se usados, a crença da criança em ser ajudada é reforçada".

Apresentação do caso

Maria Clara (MC) é uma bebê de 1 ano de idade, cuja mãe tem 29 anos e o pai, 32. Sua irmã N está com quase 11 anos de idade e insistiu com os pais que lhe dessem uma irmãzinha.

Por quase dez anos, esses pais não eram receptivos à ideia de um novo bebê. Quando se casaram, a mãe já estava grávida, e ambos os jovens se sentiram muito solicitados, percebendo que teriam que assumir uma enorme responsabilidade a partir daquele momento. O pai, na época, tinha 22 anos de idade e a mãe, 19.

O nascimento de MC, assim como o de sua irmã, não foi planejado. Tanto seus avós maternos quanto paternos estão vivos, e ela mantém muito contato com seus avós paternos, uma vez que moram próximos de sua casa. Seus avós maternos, atualmente, residem no interior.

Tanto M, mãe de MC, quanto C, seu pai, vêm de uma família extensa, ambos com sete irmãos. M é a caçula e C, o primogênito. C reclama do fato de ter sido o primeiro filho, pois teve que cuidar de seus irmãos até os 14 anos de idade. A partir daí começou a trabalhar fora para ajudar a família financeiramente. Hoje, C trabalha no setor financeiro de uma empresa pública e faz faculdade de Administração no período noturno.

M trabalhou até o oitavo mês da gravidez de MC, retornando quando ela tinha 8 meses. Atualmente, trabalha das 8h às 18h. Ela engravidou na ocasião em que a família se mudou para uma nova casa, realizando com isso um grande desejo; dizia só querer ter um novo bebê quando tivesse sua casa própria. Contratou uma empregada que cuida principalmente de MC. Conta também com o auxílio de sua sogra durante o período em que está ausente, principalmente durante as refeições. À noite, ainda amamenta a bebê no peito.

Durante o primeiro ano de vida de MC, a mãe dormia com ela no quarto das filhas, enquanto o pai dormia com a filha mais velha, N, no quarto do casal. Até nos encontrarmos, toda a família dormia no quarto do casal, o pai com a filha mais velha em uma cama e M, com a bebê, em outra. Um dos irmãos de M mora na mesma casa.

N estuda e eventualmente faz fotos de publicidade, é modelo. Pedia muito um irmão, parecia querer uma família mais extensa assim como a de seus pais. Sua forte insistência em não ser filha única fez com que seus pais procurassem uma terapia para auxiliá-la. No entanto, foi nesta época que sua mãe se surpreendeu com a gravidez de MC, desistindo da ideia de tratamento. O casal resistiu por anos à ideia de ter mais filhos, pois temiam ter que passar pelas mesmas angústias que haviam vivido quando N nasceu. Ela também apresentou dificuldade em dormir; seus pais nesta época se consideravam muito jovens diante da responsabilidade de criar uma filha. Seu pai já havia cuidado de seus seis irmãos quando pequeno e sentia-se sobrecarregado pela função paterna. Dez dias depois que MC nasceu, ele se submeteu a uma vasectomia por estar, na ocasião, convicto de que não queria mais ter filhos.

MC foi encaminhada pela pediatra ao psicólogo devido à sua grande dificuldade em dormir. Sua mãe alega que desde o início a bebê apresenta sono agitado com várias interrupções durante a noite, quando acorda se agita, chora, pedindo a atenção de sua mãe. Geralmente, só se acalma quando lhe é dado o peito. Sua mãe relata que ultimamente nem é necessário amamentá-la, muitas vezes percebe que a bebê se acalma pelo contato físico ou pela presença da mãe que tem que se manter acordada olhando para ela. Há também a suspeita de que MC sofra de cólicas e até seus quatro meses de idade seus pais não sabiam o que fazer. Seu sono agitado, que impede seus pais de dormir, é totalmente associado ao de sua irmã, que também apresentou sérios problemas de sono até os 3 anos de idade. O casal relata ter feito "de tudo" para ajudar a bebê: carinhos, remédios, e até mesmo benzer, porém nada disso adiantou.

Por que, então, considero que o atendimento de MC se circunscreveu às ideias de Consultas Terapêuticas e por que nos valemos de nossa experiência enquanto Observadoras de bebês? Com o desenrolar das entrevistas, fui tendo a sensação de que o espaço potencial conceitualizado por Winnicott (1975) estava aberto, na medida em que diz que a psicoterapia envolve duas pessoas brincando juntas, e se dá na sobreposição de duas áreas do brincar: a do paciente e a do terapeuta. Podíamos juntos, profissionais e grupo familiar, iniciar, metaforicamente falando, um jogo de rabiscos. Nossos recursos enquanto terapeutas era nossa própria formação psicanalítica e o imenso respeito e empatia que sentíamos por aquela bebê e sua família, porém, nosso traço criativo durante este trabalho foi o de criar uma provisão ambiental que favoreceu a confiança de nossos pacientes, eles puderam aceitar nossa ajuda. Nossa postura enquanto observadoras psicanalíticas nos forneceu uma visão ampliada dos acontecimentos interacionais.

Os pais de MC necessitavam de uma nova experiência em um *setting* especial, capaz de produzir uma condição favorável a associações livres e gestos espontâneos. Todos nós nos movimentávamos neste espaço potencial. A bebê em pé, ou sentada no chão, demonstrava, pelo brincar, certa compreensão daquilo que nós adultos falávamos. Sua irmã, durante as duas primeiras consultas, esteve muito presente brincando com MC e participando da conversa dos pais com as terapeutas. Parecia que todos nós realizávamos um jogo, buscando compreender o significado do sintoma de MC, que a cada instante ganhava certo colorido com hipóteses rascunhadas pela experiência real e imaginária de cada um de nós. Alguns momentos sagrados, segundo Winnicott (1971), foram presentificados durante estas consultas, estes momentos foram evidenciados pelo clima emocional que suscitaram. Podem ser traduzidos por palavras, gestos ou comportamentos como choro, sorriso, inquietação etc. Mas talvez, mais do que identificar estes momentos nas sessões, seja necessário dizer que por eles existirem é que conseguimos, por várias vezes, perceber que nosso paciente, no caso o grupo familiar com sua rede de interações, se surpreendia com a produção de ideias e sentimentos que não estavam anteriormente integrados na personalidade total de cada um de seus membros.

MC, durante a segunda consulta, enquanto falávamos buscando entender sua dificuldade de sono, começa a mexer nas almofadas macias que estavam em cima do divã. Sente suas texturas, as olha firmemente e depois encosta sua cabeça junto às almofadas como se quisesse dormir. Estávamos presenciando um *enactment* – dar um sentido ao afeto por meio de uma mensagem pré-verbal, ou seja, uma encenação do inconsciente, da vida psíquica, um constante colocar em representação, uma espécie de vaivém contínuo entre o mundo representacional e o mundo agido. Ela nos comunicava algo em relação a seu sintoma, demonstrava com seu ato seu desejo de se aconchegar e dormir. Sua irmã e eu percebemos seu gesto, verbalizei o que via e com isso MC se aproxima, pega mais duas pequenas almofadas que lhe oferecemos e se deita ao chão como se fosse dormir. Naquele momento, MC parecia estar separada da demanda inconsciente que seus pais tinham de seu sintoma e demonstrou, via o seu brincar, sua vontade e possibilidade de dormir sozinha; mas isso não precisou ser dito verbalmente.

Nossa postura, assim sugerida por Winnicott (1971), era de procurar aprender com o paciente, evitando interpretações, tendo muito cuidado para não complicar a situação. Havíamos aprendido isso com o método psicanalítico de observação (Bick, 1964), do qual a Dra. Edna Vilete (1997) esclarece:

> *A observação da relação mãe-bebê, entretanto, com seu método de trabalho, transportou, para o* setting *especial criado, a atenção livre e flutuante da técnica*

> *psicanalítica, conferindo, porém, ao olhar – e não somente ao ouvido – a função de se deixar levar, para onde forem, as sequências de fenômenos do momento.*

Em outras circunstâncias, possíveis de serem observadas no vídeo desta família, seguimos a dica do Dr. Lebovici (1993), que ao falar de coperceber e cocriar sugere que tudo que é percebido e reverberado internamente no terapeuta deve ser comunicado de alguma forma. Portanto, a copercepção e cocriação parecem ter a ver com as possibilidades de transferência e contratransferência presentes em uma relação de díade. São noções importantes na definição da empatia do analista do ponto de vista da mãe e do bebê. Durante as nossas quatro consultas, foi possível perceber um clima descontraído que favoreceu um trabalho de cocriação e copercepção junto a esta família.

Em síntese, a teoria e técnica de consultas terapêuticas aqui apresentadas nos pareceram ser extremamente úteis no atendimento de bebês, mãe e família na medida em que pode provocar mudanças dentro de um contexto familiar a partir da remição de sintomas. Tivemos também a oportunidade de verificar o quanto nossas experiências enquanto Observadoras da relação mãe-bebê-família imprimiu uma postura totalmente compatível à técnica de Consultas Terapêuticas na medida em que pudemos desempenhar uma função de continência e provisão ambiental.

Conclusão

As Consultas Terapêuticas, assim formuladas por Winnicott (1971) e ampliadas por Lebovici & Stoleru (1983), na dimensão bebê-família, pode ter seus efeitos diretamente observados no caso de MC, permitindo a evolução de um processo de subjetivação conturbado. Ou seja, propiciaram estabelecer o duplo sentido do processo de filiação-parentalização. Os pais de MC nos procuraram trazendo a queixa em relação à sua dificuldade de dormir, não percebendo que o sintoma da filha estava intimamente ligado às suas próprias questões individuais que os impedia de exercer de forma mais saudável suas funções parentais. Ao final de nosso trabalho, eles estavam mais conscientes do quanto suas funções de pai e mãe estavam prejudicadas por seus conflitos intrapsíquicos que acabaram por reeditar um sintoma em MC.

Referências

Abram, J. (1996). *The Language of Winnicott: A dictionary of Winnicott's use of word.* Londres: Karnac Books.

Bick, E. (1964). Notes on Infant Observation in Psycho-analytic Training. *International Journal of Psycoanalysis, 45*, 558-566.

Ferreira, A. M. (2007). *Espaço Potencial Winnicott: Diversidade e Interlocução*. São Paulo: Landy Editora.

Eiguer, A. (1998). *A Transmissão do Psiquismo entre Gerações.* São Paulo: Unimarco.

Harris, M., & Bick, E. (1987). *Collected papers of Martha Harris and Esther Bick.* The Clunie Press, Perthsire, Scotland for The Roland Harris Trust. Londres: Karnac Books.

Lebovici, S., & Stoleru, S. (1983). *La mère, le nourrisson et le psychanalyste, les interactions prècoces.* Paris: Le Centurion.

Lebovici, S., & Weil-Harpen, F. (1989). *La Psychopatologie du bébé.* Paris: Siglo XXI.

Lebovici, S. (1993). Consulta Terapeutica madre-lactante. *Rev. Psicoanalisis APdeBA, 15*(1), 125-46.

Mazet, P., & Stoleru, S. (1990). *Manual de Psicopatologia do recém-nascido*. Porto Alegre: Artes Médicas.

Mélega, M. P. (1990a). *Observação da relação Mãe-Bebê. Um método de Ensino, Pesquisa e Psicoprofilaxia*. São Paulo: Publicações Centro de Estudos das Relações Mãe-Bebê-Família.

Mélega, M. P. (1990b). *Observação da relação Mãe-Bebê na Família*. São Paulo: Publicações Centro de Estudos das Relações Mãe-Bebê-Família.

Marconato, M. M. (1996). Sobre o método de Observação das relações Mãe-Bebê-Família. *Espaço Criança* (21), 20-24.

Marconato, M. M. (1997). *A utilização da Observação Psicanalítica como Instrumanto Clínico, Observação da Relação Mãe-Bebê-método Esther Bick*. São Paulo: Tendências, Unimario.

Silva, M. C. P. (1999). *O Sintoma a Serviço da Sobrevivência Psíquica da Família* [Apresentação de trabalho]. Simpósio "O viver criativo com o olhar de D.W. Winnicott", Instituto de Psicologia da Universidade de São Paulo, São Paulo.

Vilete, E. (1997). *Observação da relação Mãe-bebê-família. A especificidade do método Observação da Relação Mãe-Bebê – método Esther Bick*. São Paulo: Tendências, Unimario.

Winnicott, D. W. (1971). *Therapeutic Consultations in Child Psychiatry*. Londres: Hogarth Press; Nova York: Basic Books.

Winnicott, D. W. (1975). *O Brincar e a Realidade*. Rio de Janeiro: Imago.

Winnicott, D.W. (1983). *O ambiente e os processos de maturação: estudos sobre a teoria do desenvolvimento emocional*. Porto Alegre: Artes Médicas.

Winnicott, D. W. (1988). *Textos selecionados: da pediatria à psicanálise*. Rio de Janeiro: Francisco Alves.

Winnicott, D. W. (1993). Variedades clínicas da transferência. In Donald. W. Winnicott, *Textos selecionados: da pediatria à psicanálise* (4 ed). Rio de Janeiro, Francisco Alves. (Publicado originalmente em 1955)

Winnicott, D. W. (1993). *A família e o Desenvolvimento Individual.* São Paulo: Imago.

Winnicott, D. W. (1994). O valor da consulta terapêutica. In Donald W. Winnicott, *Explorações psicanalíticas.* Porto Alegre, Artes Médicas Sul. (Publicado originalmente em 1965)

Winnicott, D. W. (1994). *Explorações Psicanalíticas.* Porto Alegre: Artes Médicas. (Publicado originalmente em 1965)

13. Intervenção pais-bebê como uma experiência de nutrição simbólica

Hercília Palma de Barros

Vera Maria de Moura Leme

Introdução

Para a psicanálise, a constituição psíquica está intimamente ligada aos períodos iniciais da vida. Assim, os sintomas apresentados no contexto familiar com crianças pequenas podem indicar sofrimento emocional decorrente de dificuldades ligadas à qualidade das relações entre os pais e seu bebê. Dessa maneira, o trabalho psicanalítico de intervenção nas relações pais-bebê traz importantes aportes para a compreensão dos distúrbios do desenvolvimento da primeira infância.

As relações alimentares caracterizam uma janela clínica privilegiada (Stern, 1997) uma vez que grande parte da vida do bebê e de seus cuidadores gira em torno da alimentação nas suas diversas fases (Almeida, 2018). Neste trabalho, pretendemos ilustrar a situação de uma dificuldade alimentar como ponto de partida para a compreensão da configuração familiar.

Chegada ao serviço de atendimento[1]

O pai de Elena procura a clínica do Sedes pois se preocupa com o fato de a filha não comer e ter peso abaixo do esperado para sua idade (9 meses). Elena nasceu com uma condição genética herdada da mãe – traço falciforme – que poderia caracterizar um quadro de anemia falciforme,[2] e isso os preocupa muito.

Na primeira sessão eles estão meia hora atrasados, ligamos para saber se estão a caminho e eles nos dizem que se perderam, mas já estão perto. Chegam com uma hora de atraso mas decidimos atendê-los mesmo assim. O pai diz que aquele horário é difícil e que melhor seria que o atendimento fosse aos sábados, mas as terapeutas não têm essa disponibilidade. Fica combinado então que o atendimento acontecerá no melhor horário possível para pais e terapeutas. Ao longo dos atendimentos, entretanto, fica patente a dificuldade de manter o combinado.

Elena é uma menina pequena, sempre muito bem arrumada. Tem um olhar muito intenso, nos olha de maneira vigorosa e parece intrigada conosco. No entanto, não nos chama para a interação, raramente sorri e nunca chora. Não parece ter outros apetites (brincar, explorar, interagir), como se padecesse de uma anorexia mental. Fica a maior parte do atendimento no colo de um dos pais e pouco se mexe nem explora o ambiente. Quando começamos o atendimento, Elena ainda não andava, mas isso aconteceu alguns meses depois sem que houvesse muito tempo na transição entre o engatinhar e o andar.

---

1 Atendimento realizado na clínica psicológica do Instituto Sedes Sapientiae, no Projeto de Atenção à Infância (PAI), coordenado por Cláudia Justi Monti Schönberger e Lindilene Toshie Shimabukuro.

2 No entanto, para ser portador de anemia falciforme, é preciso que o pai e a mãe tenham transmitido esse traço, o que não é o caso.

Desde o início do atendimento, nos chamou a atenção como a mãe de Elena parecia frágil e um pouco apática. Ela nos dava a impressão de estar extremamente tomada pelas próprias dores – seja pela traumatizante situação que a cesárea do parto representou, seja por todas as rupturas impossíveis de serem digeridas que esta situação reatualizava. Por outro lado, o pai de Elena parecia muito angustiado com a situação e preocupado com a mulher e a filha, incapaz, no entanto, de reconhecer quaisquer angústias como suas e muito voltado ao cuidado com elas, nas quais aparentemente projetava todas as fragilidades da dinâmica familiar.

História do nascimento de Elena

A gravidez foi desejada, os pais já estavam juntos há oito anos. Durante a gestação, tudo ocorreu bem até a 28ª semana, quando o médico disse que Elena não estava crescendo conforme o esperado; depois, na 34ª semana, foi constatado que ela estava abaixo do tamanho estimado (estava com restrição de crescimento e o líquido amniótico também estava baixo).

Foi sugerida a interrupção da gravidez naquele momento (38 semanas): ela nasceria uma criança pequena, mas a princípio nasceria bem. Deixar a gravidez continuar seria arriscado, pois a placenta havia parado de alimentá-la. Em função disso, foi feita a cesárea e ela nasceu com 2,100 kg. Assim que nasceu já foi introduzida uma complementação alimentar, pois ela não tinha força de sucção para mamar adequadamente.

A cesárea foi muito traumática para a mãe, que estava se preparando para ter um parto normal e sentiu que a filha foi arrancada dela. Já neste momento começa a se configurar uma narrativa gestacional marcada por traumas significativos ligados à nutrição (baixo volume do líquido amniótico e insuficiência placentária) e ao desenvolvimento do bebê (por não ter força de sucção para mamar).

É significativo enfatizar o registro que a mãe tem desse primeiro encontro com Elena: lembra de ter visto seu bebê triste, o que logo associou à interrupção abrupta provocada pela cesárea. Talvez já possamos ler neste fragmento prenúncios das dificuldades alimentares com as quais a família irá se defrontar, motivo de terem procurado o serviço do Sedes.

Elena está na creche desde os 5 meses, quando foi introduzida a papinha doce, e depois, aos 6 meses, a salgada. A doce ela aceitou "*mais ou menos*", segundo a mãe, e a salgada

> *ela não gostou muito, foi difícil para ela. De um mês para cá, ela estava comendo, mas há umas três semanas ela parou de comer. Até tentei deixar um pouco sem peito, porque a nutricionista fala para deixar um pouco sem, para ela sentir fome... porque eles dizem que é para dar leite até um ano, mas depois dos 6 meses a criança já precisa comer a papinha salgada. Mas de três semanas para cá senti que ela estava fechando a boca, teve uns três dias que não consegui dar nada de papinha então foi para o peito mesmo.*

Ao perguntarmos sobre a adaptação de Elena na creche, a mãe conta de sua dificuldade de ter que voltar ao trabalho ao fim da licença-maternidade, pois não se sentia pronta para voltar a trabalhar e nem deixar a filha; fala também de sua desconfiança com relação à creche do seu trabalho. "*Lá não parece que eles têm o cuidado... parece que cuidam um pouco como se fossem robôs, uma criança atrás da outra. Não tem o mesmo afeto.*"

Mesmo assim, é para lá que a filha vai, mas mais uma vez a ruptura acontece de maneira muito traumática: "*Cheguei na porta da creche, tirei ela do peito e entreguei para a funcionária. Foi muito doído, mas não tinha outro jeito, eu tinha que voltar a trabalhar*", a mãe traz essas lembranças doloridas com lágrimas nos olhos.

O desenvolvimento motor seguiu seu curso habitual e ela andou com cerca de 1 ano de idade. No entanto, notamos durante nossos encontros que Elena nunca levava objetos à boca, fato que nos levou a perguntar aos pais sobre as atividades de exploração sensorial de Elena. Eles confirmaram nossa observação, explicando que de fato a filha nunca havia levado objetos à boca.

Quando Elena tinha cerca de 1 ano e meio de idade, a mãe iniciou o desmame e, assim como viu tristeza no rosto da filha no nascimento, interpretou a reação da filha a esse evento como mágoa (separação do parto, do peito e da creche - em todas essas situações, a interpretação da mãe é que Elena ficou magoada). Na nossa observação, Elena busca ativa e enfaticamente o peito da mãe, que por sua vez não dá mostras de reconhecer esse comportamento.

Hipóteses que baseiam nossa compreensão do caso

A história de uma criança começa antes dela nascer. Poderíamos dizer que para a psicanálise ela começa com a história da infância dos pais e do cuidado que receberam. Mesmo com o incentivo das terapeutas, os pais pareciam acanhados de contribuir contando fatos de suas infâncias. Ainda assim, aos poucos, nos primeiros meses de atendimento foram surgindo fragmentos esparsos destas memórias.

O pai tem pouco contato com a família de origem, pois é do interior de São Paulo e veio para cá há muito tempo. Em uma das sessões, o pai se lembra de uma passagem marcante: tendo aprendido a andar de bicicleta, descia uma ladeira para exibir a habilidade para sua mãe, que por sua vez o critica pelo perigo da velocidade em vez de perceber o seu desempenho e coragem.

A mãe de Elena, por sua vez, teve uma infância penosa, cuidava, desde os 8 anos de idade, de todos os irmãos (ela é a mais velha). Refere-se à própria mãe como alguém muito violenta. Ela se lembra que, em um momento de fúria, sua mãe disse "*quando você for mãe, você vai morrer*".

Tanto o pai quanto a mãe de Elena descrevem relações familiares muito turbulentas, permeadas por intrigas e ciúmes com os irmãos. De maneira geral, observamos que as histórias dos pais são tristes e retratam infâncias desamparadas; não tiveram um ambiente propício para brincar e se desenvolver de maneira emocionalmente estável.

A situação de Elena atualiza vivências parentais de experiências de desamparo infantil, e a reação deles com a recusa alimentar da filha – de muita angústia e de uma impossibilidade de pensar no que ocorre – parece ser uma resposta à crença de que eles são incapazes de nutrir o desenvolvimento e auxiliar na crescente autonomia dela. Poderíamos dizer que os pais se veem como crianças simbolicamente desnutridas, identificados com as dificuldades alimentares de Elena.

Por outro lado, não é difícil imaginar que as notícias preocupantes que envolveram o terceiro semestre da gestação de Elena, com ameaças sérias à sua sobrevivência, tenham tido um impacto desorganizador no psiquismo já debilitado dos pais, especialmente se levarmos em conta a história pregressa da infância de ambos.

Sabemos que nesse período a gestante sofre uma introversão de seus interesses que se voltam cada vez mais para o bebê que está prestes a nascer. Este estado de mente é uma preparação do psiquismo materno para acolher os estados não-integrados do psiquismo do bebê recém-nascido num delicado processo de construção do vínculo da dupla.[3] A presença do pai como representante do mundo externo e protetor da dupla mãe-bebê completa este quadro.

Na trágica configuração previamente descrita, é possível supor que esta mulher, atravessada por pavores que ameaçavam a sobrevivência do seu bebê, não tenha podido se constituir como matriz consistente para sua filha, uma vez que seu companheiro também não dispunha de muitos recursos internos que pudessem lhe oferecer conforto e tranquilidade.

É provável que a capacidade de cuidar da filha tenha ficado atrelada à dispensa dos cuidados corporais e ao ato físico de amamentá-la (Elena foi amamentada até 1 ano e 7 meses de idade, sempre com a complementação de uma fórmula alimentar).

Este tipo de contexto relacional em que o contato físico predomina entre o bebê e seus pais, dificultando que outras formas de trocas se desenvolvam, parece ter contribuído para que experiências de separação tivessem um registro traumático para a família.

Levando em conta que a amamentação garantia o contato físico e emocional da relação, iniciar os primeiros passos da alimentação não representaria uma ameaça significativa a esta configuração?

3 Nesse estado mental no qual a mãe pode "sentir-se no lugar do bebê, e assim corresponder às suas necessidades" (Winnicott, 1956, p. 403). Desta maneira, outros interesses que normalmente fazem parte de sua vida adulta são temporariamente abandonados, processo que termina naturalmente na medida em que a mãe, se for saudável, retoma seus antigos interesses e que o bebê se desenvolve.

Atendimento como alimento

Desde o primeiro atendimento, o ajuste a respeito do dia e horário da sessão se mostrou tumultuado. Depois de muitas conversas e negociações a esse respeito, ficou acertado que as sessões aconteceriam às 18h de sexta-feira.

No entanto, esse combinado mostrava-se inviável na prática, pois os pais raramente conseguiam chegar antes das 18h30min. Tomadas pela intensidade das demandas trazidas, as terapeutas sentiam dificuldade em terminar a sessão no horário (19h), em parte por desejarem que a sessão continuasse e em parte por parecer difícil fazer essa finalização com o pouco tempo de atendimento sendo que a família sempre tinha assuntos tão urgentes para tratar.

As faltas também não eram incomuns, na maior parte das vezes aconteciam porque Elena estava doente. Mas muitas vezes não eram comunicadas, o que trazia uma sensação de um certo vazio silencioso para as terapeutas.

Depois de algum tempo, as terapeutas se deram conta da volatilidade daquilo que tinha sido combinado e do prejuízo para o trabalho terapêutico. Com essa preocupação em mente, enfatizando para os pais o esforço de todos em prol de um atendimento eficiente para a família, foi proposto uma mudança realística de horário (para 18h30min) salientando o valor de se aproveitar o período integral do encontro presencial.

Duas semanas depois desse combinado, as terapeutas foram surpreendidas por um WhatsApp dos pais comunicando a urgência de voltar para o horário anterior (das 18h) alegando que a sessão às "*18h30 atrasa muito para o jantar*". Diante dessa mensagem, atentas à importância de não fazer alterações impensadas, as terapeutas sugeriram que o assunto fosse tratado pessoalmente na sessão seguinte.

Imediatamente fomos inundadas por mensagens queixosas carregadas de mágoas, criticando nossa falta de sensibilidade. Pareceu-nos que diante da nossa tentativa de estabelecer um campo de trabalho constante e seguro, a reação dos pais era similar àquela apresentada por Elena face à alimentação, na medida em que eles pareciam esperar das terapeutas um seio sempre disponível, recusando qualquer outra possibilidade de contato, seja por receio de abandonar o familiar e seguro, seja pelo temor do desconhecido.

No encontro seguinte, foi possível conversar sobre a mudança de horário pretendida e reconhecer a importância das queixas e mágoas registradas no WhatsApp, enfatizando que estas também faziam parte dos encontros. Ilustramos essa apresentação com uma vinheta clínica retirada da sessão seguinte a este encontro:

> *Chego na sala de espera para chamar a família; Elena está dormindo no colo da mãe. Ao entrar na sala de atendimento, ela coloca a filha no colchonete e senta-se ao lado dela, o pai se senta do outro lado.*
>
> *Percebo que a mãe cortou o cabelo (ela sempre vinha com o cabelo preso em um rabo de cavalo) e comento isso com ela. O corte é muito bonito e diferente, valoriza seu cabelo e não o esconde em um penteado preso. Fiquei agradavelmente surpreendida com a valorização de sua aparência. Ela agradece e na sequência conversamos sobre seu pedido de terapia individual que havia sido revelado inicialmente também em uma outra mensagem de WhatsApp.*

Essa breve apresentação ilustra o ponto de viragem deste trabalho. É importante notar que nos parece que tal pedido da mãe faz parte de uma atitude mais ativa, distante daquela percebida no início do atendimento.

As hipóteses sobre a dinâmica inconsciente do casal parental consolidaram nossa confiança em sustentar a manutenção de um enquadre estável como parte importante da continência para as angústias presentes no atendimento dessa família. Identificar esse comportamento como a expressão de vivências inconscientes dos pais permitiu que sustentássemos a manutenção de limites claros e definidos das sessões. Isso acarretou uma forte reação por parte da família em um primeiro momento, mas acreditamos que poder manter o enquadre do atendimento e sustentar nossa confiança na capacidade da família tenha sido uma maneira de nutrir os aspectos mais maduros do casal, que puderam manifestar seu desejo de desenvolvimento, como o pedido da mãe destacado na vinheta.

Referências

Almeida, M. Mendes de (2018). *Aspectos emocionais presentes nas dificuldades alimentares iniciais: compreensão e intervenção nas relações pais-bebê em contexto pediátrico.* Tese (Doutorado em Pediatria e Ciências Aplicadas à Pediatria) – Universidade Federal de São Paulo.

Stern, D. (1997). *A constelação da maternidade: o panorama da psicoterapia pais-bebê.* Porto Alegre: Artes Médicas.

Winnicott, D. W. (1956). A preocupação materna primária. In D. W. Winnicott, *Da pediatria à psicanálise: obras escolhidas* (pp. 399-405). Rio de Janeiro: Imago.

14. Quando a intervenção se faz a tempo: reflexões clínicas do acompanhamento de um bebê com risco de evolução autística dos 3 meses aos 4 anos de idade[1]

Camila Saboia

Sabe-se que para que um bebê possa ter acesso à sua intersubjetividade é necessário que ele experiencie, primeiramente, um encontro com uma mãe dita *suficientemente boa*, capaz de lhe garantir as condições necessárias para o seu processo de integração e do sentimento da continuidade de ser. Por outro lado, sabe-se também que para que a mãe possa se identificar com esse bebê e alcançar o estado da preocupação materna primária é necessário que ela também seja investida e convocada por ele, de modo que mãe e bebê se nutrem por meio de trocas rítmicas e lúdicas, por meio da qual a mãe vai se descobrindo na sua função de objeto primordial ao mesmo tempo que o bebê vai se constituindo como sujeito.

No entanto, os estudos recentes no campo do autismo precoce nos mostram que há bebês que desde muito cedo apresentam uma recusa em estabelecer trocas com o objeto materno, o que coloca atualmente em pauta que o autismo não se limitaria a uma falha

---

1 Trabalho apresentado na IV Jornada da Clínica 0-3: Intervenções nas Relações Pais-Bebê da Sociedade Brasileira de São Paulo (SBPSP), em maio de 2019.

materna, mas sim uma patologia multifatorial. Nesse sentido, como garantir que essa mãe possa ainda investir num bebê que não lhe responde e não a gratifique narcisicamente? O trabalho da clínica pais-bebês oferece-se como um espaço de testemunho desses desencontros entre mãe e bebê. Nos casos de bebês com risco de autismo, haveria um tipo de intervenção e manejo clínico específico?

Quais os perigos de um fechamento maior do bebê quando o analista privilegia mais a escuta dos fantasmas maternos do que a *vitalização pulsional* do bebê e do próprio elo da relação da díade? Haveria reversibilidade do quadro do autismo? Qual seria o impacto desse retraimento relacional do bebê no processo da construção das relações objetais dessas crianças? Propõe-se a partir da apresentação do caso clínico de Arthur refletirmos sobre essas questões.

Apresentação do caso[2]

Arthur chegou ao consultório com aproximadamente 3 meses e meio de vida. A mãe entra em contato com a analista após uma consulta pediátrica de rotina, ocasião em que ela pôde dividir e, especialmente, "validar"[3] junto à médica a dificuldade que vivenciava em captar a atenção de seu filho e em estabelecer trocas de olhares com ele.

---

2 Parte do caso clínico já foi publicada em artigo (Saboia, 2019).

3 O trabalho na clínica com bebês tem nos mostrado que em muitos casos os pais parecem reconhecer desde muito cedo a dificuldade em estabelecer momentos de trocas interativas e lúdicas com seu bebê. No entanto, essa escuta da dimensão relacional entre mãe e bebê é pouco privilegiada nas consultas pediátricas, o que desencoraja as mães a poderem falar desses desencontros precoces vividos com seu bebê, inviabilizando que essas crianças possam ser submetidas a um trabalho de intervenção precoce ainda no primeiro ano de vida.

No meu primeiro encontro com Arthur, vejo um bebê hipertônico: seu corpo rígido mostrava um olhar evitante que buscava fixamente a luz florescente do teto da sala. No momento em que é levado ao seio de sua mãe, fica evidente a ausência de um diálogo corporal entre a dupla mãe-bebê. Arthur parece resistente em relaxar em seus braços, dando-nos a impressão de relutar em ser acolhido e acalentado por ela. A mãe parece se dar conta de toda essa recusa de seu filho e, com um olhar interrogativo, direciona-se à analista na tentativa de compreender esses comportamentos nomeados por ela como "estranhos" e, sobretudo, "tão distintos" dos de sua primeira filha, poucos anos mais velha que Arthur.

Ao longo dos primeiros meses de trabalho com Arthur e sua mãe, observávamos que eram raros os momentos nas sessões em que ele respondia à convocação feita tanto por sua mãe quanto por sua analista. Suas respostas eram sempre efêmeras, marcadas por leves trocas de olhares que impediam qualquer possibilidade de uma protoconversação.[4]

Em uma determinada sessão, ocasião em que Arthur contava com 4 meses e meio de vida, a mãe cai num choro compulsivo quando, ao carregá-lo no colo, percebe o olhar fixado de Arthur na luz do teto da sala. Ela então levanta-se da poltrona o embala e seus braços e diz: "Em que mundo você está, filho? Me leva junto com você, mamãe quer muito conhecer esse seu mundo!". Essa fala da mãe anuncia a inacessibilidade do bebê, que se encontra em um estado de intenso fechamento, o que revela uma indisponibilidade

4 O termo "protoconversação", denominado pelo neurolinguista G. Bateson (1979), corresponderia ao diálogo pré-verbal estabelecido entre mãe-bebê. Os bebês desde muito cedo mostram-se muito atento às expressões do rosto materno, ao mesmo tempo que se mostram muito sensíveis à variação de ritmo da voz da mãe. Essa comunicação precoce marcada pelo registro das experiências táteis e sensoriais do bebê teria uma função precursora da linguagem verbal.

quase absoluta de ir ao encontro da figura materna, apesar de toda convocação e estimulação da mãe.

A passividade e indiferença de Arthur em engajar-se em um jogo lúdico e prazeroso com sua mãe nos leva a pensar que estamos diante de um bebê que apresenta um quadro de um retraimento autístico (Saboia, 2015).

Os pais parecem sensíveis a essa recusa intensa de seu bebê. Quando ele estava com 3 meses de vida, buscam um oftalmologista para verificar se não haveria algum comprometimento na visão. Após Arthur submeter-se a uma bateria de exames, descartam-se qualquer tipo de comprometimento orgânico ocular, o que vem reforçar a hipótese defendida de que desde muitos cedo esses bebês que apresentam riscos de evolução autística nos mostram o quanto são incapazes de "olhar" apesar de ver, reforçando aqui que há uma grande diferença entre "ver" e "olhar".

Os pais também buscaram uma avaliação neurológica quando Arthur tinha por volta dos 5 meses de idade. Exclui-se novamente qualquer comprometimento orgânico, o neurologista resume as dificuldades de Arthur à uma causa de "caráter comportamental", segundo suas palavras, e reforça a necessidade de intervenção clínica.

Na consulta de retorno, quando Arthur estava com 1 ano de idade, o médico, ao perceber a criança mais aberta e os pais mais confiantes, relata aos pais que nunca, em trinta anos de clínica, tinha se deparado com um bebê com um quadro de fechamento tão precoce. A mãe, emocionada, comenta com a analista essa devolutiva do neurologista.

O trabalho realizado nos primeiros meses de tratamento foi norteado por intervenções que possibilitaram tirar a mãe de um estado de sideração. Esse estado é descrito por G. Crespin (2004) como uma condição em que a mãe se sente completamente incapaz de investir na relação com seu bebê por acreditar que fracassou em sua capacidade maternante e não se considerar competente, isto é, "boa o suficiente", no sentido winnicotiano do termo, para convocar seu bebê para um encontro a dois (Saboia, 2019).

Laznik (citado por Wanderley, 2013) nos fala que esses bebês mostram desde cedo uma recusa intensa ou indisponibilidade de ir ao encontro materno devido a uma possível ausência de uma *apetência simbólica* (Crespin, 2004), ou uma fragilidade do que Trevarthen (2003) denominou de *Intersubjetividade Primária*, condição inata do bebê em endereçar-se ao outro na busca de um estabelecimento de trocas interativas. Essa recusa precoce do bebê leva os pais a um estado de perda de suas competências no processo de sua construção parental, eles passam a desinvestir na relação com seu bebê dada a ausência das respostas deste último, impedindo que se estabeleça uma espiral relacional.

Laznik (2000), ao retomar os três tempos da teoria das pulsões freudianas, revisitada por Lacan, preconiza que no terceiro tempo pulsional o bebê desempenha uma "passividade" dita "ativa"; isto é, ele se faz objeto de gozo do objeto materno visto que se reconhece como autor do prazer suscitado na mãe, por isso entrega-se como objeto a ser "devorado" por ela possibilitando que mãe e bebê possam juntos estabelecer brincadeiras, as quais irão desempenhar um papel estruturante no processo constitutivo do bebê (Saboia, 2018).

Até, aproximadamente, o primeiro ano de vida, ainda era raro testemunhar em Arthur momentos em que se constatava a vivência de um prazer compartilhado ou de um encontro de brincar a dois entre mãe e bebê. Observávamos, também, uma ausência importante de vocalização e mesmo da presença de alternância de turnos que sinalizavam comprometimento de sua *atenção compartilhada*. Em contrapartida, o que se observava eram tentativas insistentes da mãe de chamar a atenção de Arthur a todo custo, por meio de movimentos bruscos e descontínuos que denunciavam uma completa ausência de sincronicidade entre ela e seu bebê.

As intervenções diretas do analista com Arthur tiveram papel importante, pois, a partir de uma *relação especular* estabelecida com a analista, a mãe pôde gradativamente reconhecer outro modo de estar e interagir de seu filho, reconhecendo suas pequenas produções e seus possíveis canais de abertura. É por esse viés que dizemos que a clínica da intervenção precoce é baseada na clínica do *holding do holding* (Benavides & Boukobza, 1997). Ou seja, é necessário que a mãe se sinta sustentada psiquicamente pela analista para recuperar suas competências perdidas.

No que diz respeito ao desenvolvimento psicomotor de Arthur, vale dizer que este desenvolveu-se dentro do esperado, embora, por volta dos 2 anos de vida, Arthur passou a andar frequentemente na ponta dos pés, comportamento que nos sugeria um provável comprometimento na *construção de sua imagem corporal*, resultante de uma possível *clivagem* no processo de integração dos diferentes fluxos sensoriais (Haag, 1993).

Esta ausência da existência de um envelope psíquico, a qual dificulta a experiência do processo da integração do corpo, também era manifestada por Arthur em seus sonos agitados. Ele costumava, por exemplo, acordar assustado por diversas vezes no decorrer da noite, sendo que a única maneira de o acalmar era oferecendo colo na tentativa de dar-lhe uma experiência de continência. Haag (1993)[5] sublinha o quanto os bebês que apresentam percalços na subjetividade tendem a manifestar dificuldades em estabelecer um sono profundo e contínuo. Isso se deve ao fato da ausência do registro de um corpo integrado, pois é por meio desse envelope corporal que a criança experiencia a *continuidade de ser*. É o que a

5 Anotações pessoais retiradas no contexto de supervisões clínicas.

leva, por exemplo, a autorizar-se a desligar-se do mundo externo sem ter o risco de vivenciar a experiência de cair no vazio. Nessa ocasião, uma indicação de um trabalho de psicomotricidade foi pensada, porém, nunca foi aderido pelos pais, pois alegavam sobrecarregar a criança já que o trabalho com a analista se dava na razão de duas vezes por semana.

Por volta dos 15 meses de idade, Arthur começou a mostrar de maneira mais frequente a experiência de um prazer compartilhado passando, por exemplo, a convocar o outro na busca de um brincar a dois, compartilhando suas descobertas e explorações. Aos 2 anos de idade, aproximadamente, sinalizou os primeiros esboços de sua capacidade simbólica a partir de brincadeiras de faz de conta, embora, ainda fossem constatadas certa pobreza simbólica e dificuldades na linguagem. Arthur pronunciava poucas palavras de modo pouco compreensível, o que nos levou a pensar na introdução de um trabalho fonoaudiológico semanal. Ao longo dos seis meses de intervenção, Arthur já se expressava melhor, embora a melodia da musicalidade de sua voz fosse pouco expressiva, sinalizando um empobrecimento de suas produções prosódicas, aspecto melhorado apenas por volta dos 3 anos e meio de idade.

Quanto à capacidade de sustentar seus laços afetivos, observávamos certa tendência de Arthur em isolar-se no ambiente coletivo. Por exemplo, no berçário que passou a frequentar por volta de 1 ano e meio de idade, era frequente suas tentativas de recusa em compartilhar das atividades coletivas. Refugiava-se em sonecas longas e profundas no período em que estava na escola. Foi necessário que a analista pudesse construir, em conjunto com os profissionais da escola, estratégias pedagógicas que acolhessem o ritmo e a individualidade de Arthur.

Aos 2 anos, observávamos ainda uma tendência a preferir brincar sozinho, embora agora lhe fosse mais possível sustentar um brincar a dois na presença de sua professora. Ainda por volta dos 3 anos, constatava-se certa fragilidade na relação com seus pares, pois Arthur tinha dificuldade em memorizar o nome de seus camaradas e pouco falava deles, quadro que se modifica apenas por volta dos 3 anos e meio. Foi apenas nessa mesma época de seu desenvolvimento que Arthur passou a apresentar um brincar mais estruturado com recurso à imaginação e à fantasia; também passou a não ter mais dificuldades em dormir e suas cenas de birras quando confrontava-se com situações de frustrações diminuíram consideravelmente.

Aproximadamente aos 4 anos, Arthur já mostrava uma organização psíquica sem traços de dificuldades em estabelecer trocas com outros. Parecia ter uma boa consciência corporal representadas pela riqueza de seus desenhos da figura humana, momento também que deixou de andar nas pontas dos pés. Por meio de muitas brincadeiras compartilhadas, pudemos elaborar o processo do fechamento do nosso trabalho. Arthur pôde revistar o momento de sua chegada no nosso espaço ao teatralizar cenas de bebês doentes que choravam, não brincavam e que não podiam contar com suas mamães, apenas com a médica (encenada pela analista) para se acalmarem. Bebês também que cresciam e se transformavam em novos personagens que renasciam em novos planetas, maneira pela qual Arthur também pôde compartilhar do projeto de sua família que era recomeçar uma nova vida em um novo país, culminando assim no fechamento do nosso trabalho.

Manejo clínico

Sobre o manejo clínico, pudemos observar que à medida que ofertamos à mãe de Arthur um espaço de escuta, ela passou gradativamente a poder reinvestir na relação com seu bebê, uma vez que pôde compartilhar e, sobretudo, legitimar os sinais que percebia em relação à recusa de Arthur em estabelecer trocas afetivas com o outro; ao mesmo tempo que pôde trabalhar seus próprios conflitos e impasses de como sustentar sua posição de mãe (função de objeto primordial), apesar da pouca gratificação narcísica garantida por Arthur. Essa mudança subjetiva da posição materna permitiu que ela pudesse novamente atentar-se com mais acuidade às pequenas produções de seu filho, o que fez com que Arthur perdesse seus atributos de "bebê bizarro" para ganhar agora um estatuto de um "bebê sensível", ou, simplesmente, de um bebê com "um *timing* diferente dos demais", segundo as próprias palavras da mãe.

Na realidade, tanto a mãe quanto o pai de Arthur frequentemente relatavam o quanto era custoso e trabalhoso sustentar o olhar e atenção de seu filho. Diziam que "nada era espontâneo e natural. Ele olha, responde e logo interessa-se por outra coisa". Essa ausência de espontaneidade descrita pelos pais de Arthur parece indicar a ausência do fechamento do terceiro tempo pulsional que, como dito anteriormente, sinaliza o momento no qual o bebê naturalmente provoca o adulto de referência para dar continuidade às brincadeiras e aos momentos de trocas prazerosas com o outro.

Casos clínicos como o relatado neste trabalho, no qual nos deparamos com quadros de bebês que apresentam desde muito cedo uma recusa sistemática em estabelecer momentos de trocas com o mundo externo, vem reforçar a hipótese de que o autismo não pode ser mais visto apenas pelo viés da psicogênese, fundamentada por uma possível falha da função materna. Isso porque, atualmente, considera-se a patologia autística como uma patologia multifatorial que vem abarcar tanto uma possível predisposição genética como uma particularidade na organização do equipamento neurobiológico, o que leva o bebê a desenvolver um estilo interacional e relacional particular (Crespin, 2004, citado por Saboia, 2019).

Estudos também nos mostram que bebês que sofrem intervenções antes de 6 meses de vida tem mais chances de reversibilidade do autismo dada a neuroplasticidade cerebral.

Nesse sentido, podemos pensar sobre a importância de priorizarmos o processo de "vitalização do bebê" a fim de favorecer a própria "vitalização da díade mãe-bebê". Isso implica no fato de o analista poder autorizar-se a tomar uma posição de identificação com essa mãe, ou seja, de identificar-se com a experiência de desamparo e do sentimento de impotência diante da não resposta do bebê, o que difere da posição clássica do analista que se atenta apenas à escuta da investigação dos fantasmas maternos atrelados aos impasses e conflitos trangeracionais na busca da construção da parentalidade.

Abre-se aqui um novo questionamento: como é construída a representação materna dessas mães que tem bebês que não lhes respondem? Laznik (2000) nos diz:

> *. . . que muito cedo alguma coisa falhou do lado do bebê, eu o constato desde o nascimento. Isto não significa que se trata de um real orgânico imediatamente fixado no bebê, pois as intervenções muito precoces parecem modificar o quadro. Nós também constatamos, de maneira praticamente sistemática, uma psicogênese da situação autística, mas invertida do que infelizmente pôde ser formulada a partir de Bettelheim: é o bebê que não responde que destrói, em alguns meses, as competências dos pais, ao menos a confiança que eles têm neles mesmos. (como citado em Wanderley, 2013, p. 125)*

Por fim, pensamos que seria graças ao trabalho da intervenção precoce que podemos oferecer novos dispositivos para permitir a possibilidade da construção da parentalidade para que a mãe não desista, mesmo que de maneira inconsciente, de seu filho, que não lhe responde e que não a "alimenta narcisicamente". Enfim, é por meio desse "banho pulsional" que ofertamos possibilidades para que a dupla mãe-bebê possa finalmente vivenciar a experiência de um prazer compartilhado, narcisando e potencializando essa mãe em sua função de objeto primordial para que elas possam ser capazes de *reinvestir* na relação com seu bebê. Que mãe e filho possam (re)criar (re)inventar uma nova história entrelaçada por verdadeiras trocas e encontros.

Referências

Bateson, G. (1979). *Mente e natureza: a unidade necessária.* Rio de Janeiro, RJ: Editora Francisco Alves.

Benavides, F., & Boukobza, C. (1997). A clínica do holding. In D. B. Wanderley (Org.), *Palavras em torno do berço: intervenções precoces bebê e família* (pp. 89-106). Salvador, BA: Àgalma.

Cullere-Crespin, G. (2004). Os sinais de sofrimento psíquico. In G. Cullere-Crespin, *A clínica precoce: o nascimento do humano* (C. M. Fernandes, trad., pp. 47-69). São Paulo: Casa do Psicólogo.

Haag, G. (1993). Hypothèse d'une structure radiaire de contenance et ses transformations. In D. Anzieu et al., *Les contenants de pensée* (pp. 230-242). Paris: Dunod. (Collection Inconscient et Culture).

Laznik, M.-C. (2000). La théorie lacanienne de la pulsion permettrait de faire avancer la recherche sur l'autisme. *La Célibataire*, (1), 67-78.

Saboia, C. (2015). Brincar precoce do bebê como indicador de riscos de sofrimento psíquico. *Estilos da Clínica: Revista sobre a Infância com Problemas, 20*(2), 181-193.

Saboia, C. et al. (2018). Do brincar do bebê ao brincar da criança: um estudo sobre o processo de subjetivação da criança autista. *Psicologia: Teoria e Pesquisa, 33*, 1-8.

Saboia, C. (2019). Percalços no processo de subjetivação do bebê: sinais de risco de autismo ou depressão do bebê. *Revista Ágora, 22*(3), 319-325).

Trevarthen, C., & Aitken, K. J. (2003). *Intersubjectivité chez le nourrisson: recherche, théorie et application. Clinique, 15*(4), 309-428.

Wanderley, D. (2013). Psicanálise e autismo à luz de novas pesquisas em neurociências In *As aventuras psicanalíticas com crianças e seus pais* (p. 270). Salvador, BA: Àgalma. (Coleção Calças Curtas).

Posfácio

Débora Regina Unikowski

Finalizo a leitura dos dois volumes desta obra completamente impactada com a riqueza teórico-clínica dos textos, com a quantidade de questionamentos propostos e com a responsabilidade de escrever este posfácio.

Vários exemplos de atendimento com ações concretas mostram a importância de significados simbólicos, sendo duplamente terapêuticos na medida em que as realidades física e psíquica são contempladas. Assim, encontramos artigos sobre distúrbios do sono, evacuação, alimentação, dificuldades de comportamento e outros casos corriqueiros na clínica, além de casos mais graves, onde está em jogo a prevenção do autismo.

Um grande número de referências fundamentais chama a atenção: Bion, Winnicott, Bick, Anzieu, Haag, Lebovici, Golse, Guerra, Stern, assim como contribuições de diversos outros autores contemporâneos, entremeadas por aplicações na técnica e diferentes articulações. Sem esquecer a ênfase dada à importância da observação de bebês, segundo o método de Esther Bick, fundamental na formação de analistas e psicoterapeutas, principalmente aqueles que se dedicam ao trabalho clínico da primeira infância.

Em verdade, há muito tempo me interesso pelos bebês na psicanálise, não só os pequenos pacientes e seus pais, quanto os bebês na mente de todos os pacientes. Portanto as questões da parentalidade, apresentadas nestes dois volumes, vêm enriquecer, e muito, esse pensar.

Acredito que as raízes das dificuldades emocionais se encontram bem no início da vida e até mesmo nas fantasias parentais antes da concepção propriamente dita. Assim sendo, quanto mais cedo pudermos ajudar pais e bebês, mais maleabilidade encontraremos para trabalhar possíveis entraves. Desfazendo o nó da dificuldade atual e permitindo que as pulsões de vida e a força do desenvolvimento nos auxiliem rumo a mudança psíquica e o crescimento.

Os pais buscam ajuda, trazendo suas histórias pessoais e fantasias, expondo sua capacidade de comunicar e de criar sentido. Trazem em suas narrativas esse bebê que está em interação desde a vida fetal, tanto com a mãe, que o gesta em seu corpo, como igualmente com o pai que o gesta mentalmente.

Figura central e sensível, o bebê tem a função de catalizador, capaz de evocar memórias e sentimentos com a força emocional de sua presença. O bebê sente prazer e sofre, principalmente comunicando seu sentir por meio do corpo, manipulado e contido por seus cuidadores. E será com eles, principalmente com a mãe, que poderá reconstruir sua entrada na história de filiação e afiliação, abrindo espaço para novas narrativas e fantasias dos pais.

No início da vida, é fundamental uma disponibilidade total da mãe para encontrar junto com seu bebê os ritmos de sono e de alimentação. Momento em que as vinte e quatro horas de um dia se juntam às do dia seguinte, dando a impressão de que não existem diferenças. Nem entre dia e noite, nem entre mãe e filho. Fazendo crer que o resto da vida será feito de pronto atendimento ao outro, sem lugar para descanso ou algum tempo para a mãe. Onde a depressão pós-parto encontra terreno fértil e, às vezes, pode eclodir uma psicose puerperal.

Régine Prat nos brinda com vários trabalhos dos quais gostaria de destacar algumas ideias. Ela nos introduz à *metapsicologia psicanalítica do parto*, diferenciando dois níveis de funcionamento psíquico: o tempo do trabalho, onde corpo e dor se ligam a níveis neuróticos, enquanto o tempo da expulsão se refere a níveis psicóticos da personalidade, sendo urgente expulsar uma parte de si para manter a vida. O parto é visto como momento de desilusão para os pais, que perdem seu filho da fantasia inconsciente, assim como para o bebê, que busca reencontrar o já conhecido de sua vida intrauterina. Parto seguido por um período de curta latência, seja de algumas horas ou dias, tempo necessário para que a mulher possa se afastar dessa experiência e perceber o bebê enquanto ser separado dela. Lembra, também, o quanto são comuns, em primíparas, sonhar com a morte da mãe, sinalizando a elaboração necessária, para tornar-se mãe, poder tomar o lugar da própria mãe. A autora traz ainda a original ideia do *trauma do nascimento para os pais*, ao se defrontarem com a extrema dependência do bebê, precisando reorganizar rapidamente seu funcionamento psíquico. Momento em que podemos ajudá-los a descobrir as competências dos bebês, liberando-os da angústia de errar e causar algum dano ao filho. Onde as identidades e os limites entre pais e filhos se consolidam permitindo a comunicação, sem misturarem-se uns aos outros. Podendo o psicanalista ser considerado a parteira do parto, como vemos no comentário do caso apresentado por Luciana Stoiani e Miriane de Toledo Heinrich.

Régine Prat discute o modo de interpretar e, especialmente com pais e bebês, dá ênfase à *ligação entre a vivência corporal e as emoções*, com um vocabulário adaptado às possibilidades de simbolização, levando em conta estados de mente primitivos dos pais. A interpretação é feita por etapas, de forma a acompanhar as transformações, sobretudo das "*sensações-sentimentos*" corporais, em "*percepções mais diferenciadas*" e, depois, em "*pensamento emocional*" (p. 206). E, quando ela se apresenta de forma direta sobre a experiência emocional dos pais, permite trabalhar com a identidade a partir da questão dos espaços de cada um, utilizando uma gradação na maneira em que são simbolizadas, indo da linguagem corporal às formas de comunicação por meio da linguagem no limite entre o verbal e o não verbal.

> *Trata-se então de encontrar as primeiras modalidades de expressão dos afetos, o vocabulário de sensações (Prat, 2016) que infiltram as somatizações, mas, igualmente de maneira mais básica, as manifestações corporais, as modalidades temporais, o ritmo e o movimento na forma de inscrever a relação com o outro. (p. 224, v. 1)*

A questão da forma da interpretação é muito importante por sua ação tanto sobre o psiquismo quanto sobre o processo analítico. Assim sendo com crianças neuróticas a interpretação se centraliza nas brincadeiras, com crianças mais comprometidas as manifestações corporais e os comportamentos são mais importantes, enquanto nas terapias pais-bebês estão em jogo *atos relacionais* na interação entre todos. As interpretações onomatopeicas são bastante utilizadas, pois permitem falar

> *de ansiedades muito primitivas (ruptura, despedaçamento, queda, explosão, afogamento, desaparecimento...) e propõem uma criação intermediária entre o som e a palavra. Elas têm status de interpretação em si mesmas, tanto no estabelecimento do processo analítico e da relação transferencial, como de um novo significado emergindo do elo entre latente e manifesto. (p. 243, v. 1)*

No artigo de Beatriz da Motta Pacheco Tupinambá e Maria José Dell'Acqua Mazzonetto, reencontramos o saudoso Victor Guerra com a ideia de "gestação subjetiva, ou seja, os pais continuam gestando o filho pensando juntos. Pensando sobre e com o filho" (p. 87, v. 1). Onde as narrativas tanto do pai quanto da mãe sobre o que fazem com o filho constroem uma *continuidade simbólica*, um fio condutor de prazer capaz de unir os três protagonistas.

Victor Guerra nos fala da dupla perspectiva da escuta, ao trabalharmos com pais e bebês: "Uma 'orelha' do lado da metapsicologia individual dessa criança (perspectiva intrapsíquica), e a outra 'orelha' no desejo dos pais e sua influência na formação (ou consolidação) do sintoma da criança (perspectiva intersubjetiva)" (p. 179, v. 1). Sem esquecer das resistências conscientes e inconscientes no psiquismo parental, material a ser trabalhado por nós.

O segundo volume se inicia observando o psiquismo primitivo, a partir do método de Esther Bick e à luz das contribuições de Bion, onde se articulam as experiências da mãe e do observador. Este último imerso num jogo de identificações, ora se identifica com o bebê, ora com a mãe, ou ainda ocupa um lugar mais distanciado, como caberia a uma avó.

Régine Prat nos lembra que chegamos mais perto do que pode estar sendo sentido pelo bebê pelas suas descargas corporais, que permitem evacuar tensões, ao mesmo tempo em que comunicam algo ao mundo externo. O observador recebe essa comunicação não organizada, que o solicita no que nele remete a um funcionamento psíquico mais arcaico, provocando "a tendência a fugir e a inibição a ver, como autoproteção" (pp. 34-35, v. 2). Efetivamente o observador experimenta um duplo impacto emocional, diretamente do bebê e "um impacto deslocado, resultante das próprias tentativas maternas de tratar os elementos recebidos do bebê, projetando-os à sua volta" (p. 43, v. 2).

Logo do nascimento vemos o desenvolvimento da capacidade de a mãe, segundo Bion, acolher e metabolizar as angústias do filho, que poderão adquirir significado, tornando-se pensáveis e com valor de comunicação, ao mesmo tempo em que a mãe poderá re-atualizar suas próprias angústias primitivas. Entretanto, por melhor que tenha sido a relação da mãe com a sua própria mãe, a insegurança se fará presente com dúvidas, medos e ansiedades, pelo temor de não entender as necessidades do bebê. Na verdade, esse momento de caos inicial se torna menos ameaçador quando o pai, o pediatra e geralmente a avó, não necessariamente nessa ordem de importância, conseguem reforçar o narcisismo da mãe. Assim podem dar suporte para que a mãe consiga utilizar plenamente sua capacidade de *rêverie.*

Bion comparou a relação mãe-bebê à relação analista-paciente. A partir da identificação projetiva tanto o bebê quanto a mãe comunicam seu sofrimento, acolhido pela capacidade de *rêverie* do analista. A contratransferência constituindo o leme, auxiliando a direcionar o trabalho do analista, que utiliza suas sensações corporais, sentimentos e *rêverie*, valorizando seus próprios aspectos bebê, para verbalizar o que está ocorrendo neste momento e interpretar para o bebê, em presença da mãe. Donde a enorme importância da contratransferência e da pessoa do analista.

Vera Blondina Zimmermann contribui, com "práticas de acolhimento pré e perinatais que previnem e/ou minimizam riscos, práticas que podem atenuar 'traços' traumáticos; 'traços' que, por sua vez, podem provocar vulnerabilidade psíquica" (p. 231, v. 2). A missão do psicanalista junto ao recém-nascido é a de dar sentido a palavras em torno do bebê ao mesmo tempo em "que minimiza a culpabilização das mães" (p. 241, v. 2).

E os recursos tecnológicos? Poderiam acrescentar algo de construtivo ou serviriam somente para ocupar bebês, como substitutos imediatos dos cuidados parentais? Andrea Amaral de Almeida Prado et al. resumem bem a mãe do século XXI, como a que vive ligada ao celular, seja para fotografar, postar nas redes sociais ou para se manter "conectada rapidamente com tudo e com todos; porém, essa mulher, quando se torna mãe, necessita do silêncio e da tranquilidade para sentir, pensar e se conectar ao seu bebê" (p. 248, v. 2).

Ainda que muitas vezes colabore para a manutenção de uma ilusão de onipresença, com diluição de conflitos, prioridades e escolhas, a tecnologia poderia auxiliar nas ausências e nas necessidades de integração sensorial primitiva, na medida em que pode reunir elementos dispersos como uma "segunda pele" até os níveis mais conscientes da busca por identificações e autorreflexões. "Se transferido para um nível mais compartilhado e relacional (intrapsíquico ou intersubjetivo), é possível desencadear processos de internalização e elaboração" (p. 255, v. 2). Entretanto nada substitui o contato e o tempo de convivência pais-bebê.

Sobre os autores

Ana Maria Vieira Rosenzvaig é psicóloga e psicanalista, membro filiado ao Instituto de Psicanálise da Sociedade Brasileira de Psicanálise de São Paulo. É mestre em Estudos Psicanalíticos pela University of East London/Tavistock Clinic e doutoranda em Psicologia Clínica pela PUC-SP. E-mail: amrosenzvaig@terra.com.br

Beatriz da Motta Pacheco Tupinambá é psicóloga clínica e psicanalista. Membro Associado da Sociedade Brasileira de Psicanálise de São Paulo – SBPSP. Membro da Clínica 0 a 3 – Intervenção nas relações iniciais pais/bebê-criança pequena do Centro de Atendimento Psicanalítico da SBPSP. E-mail: biamptupinamba@gmail.com

Camila Saboia é psicóloga pela Pontifícia Universidade Católica de São Paulo (PUC-SP), mestre e doutora pela Universidade de Paris 7, pós-doutora pelo Instituto de Psicologia da Universidade de São Paulo (IPUSP), onde atua como professora convidada no curso de pós-graduação. Membro da Coordination Internationale entre Psychothérapeutes Psychanalystes s'occupant de personnes avec Autisme (CIPPA-França). Docente do Instituto de Psicanálise Sedes Sapientiae e membro fundadora do Entrelacer Psicanálise & Infância. E-mail: camila_saboia@hotmail.com

Débora Regina Unikowski é psicanalista de adultos, adolescentes, crianças e bebês. Membro efetivo e didata da Sociedade Psicanalítica do Rio de Janeiro (SPRJ) e diretora do Instituto de Ensino da Psicanálise da SPRJ. E-mail: deboraunik@gmail.com

Eliane Saslavsky Muszkat é psicóloga e psicanalista pelo Instituto Sedes Sapientiae, membro filiado ao Instituto de Psicanálise da Sociedade Brasileira de Psicanálise de São Paulo, Membro da Clínica 0-3 – Intervenção nas relações iniciais pais/bebê-crianças pequenas do Centro de Atendimento Psicanalítico da SBPSP. Membro do Corpo Editorial da Revista IDE da SBPSP de 2015 a 2020. E-mail: eliane@mcd.com.br

Fátima Maria Vieira Batistelli é psicóloga pela Universidade de São Paulo. Especialista em Psicanálise de Crianças e Adolescentes pelo Instituto Sedes Sapientae. Membro Associado da Sociedade Brasileira de Psicanálise de São Paulo – SBPSP. Membro da Clínica 0 a 3 – Intervenção nas relações iniciais pais/bebê-criança pequena do Centro de Atendimento Psicanalítico da SBPSP. Membro do Grupo Prisma de Psicanálise e Autismo GPPA) e membro do Departamento de Saúde Mental da Sociedade de Pediatria de São Paulo. E-mail: fvbatistelli@gmail.com

Hercília Palma de Barros é psicóloga pela Pontifícia Universidade Católica de São Paulo. Especialista em Psicanálise pelo Departamento de Psicanálise do Instituto Sedes Sapientiae, com aperfeiçoamento na Relação Pais-Bebê: da Observação à Intervenção pelo Instituto Sedes Sapientae. E-mail: hpbarros@gmail.com

Luciana Stoiani é psicóloga e psicanalista. Membro filiada ao Instituto de Psicanálise da Sociedade Brasileira de Psicanálise de São Paulo. Mestre pelo Instituto de Psicologia da USP. Membro da Clínica 0-3 – Intervenção nas relações iniciais pais/bebê-crianças pequenas do Centro de Atendimento Psicanalítico da SBPSP. E-mail: luciana@stoiani.com

Magaly Miranda Marconato Callia (1954-2016) foi psicanalista. Professora do curso Psicanálise com Crianças do Instituto Sedes Sapientiae e dos cursos de extensão Relação pais-bebê: da observação à intervenção e Um percurso na obra de Winnicott. Aluna associada da Tavistock Clinic no Child and Family Department pelo Curso Child Psychotherapy, entre 1981 e 1986. Mestre em Psicologia Social pela London School of Economics and Political Science da University of London. Membro filiado do Instituto da Sociedade Brasileira de Psicanálise de São Paulo (SBPSP). Autora de escritos psicanalíticos em livros e revistas especializadas.

Maria Cecília Pereira da Silva é psicanalista, membro efetivo, analista didata, analista de criança e adolescente e docente da Sociedade Brasileira de Psicanálise de São Paulo (SBPSP). Pós-doutora e Doutora em Psicologia Clínica e mestre em Psicologia da Educação pela PUC-SP. Membro do Departamento de Psicanálise de Criança e Professora do Curso Relação pais-bebê: da observação à intervenção do Instituto Sedes Sapientiae. Especialista em Psicopatologia do Bebê pela Universidade de Paris XIII. Coordenadora e professora por São Paulo no Curso de Diplomados a Distância em Psicopatologia do Bebê junto à Universidade Paris XIII e à Associação Franco-Mexicana de Psiquiatria e Saúde Mental. Coordenadora da Clínica 0 a 3 – Relações iniciais pais-bebê desde 2005 e da Clínica transcultural desde 2017 do Centro de Atendimento Psicanalítico da SBPSP. Membro de associações nacionais e internacionais ligadas ao autismo e ao trabalho com bebês. E-mail: mcpsilv@gmail.com

Maria José Dell'Acqua Mazzonetto é psicóloga pelo Instituto de Psicologia da USP. Psicanalista membro filiado da Sociedade Brasileira de Psicanálise de São Paulo – SBPSP. É especializada em Psicoterapia de Casal e Família pelo Instituto de Estudos e Orientação da Família – INEF, e também em Orientação Profissional, Re-escolha de Carreira, Coaching pelo Instituto de Psicologia da USP. Docente e Supervisora no Curso de Formação de Psicoterapeutas do INEF. Membro do Centro de Atendimento Psicanalítico da SBPSP (Clínica 0 a 3 – relações iniciais Pais Bebês, Adolescente, Adulto, Clínica Transcultural). E-mail: dedemazzonetto@gmail.com

Maria Lúcia Gomes de Amorim é psicanalista e psicóloga. Membro Associado da Sociedade Brasileira de Psicanálise de São Paulo – SBPSP. Psicanalista de Crianças e Adolescentes pela IPA. Mestre em Psicologia em Fundamentos Psicossociais do Desenvolvimento pela USM-SP. Participante do Centro de Atendimento Psicanalítico da SBPSP (Clínica 0 a 3 – relações iniciais pais-bebês; Criança e Adolescentes e Adultos). Membro do Grupo de Prisma de Psicanálise e Autismo GPPA. Participante do Movimento Autismo Psicanálise e Saúde Pública. E-mail: marialucia.g.amorim@gmail.com

Mariângela Mendes de Almeida é psicóloga e psicoterapeuta. Mestre pela University of East London/Tavistock Clinic (Associada Clínica ao Departamento de Criança e Família de 1988 a 1993). Doutora pela Universidade Federal de São Paulo e coordenadora do Núcleo de Atendimento a Pais e Bebês no Setor de Saúde Mental do Departamento de Pediatria (Unifesp). Membro Filiado ao Instituto de Psicanálise da Sociedade Brasileira de Psicanálise de

São Paulo; integrante do Grupo Prisma de Psicanálise e Autismo e da Clínica 0 a 3 do Centro de Atendimento Psicanalítico da SBPSP. Especialista em Psicopatologia do Bebê pela Universidade de Paris XIII. Membro do Departamento de Psicanálise com Crianças e Docente do curso Relação Pais-Bebê: da Observação à Intervenção do Instituto Sedes Sapientiae. Membro de associações nacionais e internacionais ligadas ao autismo e ao trabalho com bebês. E-mail: mamendesa@hotmail.com

Miriane de Toledo Heinrich é psicanalista da SBPSP e membro da Clínica 0 a 3 – Intervenção nas relações iniciais pais/bebê-criança pequena do Centro de Atendimento Psicanalítico da SBPSP. É também filósofa (FFLCH-USP), psicóloga (PUC-SP), especialista em Psicoterapia Psicanalítica (IP-USP) e neuropsicóloga (CEPSIC-HCFMUSP). E-mail: mirianetoledo@gmail.com

Régine Prat é psicóloga e psicanalista. Membro da Sociedade Psicanalítica de Paris (SPP) e do Grupo de Estudos de Pesquisas Psicanalíticas para o Desenvolvimento da Criança e do Recém-nascido (GERPEN); é supervisora e formadora de alunos de observação de bebês. É muito interessada pelas premissas da vida psíquica e os inícios da simbolização e seus entraves. E-mail: pratregine@orange.fr

Vera Maria de Moura Leme é psicóloga e psicanalista pelo Instituto Sedes Sapientiae, colaboradora do Núcleo de atendimento a pais e bebês no setor de saúde mental do departamento de pediatria da Unifesp. Faz parte do grupo Núcleo Trajetos, espaço sobre questões referentes à maternidade, paternidade, gestação e primeira infância. E-mail: vera.parrini@uol.com.br

Victor Guerra (1959-2017) foi psicanalista da Associação Psicanalítica do Uruguai (APU), psicólogo, ex-diretor de crianças e adolescentes da Federação Psicanalítica da América Latina (Fepal), supervisor de projetos de trabalho e pesquisador da relação pais--bebê.

GRÁFICA PAYM
Tel. [11] 4392-3344
paym@graficapaym.com.br